GLENDALE PUBLIC LIBRARY, CA

3 9010 05600 0304

NO LONGER PROPERTY OF
GLENDALE LIBRARY,
ARTS & CULTURE DEPT.

D1601540

# El líder interior

NO LONGER PROPERTY OF
GLENDALE LIBRARY,
ARTS & CULTURE DEPT.

# Paidós Empresa

# Stephen R. Covey

# El líder interior

Cómo transmitir e inspirar
los valores que conducen
a la grandeza

Sp
303.3407
COV

PAIDÓS
Barcelona • Buenos Aires • México

Obra editada en colaboración con Espasa Libros, S.L.U. – España

Título original: *The Leader in Me,* de Stephen R. Covey
Originalmente publicado en inglés, en 2008, por Free Press, un sello
de Simon & Schuster, Inc.

El logo FC y marcas registradas son marcas de Franklin Covey Co.
sujetas a su autorización

Diseño de portada: Eleazar Maldonado / Factor 02 e Iván Castillo Arteaga
Fotografías de portada: iStock y Shutterstock

© 2008, FranklinCovey Co.
© 2009, Carlos Ossés, por la traducción

De todas las ediciones en castellano
© 2009, 2012, Espasa Libros S.L.U. – Barcelona, España
Paidós es un sello editorial de Espasa Libros, S.L.U.

Derechos reservados

© 2009, 2012, Ediciones Culturales Paidós, S.A. de C.V.
Bajo el sello editorial PAIDÓS M.R.
Avenida Presidente Masarik núm. 111, Piso 2
Colonia Polanco V Sección
Deleg. Miguel Hidalgo
C.P. 11560, México, D.F.

Primera edición impresa en España: 2009
ISBN: 978-84-493-2270-9

Primera edición impresa en México: septiembre de 2009
Primera edición en esta presentación: noviembre de 2012
Cuarta reimpresión: junio de 2015
ISBN: 978-607-9202-29-3

No se permite la reproducción total o parcial de este libro ni su incorporación a un
sistema informático, ni su transmisión en cualquier forma o por cualquier medio,
sea éste electrónico, mecánico, por fotocopia, por grabación u otros métodos, sin el
permiso previo y por escrito de los titulares del *copyright.*
La infracción de los derechos mencionados puede ser constitutiva de delito contra
la propiedad intelectual (Arts. 229 y siguientes de la Ley Federal de Derechos de
Autor y Arts. 424 y siguientes del Código Penal).

Impreso en los talleres de Litográfica Argos, S.A. de C.V.
Av. Tlatilco núm. 78, colonia Tlatilco, México, D.F.
Impreso en México – *Printed in Mexico*

*Sólo tenemos una oportunidad para preparar a nuestros alumnos
para un futuro que ninguno de nosotros puede predecir.
¿Qué pensamos hacer con esa única oportunidad?*

# SUMARIO

# PREFACIO

Tal y como sucede en cualquier proyecto profesional en el que me embarco, este libro me ha salido del corazón. Me emociona y me llena de una humildad tan intensa que no se puede imaginar.

Este libro trata de los jóvenes de hoy. Trata de nuestro futuro. Tanto si usted es un padre preocupado por sus hijos, un educador profesional o un líder empresarial precavido, tengo la esperanza de que mi obra sea un revitalizador soplo de aire fresco, un motivo de celebración y una edificante llamada para ponerse manos a la obra. Lo que está a punto de leer en este libro muestra una tendencia creciente que ha cobrado cada vez más fuerza en numerosos centros educativos de Estados Unidos y de otras partes del mundo. Es una tendencia apasionante que produce resultados tangibles y sostenibles.

Desde el primer momento, quiero que sepa que no soy la mente que ha creado esta tendencia. Por el contrario, todo el mérito pertenece a una creciente comunidad de educadores profesionales comprometidos, creativos y preocupados que han unido sinérgicamente sus fuerzas con padres, líderes cívicos y propietarios de empresas para sacar a la luz un nuevo soplo de esperanza en materia de educación.

Para ponernos en el contexto adecuado, permítame que vayamos unos años atrás, a una época que da la sensación de que fue ayer. En 1989 se publicó mi obra *Los 7 hábitos de la gente altamente efectiva*,* que llevaba como subtítulo «La revolución éti-

* Barcelona, Paidós, 2005. (*N. del e.*)

ca». Ese libro desató una ola que ni siquiera yo podía haber previsto, particularmente dentro del entorno organizativo. En la actualidad, los principios que recogen *Los 7 hábitos* siguen todavía imperando en salas de juntas, oficinas del gobierno y universidades corporativas de todo el mundo.

Aproximadamente al mismo tiempo que publiqué *Los 7 hábitos*, se puso en contacto conmigo Chuck Farnsworth, que en aquel entonces era el director general de colegios de un distrito progresista de Indiana. Chuck estaba firmemente convencido de que mi libro iba a desempeñar un papel muy importante en el ámbito de la educación y estaba apasionadamente decidido a liderar ese frente. Comenzó por trasladar los hábitos a los administradores y a los profesores de los colegios. Hasta la fecha, casi medio millón de educadores profesionales se han formado siguiendo *Los 7 hábitos*, y muchos de ellos son ahora instructores de colegios.

Cuando aplicamos *Los 7 hábitos* en el colegio, al principio seguíamos concentrados en preparar a adultos, no a los alumnos. Pero todo eso cambió en 1998, cuando mi hijo Sean escribió *Los 7 hábitos de los adolescentes altamente efectivos*. Sean había sido *quarterback* de fútbol en la Primera División universitaria, lo que le permitía disfrutar de muchas oportunidades para hablar delante de un público compuesto por adolescentes. Desarrolló un sincero interés por las personas jóvenes que finalmente le llevó a escribir la versión para adolescentes. En la actualidad, se han vendido más de tres millones de copias y las «Guías de actividades para estudiantes» han llevado los hábitos a más de cien mil estudiantes de enseñanza media y secundaria.

En el último tercio de 1999, *Los 7 hábitos* experimentaron otra significativa entrada en los colegios. Al final de una conferencia que impartí en Washington D. C., se dirigió hacia mí la directora de un colegio de enseñanza primaria llamada Muriel Summers. Quería saber si pensaba que *Los 7 hábitos* se podían enseñar a los niños más pequeños. Yo le remití al libro de Sean, pero ella me respondió que se refería a los niños *muy pequeños*, a los de 5 años. Le contesté que no veía por qué no y, sin darle excesiva importancia, añadí que si trataba de hacerlo, me hiciera saber cómo le había ido.

Este libro contiene el relato de la tarea que Muriel y su talentoso equipo llevaron a cabo después de que mantuviéramos aquel breve encuentro. Es una historia extraordinaria que se ha ido cociendo, espesando, subiendo y cogiendo fuerza (e incluso cierta notoriedad) durante un tiempo, cuando un elevado porcentaje de alumnos consiguió aprobar los exámenes de fin de curso, experimentando una mejora del 84 al 97 %, y cuando el colegio pasó de estar a punto de ser cerrado a ser designado *magnet school* (centro público para alumnos brillantes). ¿Cómo lo consiguió? Su equipo de trabajo, y en la actualidad muchos otros colegios, han conseguido enseñar con gran éxito los 7 hábitos así como ciertos principios basados en el liderazgo a los alumnos de la escuela primaria, y hasta a los niños de 5 años. Su método es bastante singular e, incluso, puede llegar a sorprender. No intenta preparar a los alumnos para ser directores generales de empresas ni líderes mundiales, sino que pretende enseñarles a liderar su vida personal y a tener éxito en el siglo XXI. Creo que descubrirá en ese método algunas soluciones sumamente convincentes y basadas en principios que se pueden aplicar a los dilemas más complicados a los que se enfrentan hoy los colegios.

Cuando afronto el tema de la educación, soy perfectamente consciente de que en los últimos años los educadores se encuentran constantemente en el punto de mira y han sido el objetivo de una prensa muy negativa. Ésa no es la intención de este libro. En lugar de mostrarme crítico, prefiero destacar los aspectos positivos. Sinceramente, creo que en la actualidad resulta difícil pasar algún tiempo en un colegio sin acabar mostrando una absoluta reverencia por algunos de sus increíbles profesores: nobles mentores que han sacrificado muchas cosas para hacer lo que les gusta y que están firmemente convencidos de que van a conseguir influir positivamente en la vida de los jóvenes. Concentrarnos únicamente en los aspectos negativos de la educación mientras ignoramos la tarea que están llevando a cabo estos auténticos héroes sería un terrible acto de ingratitud.

Algunas personas pueden ver mi trabajo como un servicio a mí mismo. Soy consciente de los motivos que explican por qué algunos podrían pensar así, pero estoy dispuesto a arriesgarme a que tengan esa opinión de mí porque creo firmemente en la tarea que realizan estos colegios por los jóvenes de hoy. De hecho, es el extraordinario éxito que tienen tales centros lo que ha inspirado a FranklinCovey a dedicar un esfuerzo todavía mayor a su misión, asociándose con colegios, empresas, padres y líderes de la comunidad con el objetivo de crear una serie de recursos que permitan a los jóvenes prepararse mejor para el mundo que les espera; un mundo que ninguno de nosotros podemos anticipar en su totalidad. De igual manera, fue el éxito que alcanzaron esos colegios lo que despertó el deseo de Sean por escribir el libro que acaba de publicar, *The 7 Habits for Happy Kids*. Tanto la presente obra como el libro de Sean —además de toda una serie de recursos novedosos que se recogen en *El líder interior* y de diversos materiales que se pueden encontrar en Internet— constituyen una parte esencial del esfuerzo que lleva a cabo Franklin-Covey para mejorar las sociedades y a los jóvenes de todas las naciones.

Este libro es fruto del esfuerzo combinado de muchas personas. Mi socio, Boyd Craig, proporcionó un liderazgo visionario y una notable dirección a todo el equipo y al proyecto. El doctor David K. Hatch llevó a cabo la tarea de investigación con pasión, dedicación y una competencia y un carácter de primera categoría. Captó la esencia de mis palabras, les añadió datos y me ayudó a trasladarlas al papel. Sus esfuerzos fueron complementados de manera competente por el equipo de Soluciones para la Educación de FranklinCovey, en particular por Sarah Noble, Connie Spencer, Aaron Ashby, Sean Covey, Judy Yauch, Shawn Moon y Stephanie Calton, así como por una serie de asesores sobre el terreno como la doctora Nancy Moore, la doctora Jane Knight, Gary McGuey y Lonnie Moore, y por los doctores Craig Pace y Dean Collinwood, que realizaron las primeras investigaciones para este libro. Otras personas, como Victoria Marrott, desempeñaron una importante tarea en el terreno administrativo. El resto del equipo de mi oficina —Julie Gillman, Chelsea Johns y Darla Salin— ha proporcionado un apoyo constante a toda mi obra. Y, lo que es más importante, más de un centenar de profesores, supervisores de colegios, directores, padres, maestros y miembros de la junta escolar proporcionaron de manera voluntaria multitud de datos y una rigurosa revisión de esta obra. Sus opiniones prácticas y perfectamente probadas son la base de todas y cada una de las páginas que contiene este libro. Quisiera expresar mi más sincero agradecimiento a todos los que participaron en ella.

Para tener una visión rápida de lo que ofrece este libro, le sugiero que lo ojee hasta el final mientras observa las imágenes y lee los pies de foto. También le recomiendo que visite la página web <TheLeaderInMeBook.org>, donde puede ver algunos vídeos de los colegios y las actividades de las que trata este libro.

Mientras observa los diversos recursos y recorre las páginas de este libro, espero que sea capaz de percibir mi profundo compromiso personal y que, entre líneas, pueda percibir mi firme convencimiento en el potencial que tienen los jóvenes de hoy. Como soy abuelo, estoy encantado con las posibilidades que este libro puede proporcionar a mis nietos, a sus nietos y a los nietos de sus nietos. Pienso que pueden conseguir rendir al máximo de sus posibilidades y no espero menos de ellos. De igual modo, como ciudadano global, siento un profundo interés por el progreso, el bienestar y la felicidad de todos los jóvenes del mundo. Ellos son la sociedad y la esperanza del futuro —*nuestro* futuro— y deseo firmemente que ese futuro esté en buenas manos. Por último, como ejecutivo empresarial, quisiera mirar a los ojos a los jóvenes de hoy y ver en ellos una vibrante fuerza laboral para el futuro, un grupo de líderes futuros que estén bien preparados para afrontar los retos que todos sabemos que están por llegar.

De hecho, tengo la firme esperanza de que este libro extienda de algún modo sus imaginarias alas y levante el vuelo alcanzando una altura que realmente suponga un hito en la vida de los jóvenes de todo el mundo, tanto en los de ahora como en los de las generaciones venideras.

STEPHEN R. COVEY
Provo, Utah
StephenCovey.com
TheLeaderInMe.org
TheLeaderInMeBook.org

# 1
## ¿DEMASIADO BUENO PARA SER VERDAD?

> Durante muchos años, hemos practicado la educación del carácter sin conseguir ningún resultado. La primera vez que hablé de la opción del liderazgo, muchos escépticos pensaron que se trataba de algo insustancial. Pero ahora son verdaderos creyentes.
>
> LESLIE REILLY, Distrito de Colegios Públicos del Condado de Seminole, Florida

Los jóvenes de hoy, nuestros hijos, pertenecen a la generación más prometedora de la historia. Se encuentran en la *cumbre de todas las épocas*. Pero también se hallan en la encrucijada de dos importantes caminos. Uno es el amplio y transitado camino que conduce a la mediocridad de la mente y del carácter y, en consecuencia, al declive social. El otro es un camino en pendiente, más estrecho y «menos trillado» que permite acceder a infinidad de posibilidades humanas y que, por tanto, constituye la esperanza del mundo. Si se les muestra el camino, **TODOS** los niños son capaces de seguir esta segunda senda.

Pero ¿quién va a enseñárselo, si no somos ni usted ni yo? ¿Dónde aprenderán a tomar esa senda, si no es en su hogar o en la escuela? ¿En qué momento van a emprenderlo, si no es ahora?

Acompáñeme y podrá conocer una historia jamás revelada y cargada de grandes esperanzas.

Cuando los doctores Rig y Sejjal Patel se trasladaron a Raleigh, Carolina del Norte, estaban, como la mayoría de los padres, muy interesados en encontrar un buen colegio, un lugar donde sus hijos pudieran aprender en un entorno saludable y seguro que estimulara sus mentes. Pidieron consejo a algunos de sus colegas y todos les recomendaron el mismo colegio: el centro de enseñanza elemental A. B. Combs.

Sobre el papel, el centro A. B. Combs era un lugar bastante corriente. No era más que un colegio público ubicado en un barrio tranquilo que albergaba a más de ochocientos alumnos, de los cuales el 18 % tenía el inglés como segunda lengua, el 40 %

almorzaba gratis o con descuento en el comedor, el 21 % estaba acogido a algún programa especial y el 15 % eran considerados alumnos superdotados. El edificio que los alojaba tenía cincuenta años de antigüedad y algunos profesores llevaban mucho tiempo trabajando en él.

Pero, aunque sobre el papel el centro A. B. Combs no parecía nada especial, las referencias que obtuvieron los Patel sobrepasaron todas sus expectativas. Los Patel oyeron todo tipo de elogios sobre sus notables resultados académicos, sus alumnos cordiales y respetuosos, su personal docente comprometido y sobre la responsable del centro, que había sido elegida Directora del Año. Apenas había experimentado problemas de disciplina. Los estudiantes que habían tenido graves dificultades en otros colegios progresaban adecuadamente en este centro. Hasta los profesores eran felices. Todo parecía demasiado bueno.

De hecho, cuantas más historias oían los Patel, más se preguntaban: «¿Puede realmente existir un lugar como ese?». No lo expresaron en voz alta, pero no podían dejar de pensar: «¡Parece demasiado bueno para ser verdad!».

Los Patel decidieron ir a visitar el colegio personalmente y cuando llegaron descubrieron que el simple hecho de entrar por la puerta principal del centro A. B. Combs ya es una experiencia cautivadora. Allí se respira un ambiente que no se encuentra en la mayoría de los colegios. Es un ambiente que se puede ver, escuchar y tocar. Y si alguna vez visita el centro durante la celebración anual del Festival Internacional de Alimentación, podrá degustar algo de ese ambiente, ya que el colegio cuenta con alumnos que proceden de cincuenta y ocho países y hablan veintisiete lenguas distintas. El colegio es un lugar limpio. Los alumnos que transitan por sus pasillos miran a los ojos a los adultos y los saludan. Todo lo que cuelga de sus paredes despierta alegría e incluso aumenta la motivación. Los alumnos se tratan entre sí con respeto y la diversidad cultural no sólo se valora de forma muy positiva, sino que se celebra notablemente.

Durante su visita, los Patel descubrieron cuál es la misión del centro y los objetivos que se plantea. Pudieron conocer las tradiciones del colegio, especialmente la tradición de mostrar interés por los demás. Deambularon por sus pasillos y vieron las citas y los murales que estimulaban a los alumnos a dar lo mejor de sí mismos. Dentro de las aulas se encontraron con profesores trabajadores que mostraban confianza en su capacidad. Descubrieron que a todos los alumnos se les asignaba algún tipo de liderazgo y que muchas decisiones las tomaban directamente los estudiantes y no los profesores. A los Patel todo aquello les pareció asombroso y salieron de su primera visita decididos a matricular a sus hijos en aquel centro.

## ¿Y QUÉ PIENSA USTED?

¿Qué piensa usted? ¿La descripción del centro A. B. Combs le parece «demasiado buena para ser verdad»?

Creo que la principal razón por la que a los Patel (y tal vez a usted también) les pareció que esos informes acerca del centro A. B. Combs eran demasiado «buenos para ser verdad» es que contrastan notablemente con lo que solemos oír sobre los colegios. Estamos tan habituados a oír hablar de abusos, malos profesores, pintadas, mal comportamiento, bajas calificaciones, falta de respeto, ausencia de disciplina, violencia en los centros, elevados índices de abandono, que cuando nos hablan de un lugar tan positivo adoptamos una actitud escéptica. O simplemente nos parece algo demasiado difícil de creer o de dudosa sostenibilidad.

Debo confesar que si no hubiera visto el centro A. B. Combs con mis propios ojos, y si no hubiera comprobado que no es el único colegio que goza de semejante éxito, yo también habría dudado de la viabilidad, transferencia y sostenibilidad del método que empleaba ese centro. Pero cada vez hay más colegios que aplican su método y que disfrutan de un éxito equivalente. Como consecuencia de ello, he decidido congregar sin reservas a otros líderes empresariales, padres y profesores de todo el mundo para que crean firmemente en la tarea que esos centros y esos grandes educadores están llevando a cabo.

Lo que están haciendo esos educadores es enseñar principios básicos de liderazgo a unos alumnos que, en algunos casos, sólo cuentan con 5 años. Les enseñan diversos tipos de capacidades,

El centro de enseñanza elemental A. B. Combs se encuentra en una tranquila zona residencial de Raleigh, Carolina del Norte.

que a menudo se pasan por alto, que les permitirán tomar las decisiones adecuadas, mantener una relación cordial con los demás y administrar el tiempo de manera inteligente. Además de enseñarles esos principios, también proporcionan a los alumnos verdaderas oportunidades para *aplicarlos*, ofreciéndoles la ocasión de demostrar su liderazgo en la clase, en el colegio y en la propia comunidad. Toda esta tarea se lleva a cabo de tal manera que mejora los logros del alumno y restituye la disciplina y la ética del carácter tanto en las aulas como en el patio del colegio. Y lo que más agrada a los profesores es que también lo están realizando de tal manera que no se convierte simplemente en «una tarea más», sino que ofrece una metodología que muchos podrían describir como «una manera más adecuada de hacer lo que ya están haciendo».

> Este no es un colegio que pretenda crear novecientos pequeños líderes empresariales, sino que tiene como objetivo formar alumnos completos que conozcan cuáles son sus virtudes. Estamos aquí para ayudarlos a descubrir esas cualidades y para dar rienda suelta a todo su potencial para influir en los demás.
>
> MICHAEL ARMSTRONG, coordinador del centro A. B. Combs

A medida que vaya avanzando en la lectura de este libro descubrirá las razones por las que el centro A. B. Combs y otros semejantes han optado por enseñar esos principios básicos de liderazgo, de qué modo los abordan y qué resultados están consiguiendo. Pero, en principio, estos colegios presentan de manera casi generalizada las siguientes características:

- Una mejora en los logros de los alumnos.
- Un notable aumento de la autoestima y de la confianza en sí mismos de los alumnos.
- Un descenso notable en los problemas de disciplina.
- Un evidente incremento en la satisfacción laboral y en el compromiso de los profesores y los administradores del centro.
- Una notable mejora en la cultura escolar.
- Los padres se sienten muy satisfechos y participan en el proceso.
- Los líderes empresariales y de la comunidad desean prestar su apoyo.

Los adultos que han visitado o trabajado en estos centros destacan principalmente el aumento manifiesto de la confianza en sí mismos que demuestran los alumnos, así como su capacidad para mantener una buena relación con los demás y para resolver problemas. Uno de los resultados que los profesores suelen destacar es la notable reducción de los problemas de disciplina. El hecho de que haya menos disputas y actos de indisciplina ha permitido a los profesores concentrarse más en los aspectos académicos y, como consecuencia, recuperar la eficacia de su trabajo. Muchos padres se quedan extasiados al comprobar lo que está sucediendo en estos colegios. No sólo se deshacen en elogios hacia la tarea efectuada en tales centros, sino que también declaran que ha mejorado la conducta de sus hijos en casa. De hecho, después de observar a sus hijos, muchos padres han tratado de educarlos siguiendo los mismos principios de liderazgo con el fin de que puedan aplicar tales principios a las tareas que realizan en casa. Y es fascinante comprobar que la mayoría de esos resultados se han conseguido en el transcurso de su primer año de aplicación.

Por supuesto, dentro de los círculos docentes la principal cuestión que se plantea es la siguiente: ¿cómo ha influido este método en los resultados académicos? Naturalmente, la respuesta puede diferir de un colegio a otro. Algunos de los centros mencionados en este libro ya tenían unas calificaciones elevadas antes de poner en marcha este proceso, así que sus resultados académicos tenían poco margen de mejora. Pero, incluso en ese caso, prácticamente todos los colegios han mejorado sus calificaciones. Posiblemente el dato más alentador procede del centro A. B. Combs, que es el que lleva más tiempo aplicando este método. Al principio lo aplicaron utilizando un profesor en cada nivel escolar y ese mismo año el porcentaje de alumnos que aprobaron los exámenes de fin de curso aumentó del 84 al 87 %, debido principalmente a la mejora de las calificaciones que experimentaron los estudiantes de los cursos piloto. Al año siguiente, todo el colegio aplicó el método del liderazgo y el porcentaje de alumnos aprobados dio otro salto significativo, alcanzando esta vez el 94 %. Si tenemos en cuenta la heterogeneidad de los alumnos que estudiaban en el centro y el elevado porcentaje de estudiantes que apenas disponían de ingresos, no se trataba de una proeza menor. Pero lo que hace que la mejora en las calificaciones sea realmente valiosa es que el centro A. B. Combs ha sido capaz de mantener esas elevadas calificaciones du-

A menudo la gente me pregunta: «¿Nuestro hijo tiene que ser un líder para asistir a este colegio?». Nosotros contestamos que no es así. Este colegio acoge a todos los niños sin distinción alguna, sea de etnia, estatus económico o capacidad académica.

Esta mañana se eligió a un alumno de educación especial para que fuera la primera persona en recibir a los visitantes que vienen a conocer el centro. Es posible que nunca llegue a dirigir una compañía importante, pero es una persona que posee unas increíbles cualidades para las relaciones interpersonales y, en alguna parte, habrá un trabajo para ella. Se ve a sí mismo como un líder en buen comportamiento. Se siente muy a gusto con lo que es a pesar de sus limitaciones académicas. Eso es lo que hace el modelo de liderazgo por todos los niños.

MURIEL SUMMERS, directora del centro A. B. Combs

rante años, llegando finalmente a alcanzar un máximo del 97 %, lo que ha desempeñado un papel crucial en su designación como mejor colegio de educación especializada de Estados Unidos. Pero, premios aparte, la verdadera importancia que se desprende de ello es que el método del liderazgo es realmente sostenible.

Todos estos resultados son indicios prometedores para el exigente ámbito de la educación.

## LA *GRANDEZA* DEBE ENCAJAR CON LA REALIDAD ACTUAL

En estos colegios está sucediendo algo que considero más importante que cualquiera de los resultados que he mencionado antes, incluyendo el aumento de los resultados académicos y de las sonrisas que se dibujan en los rostros de los padres y los profesores. Los alumnos que estudian en estos colegios salen dotados con una especie de «grandeza» y con ciertas capacidades

Los alumnos, que representan a ochenta y ocho países y veintisiete idiomas, se unen para crear una población diversa en el centro A. B. Combs.

que no sólo les permitirán *sobrevivir*, sino que les harán *prosperar* a lo largo del siglo XXI.

Deje que me explique.

No es ningún secreto que nos encontramos ante uno de los periodos más emocionantes y prometedores de la historia del hombre. La eclosión de los avances tecnológicos y la globalización de los mercados han creado una serie de oportunidades sin precedentes en lo que respecta al desarrollo y prosperidad de las personas, las familias y las organizaciones, así como de la sociedad en general. Por supuesto, también debemos afrontar muchos problemas y dificultades —que siempre han existido y seguirán existiendo—, pero si miramos a nuestro alrededor veremos que las oportunidades de progresar y de hacer algo importante se pueden encontrar en cualquier ámbito de la vida. Sin embargo, en este clima de oportunidades hay una cuestión que azuza continuamente la mente y el corazón de los padres, los educadores y los empresarios. ¿Están los jóvenes de hoy debidamente preparados para aprovechar la multitud de oportunidades que tienen ante sí? ¿Están debidamente equipados para afrontar las dificultades que éstas conllevan?

Hasta hace poco vivíamos en una era conocida como la era de la información. En ese periodo, las personas que manejaban la mayor parte de la información —las que guardaban la mayor parte de los «datos» en su memoria— eran las únicas que tenían la fortuna de ascender a los puestos principales de las diversas profesiones. Durante esa época se pensaba que los padres y los colegios debían centrarse en inculcar la mayor cantidad posible de datos en las células cerebrales de los alumnos, siempre que fueran los datos adecuados para aprobar los exámenes adecuados. Después de todo, tener «datos en la cabeza» es lo que permitía a los alumnos sacar la máxima puntuación en los exámenes «basados en datos», es lo que les permitía ingresar en las mejores universidades «basadas en datos» y, a su vez, eso les permitía experimentar un ascenso meteórico en la correspondiente escala profesional «basada en datos».

Pero esa época se ha ido superando a medida que la economía global entraba en una nueva fase caracterizada por su intensa velocidad y su complejidad. Si bien la información basada en datos sigue siendo el factor clave en la supervivencia del mundo actual, eso ya no es suficiente. Dada la difusión masiva de Internet y de otros recursos digitales, los datos que hasta ahora eran secretos celosamente guardados, que sólo estaban al alcance de las principales universidades, en la actualidad son completamente accesibles en cualquier rincón del planeta con sólo pulsar un botón del ratón. Como consecuencia de ello, muchas de las llamadas profesiones de «élite», que anteriormente exigían una amplia preparación académica, ahora han pasado a los ordenadores o a personas procedentes de todo el mundo que tienen una educación académica mucho menor y que reciben salarios más bajos. El conocimiento de los datos por sí mismo ya no marca la diferencia entre las personas que consiguen tener éxito y las que no.

> Las últimas décadas han pertenecido a cierta clase de personas que tenían una determinada mentalidad: programadores informáticos que podían modificar códigos, abogados que sabían elaborar contratos, empresarios con másteres comerciales que hacían muchos cálculos. Pero las claves para hacerse con el reinado están cambiando de manos.[1]
>
> DANIEL PINK, *A Whole New Mind*

Por el contrario, las personas que ahora aparecen como los nuevos «vencedores» del siglo XXI —los nuevos *prósperos*— son las que poseen una capacidad creativa que se encuentra por encima de la media, unos profundos conocimientos analíticos, un talento natural para prever las cosas y —sorpresa, sorpresa— una notable capacidad para relacionarse con los demás. Tal y como afirman Daniel Pink y otros autores, las personas que actualmente se están haciendo con el control de la economía son los grandes cerebros. Ellos son los inventores, los diseñadores, los oyentes, los pensadores en general, los creadores de significado y los conocedores de modelos: son esas personas que saben optimizar y manejar creativamente los datos, sin limitarse a memorizarlos o a repetirlos de manera mecánica. Y todo esto lo consiguen porque saben trabajar eficazmente con los demás. Quizá no se ha dado cuenta, pero las personas que poseen ese tipo de talento están apareciendo en todos los continentes, incluso en las aldeas más remotas. Tal y como apunta Larry Sullivan, antiguo director general del Distrito de Colegios Independientes de Texarkana (Texas): «Los estudiantes de hoy ya no se limitan a competir por un empleo contra los alumnos de las ciudades o de los Estados vecinos, sino que compiten con los estudiantes de China, India, Japón, Europa, Sudamérica, Madagascar, y todas y cada una de las islas y continentes que hay entre ellos».

Pero, aunque ésta sea la nueva realidad, a menudo oigo quejarse a los líderes empresariales de que el nuevo empleado que acaban de contratar, pese a que ha obtenido un máster o un doctorado, no tiene «la menor idea» de cómo trabajar con los demás, cómo realizar una presentación básica, cómo comportarse de manera ética, cómo organizar su tiempo o cómo ser creativo, por no hablar de que tampoco saben inspirar creatividad en los demás. ¿Cuántas veces he oído hablar a los ejecutivos de que su compañía está dispuesta a aprovechar una nueva oportunidad en cuanto se presente pero que no puede pasar de la colocación de la primera piedra porque están inmersos en conflictos o disputas éticas entre empleados o subcontratistas? ¿Cuántas veces he oído quejarse a los padres de que su hijo, recién graduado en bachillerato, ha despuntado en los exámenes de ingreso a la universidad y, sin embargo, no sabe asumir la responsabilidad de sus actos, expresar oralmente sus pensamientos, tratar a las personas con respeto, analizar una decisión, sentir empatía, marcar prioridades, resolver conflictos de forma madura o planificar sus objetivos? Si preguntáramos a esas personas si piensan que los estudiantes están preparados adecuadamente para afrontar la realidad actual, creo que escucharíamos un inequívoco y rotundo «¡no!».

Cuantas más conversaciones de este tipo mantengo, más pienso en mis nietos y sus futuros hijos. Y siempre me hago la misma pregunta: «¿Qué les reserva el futuro? ¿Qué puedo hacer para prepararlos mejor ante la nueva realidad que se avecina?». De hecho, en esta época en la que se leen muchos más *sms* que libros de texto, me preocupa mucho menos la información que estudiarán mis nietos en el colegio que lo que sus compañeros —e incluso sus profesores— les van a contar acerca de la vida y de la manera en que deben manejarla. He pasado más de la mitad de mi carrera profesional ejerciendo de profesor y sé perfectamente cómo un educador puede sustentar la mediocridad o inspirar excelencia en un estudiante, independientemente de la materia que imparta.

Mientras me esfuerzo en destilar la esencia de lo que me transmite el nuevo entorno empresarial, lo que me cuentan los educadores, lo que me relatan los padres y lo que me dicta mi propio corazón, el concepto que me sigue viniendo a la mente es el de *grandeza primaria*. Reconozco que la palabra «grandeza» es un término que intimida a muchas personas. Para algunos, incluso tiene connotaciones peyorativas y resulta un vocablo arrogante. Considero que esto se debe a que muchas personas lo identifican con lo que yo llamo *grandeza secundaria*. La grandeza secundaria guarda relación con los cargos o los títulos, con los premios, con la riqueza, la fama, las graduaciones o con los logros poco corrientes. Por definición, la grandeza secundaria sólo puede alcanzarla un selecto y extraordinariamente reducido porcentaje de la población. La grandeza secundaria está determinada en gran medida por la comparación que hacemos de una persona respecto a otra.

La grandeza primaria, en cambio, está abierta a todo el mundo. Toda persona puede obtenerla y para ello no hay límites en forma de curva de campana. La grandeza primaria tiene que ver con la integridad, la ética del trabajo, el tratamiento de los demás, la motivación y el grado de iniciativa de una persona. También está relacionada con la personalidad, la colaboración, el talento, la creatividad y la disciplina de una persona. Indica qué clase de persona somos —cada día— frente a lo que poseemos o a los logros temporales que hayamos obtenido. La grandeza primaria no se mide por comparación con los demás, sino por nuestro apego a lo intemporal, a los principios universales. Es un acto de humildad.

> Si dedicáramos todos nuestros esfuerzos a que los alumnos obtengan la mayor puntuación posible en un examen, sin duda crearíamos una generación de niños que lo único que saben hacer es sacar buenas notas en los exámenes.
>
> MURIEL SUMMERS, directora del centro A. B. Combs

A veces la grandeza primaria antecede o acompaña a la grandeza secundaria. En otras palabras, una persona que tiene grandeza primaria también acaba por tener grandeza secundaria. Otras veces la grandeza secundaria viene sola. Todos conocemos a alguien que tiene grandeza secundaria pero carece del menor asomo de grandeza primaria. Al mismo tiempo, muchas personas que poseen grandeza primaria no llegan a conseguir grandeza secundaria e incluso prefieren evitar las candilejas de la grandeza secundaria.

La razón por la que la grandeza primaria me sigue viniendo a la mente es que creo sinceramente que es lo que los líderes empresariales, los padres y los educadores desean encontrar en sus empleados, en sus hijos y en sus alumnos. En el capítulo 2 explicaré detalladamente *por qué* sucede esto, pero por ahora me limitaré a decir que la realidad de hoy presenta un campo de juego completamente nuevo y global, un campo que exige mucho más que conocer una serie de datos almacenados en la cabeza. Este entorno exige el dominio de nuevas técnicas, aunque en realidad algunas de ellas son bastante «antiguas». Y también exige un nuevo tipo de grandeza primaria, acompañada de una firme base por lo que se refiere a la personalidad.

Por tanto, resulta gratificante que los colegios mencionados en este libro informen sobre la mejora en las calificaciones que han obtenido y sobre la confianza en sí mismos que han adquirido sus alumnos, y también es gratificante que los padres y los profesores declaren que ha aumentado su nivel de satisfacción. Pero sacar mejores calificaciones y tener unos padres más felices no es lo que va a permitir a los alumnos sobrevivir y salir adelante en esta nueva realidad. Necesitan algo más. Y eso es lo que más me conmueve como abuelo, como líder empresarial y como miembro de la sociedad y es lo que va a encontrar en este libro. Los alumnos salen de esos colegios mucho mejor preparados y dotados con la mentalidad, las aptitudes y las herramientas que van a necesitar para afrontar la nueva realidad del mundo actual.

## ¿Un imperativo moral?

Después de completar el primer año de enseñanza de los principios del liderazgo, los profesores piloto del centro A. B. Combs se reunieron con sus colegas y con otros administradores y declararon: «Todos los niños merecen aprender estos principios».

El colegio Dewey Elementary de Quincy, Illinois, fue el primero de los diez centros de enseñanza elemental del condado de Adams en probar este método después de que lo hiciera el centro A. B. Combs. Según afirma Christie Dickens, la directora del colegio, la mayoría de los profesores se mostraron firmemente a favor de este nuevo método. Pero hubo una profesora que se mostró bastante reticente y contrariada. Al principio se limitaba a recostarse en su silla y observar desde la distancia cómo sus compañeros se sumían en la tarea de enseñar las técnicas de liderazgo. Pero en cuanto vio que ese método estaba impactando en la vida de los alumnos tanto dentro como fuera de las aulas, no tardó en adherirse al proyecto. De hecho, al inicio del segundo trimestre se acercó a Christie y le dijo: «Sé que estás haciendo un gran esfuerzo por recopilar los datos y supervisarlos para comprobar si este método funciona adecuadamente, pero yo me preocuparía menos por las puntuaciones de los exámenes o por la información que proporcionan las estadísticas. ¡Estamos haciendo lo correcto!».

Después de visitar el centro A. B. Combs, Peggy y Andrew Cherng, fundadores de la próspera cadena de restaurantes Panda Express, decidieron patrocinar seis colegios del sur de California con el específico propósito de ayudarlos a poner en marcha el método del liderazgo antes de extenderlo a otros colegios. Sin embargo, un líder clave de uno de los distritos escolares se opuso enérgicamente. Su reacción se basaba en el uso del término «liderazgo». «Afrontémoslo —anunció con vehemencia—. No todos estos estudiantes van a convertirse en directores generales ni en líderes importantes. ¡Sabemos que eso no va a suceder!» Pero poco tiempo después visitó el centro A. B. Combs y observó a sus alumnos, y en cuanto se dio cuenta de que los principios del liderazgo se centraban en ayudar a los alumnos a asumir la responsabilidad de sus propias vidas, en trabajar con los demás de manera más eficaz y en que hicieran lo adecuado incluso cuando nadie los observaba, se convirtió en uno de los principales defensores de ese método. «Esto es lo *adecuado*, lo que debemos hacer por los alumnos», insiste actualmente.

En Guatemala, los años de guerra civil y de turbulencias económicas dejaron a muchos jóvenes (y a muchos profesores) sin la menor esperanza en el futuro. Para María del Carmen Aceña, esto era algo evidente —y difícil de aceptar— cuando fue nombrada ministra de Educación en 2003. Ella sabía que si los estudiantes y los educadores del país tenían pocas esperanzas, entonces toda la nación tendría pocas esperanzas en mejorar su nivel de vida o sus ambiciones culturales. Por tanto, formó un equipo de investigación y, después de efectuar un análisis minucioso, aprobaron un programa llamado «Camino de sueños» que enseñaba muchas de las técnicas de liderazgo y de la vida que se imparten en el centro A. B. Combs, pero con la diferencia de que estaban enfocadas hacia la enseñanza secundaria. En la actualidad, más de 200 mil estudiantes de bachillerato han aprendido los principios del liderazgo y Aceña afirma, luciendo una sonrisa en el rostro, que «los estudiantes salen del colegio con técnicas que les servirán en la vida y comprometidos con la labor de cambiar Guatemala». En todo momento, la decisión de su equipo fue: «Pensamos que aquello era lo *adecuado*, lo que había que hacer».

Cuando pedimos a los educadores que identificaran qué es lo que más les duele hoy, la directora de un importante colegio de enseñanza primaria resumió su respuesta en una sola palabra: el «arrepentimiento». Cuando le pedimos que se explicara, comentó: «Los educadores sienten un profundo arrepentimiento cuando se dan cuenta de que, a lo largo de la última década, se ha hecho tanto hincapié en mejorar las puntuaciones de los exámenes que ese objetivo se ha conseguido a expensas del aprendizaje de aspectos básicos que los alumnos necesitarán para afrontar su vida cotidiana. También se arrepienten de que al concentrarse en los aspectos académicos, no consiguieron transmitir a sus alumnos un poco más de amor por el conocimiento y de amor por la vida. Y por esa razón nuestro colegio decidió enseñar esas técnicas de liderazgo. Eso, simplemente, es lo *adecuado*».

En el centro A. B. Combs, el liderazgo no se considera una ocupación, sino una forma de vivir y de conducir nuestra propia vida.

¿Ha advertido que en todos estos ejemplos se emplea la misma frase... «hacer lo adecuado»? Mientras se sumerge en la tarea que están llevando a cabo los colegios analizados en este libro, espero que cruce por su mente la siguiente pregunta: ¿Los adultos tenemos el imperativo moral de enseñar estos principios del liderazgo y estas técnicas basadas en la vida cotidiana? ¿Es eso lo *adecuado,* lo que debemos hacer? ¿Cree que los jóvenes están siendo adecuadamente preparados para afrontar las realidades de hoy? Si no es así, ¿qué cree que se debería hacer para prepararlos mejor? ¿Cuáles son las cosas *más* importantes que deberíamos enseñarles? ¿Cómo se debería hacer?

A medida que avance en la lectura de este libro, conviene que tenga en cuenta esas reflexiones y todos esos interrogantes.

## LOS TRES TEMAS QUE DEBEMOS BUSCAR

Desde luego, mi mayor deseo sería que los padres, los educadores y los líderes empresariales de todo tipo —especialmente los más escépticos— pudieran visitar el centro A. B. Combs o cualquiera de los demás colegios que aplican los principios del liderazgo para que vieran, escucharan y percibieran de primera mano todo lo que está sucediendo en ellos. Pero ni siquiera un colegio como el A. B. Combs podría soportar semejante aluvión de visitantes.\*

Como seguramente ya habrá supuesto, uno de los objetivos de mi libro es compartir con el lector gran parte de la tarea que llevan a cabo estos colegios, de modo que pueda captar lo que está sucediendo sin necesidad de desplazarse de su cómoda silla. De hecho, este libro le llevará al English Estates Elementary de Fern Park, Florida, que ha sido el colegio que más ha mejorado desde el punto de vista académico en este distrito después de apenas un año de la aplicación del nuevo método. Le llevará también al Chestnut Grove Elementary de Decatur, Alabama, donde uno de los líderes empresariales locales ha financiado el colegio hasta convertirlo en un importante centro del liderazgo. Además, le llevará al Dewey Elementary de Quincy, Illinois, donde el progreso que ha experimentado este centro ha incitado al United Way local a ser el primero en impartir el mismo tipo de formación a los 10 mil estudiantes del condado. Le llevará a Texas, a California, a Kentucky, a Oklahoma y a otros Estados de Estados Unidos. Y también le llevará a Canadá, a Guatemala, a Japón, a Singapur, a Australia y a Europa. Este libro es algo más que una historia reconfortante. Muestra un método pragmático y creativo que está dando paso a una nueva corriente de esperanza dentro del mundo de la educación.

Mientras viaja de una localidad a otra, le propongo que se fije en tres temas que considero fundamentales para comprender los resultados que están consiguiendo estos colegios.

En primer lugar, fíjese en *la naturaleza universal de los principios del liderazgo* que se enseñan en estos centros. Estos principios son intemporales y, en la mayoría de los casos, son fruto del sentido común. Yo no inventé los principios. Llevan entre nosotros desde hace siglos y son conocidos por todas las culturas. Por tanto, independientemente de si los estudiantes viven

---

\* En la web <TheLeaderInMeBook.org> se puede ver el vídeo donde aparecen algunos de estos colegios.

en una gran mansión situada en un barrio residencial o en una cabaña de paja de la selva, estos principios les permitirán tomar mejores decisiones y mejorar su futuro. Sin embargo, también advertirá que, aunque los principios que se enseñan son básicamente los mismos en todos los colegios, *el modo* en el que estos principios se ponen en práctica puede variar —algunas veces de manera significativa—, ya que cada centro ha aplicado los principios dependiendo de qué es lo que encaja mejor con sus necesidades, capacidades y recursos específicos. Pero al tiempo que observa la singularidad del método en cada centro, le animo a que no pierda de vista los *principios*, ni los *métodos*. Si lo hace, estoy convencido de que descubrirá más similitudes que diferencias en las fórmulas que plantearon los colegios para conseguir el éxito. Las personas y los métodos vienen y van, pero los principios del liderazgo eficaz permanecen inalterables en todas partes. Por tanto, tal y como verá a lo largo de este libro, los mismos principios se pueden enseñar y aplicar en cualquier colegio.

> Todos los niños sonríen en el mismo idioma.
>
> *Cita expuesta en un pasillo del centro A. B. Combs*

En segundo lugar, observe *la naturaleza universal y el singular potencial que tienen los niños*. Los niños nacen con una conciencia global. Independientemente del lugar al que me desplace, cuando miro a los ojos de los niños, en especial a los más pequeños, veo en ellos el mismo tipo de energía y los mismos rayos de esperanza. Es un rasgo común a todos ellos. También nacen con un inmenso potencial y, en algunos casos, eso es una singularidad propia de ellos. Nunca nacen dos niños idénticos. Sin embargo, casi inmediatamente después de su nacimiento, su entorno empieza a moldearlos y comienzan a asumir una especie de ADN cultural o de *semejanza*. Gran parte de ese ADN cultural es bueno e incluso necesario para su supervivencia, pero en muchos casos contiene una serie de mutaciones que, en última instancia, pueden arrebatarles su identidad singular. Las llamo «mutaciones» porque pueden *mutar* el verdadero potencial de un niño. ¡Vaya tragedia! En *El líder interior* me he propuesto evitar o superar algunas de esas mutaciones que están enraizadas en la propia cultura. *El líder interior* parte del principio de que todos los niños son buenos y que dentro de cada uno de ellos hay una serie de cualidades a las que se debe dar rienda suelta. *El líder interior* asume que todos los niños son importantes y que pueden contribuir con algo que merece la pena. Considera que en el interior de cada niño (y de cada educador) se pueden encontrar verdaderas cualidades de líder. Muchas de estas cualidades se pueden observar y desarrollar plenamente en las actitudes y el comportamiento que muestran los estudiantes, mientras que otras están a la espera de ser fomentadas. Estas suposiciones no sólo son fundamentales para la filosofía que subyace en *El líder interior*, sino también para el éxito de estos colegios.

En tercer lugar, me gustaría que se diera cuenta de que *los mismos principios y el mismo método que se enseñan en estos colegios también se pueden enseñar en casa*. Una de las principales características que presenta el método del liderazgo es la tarea que está llevando a cabo para mejorar la asociación entre los pa-

El centro A. B. Combs ha creado un método singular que ha mejorado considerablemente la cultura del colegio, ha aumentado los logros de los alumnos y, lo que es más importante, los prepara para enfrentarse a la vida.

dres y el colegio. Para empezar, cada vez atrae a más padres a los colegios para que apoyen y realicen voluntariamente las actividades que se llevan a cabo en el colegio y en las aulas. Pero lo más importante es que eso sucede al mismo tiempo que los alumnos aplican los principios del liderazgo a sus tareas y conductas cotidianas en casa. En otras palabras, los profesores no son los únicos que dicen observar una conducta mejor en los niños y una reducción en los problemas de disciplina. Los padres también aprecian el mismo tipo de resultados positivos. Esto resulta especialmente evidente en aquellas familias en las que los padres han llegado a conocer de primera mano los principios y han hecho un esfuerzo consciente por reforzarlos y enseñarlos. En definitiva, este libro no sólo trata de la tarea que pueden llevar a cabo los colegios, sino también de la labor que podemos realizar en nuestro propio hogar. Si usted tiene hijos, le doy mi palabra de que si lee este libro con la mente abierta, encontrará en él multitud de ideas sobre cómo puede aplicar en su casa todo lo que estos educadores han desarrollado en su centro de

En diversos colegios de Estados Unidos y de diversas partes del mundo, como en el colegio de educación primaria Chua Chu Kang de Singapur, se está aplicando el método del liderazgo.

enseñanza. Por tanto, aun cuando el colegio de su hijo no desarrolle el método del liderazgo, usted puede aplicarlo en los estrechos confines de su propio hogar (véase el capítulo 10: «Aplicación en casa»).

## CÓMO SE ORGANIZA ESTE LIBRO

Teniendo en cuenta la extensión de este libro, podrá advertir que no trata de entrar en demasiados detalles. Por el contrario, se podría decir que no es más que un punto de partida.

Como el método del liderazgo se originó en el colegio A. B. Combs, y como ese centro es el que tiene un mayor historial de éxitos, he dedicado los primeros capítulos —del capítulo 2 al 5— a hablar del centro A. B. Combs. De ese modo el lector podrá concentrarse en un solo colegio y en un método general sin verse obligado a rastrear diversos escenarios y estrategias. Estos cuatro capítulos ponen de relieve por qué el colegio A. B. Combs decidió aplicar el método del liderazgo y cómo salió adelante y, al mismo tiempo, proporciona una serie de conceptos clave que los alumnos han aprendido a lo largo de ese tiempo. Pero no deje que esta focalización en el A. B. Combs le lleve a pensar que se trata de un fenómeno que sólo se ha producido en un colegio o en un país. Es algo que aparece en multitud de colegios y en diversas partes del mundo.

Será principalmente en el capítulo 6 donde ofreceré una serie de ejemplos sobre la tarea que llevan a cabo otros colegios de educación elemental a fin de añadir su firma personal a esta historia que se encuentra en plena evolución. Resulta curioso comprobar lo creativos que han sido los profesores y los administradores que trabajan en estos colegios.

Aunque este libro se centra intencionadamente en los colegios de educación primaria, en el capítulo 7 veremos brevemente lo que está sucediendo en algunos centros de enseñanza media y secundaria. También describiré la tarea que están llevando a cabo algunos distritos para utilizar los principios del liderazgo con la intención de redefinir sus culturas. En los capítulos 8 y 9 presentaré un esquema y un conjunto de conceptos que cualquier colegio o distrito debe tener en cuenta cuando se plantee cómo podría aplicar y adaptar el método del liderazgo. Por último, en el capítulo 10 comparto algunas reflexiones sobre cómo aplicar en casa tales principios.

Ahora bien, debo advertir de antemano que algunos de los pasajes que está a punto de leer podrían parecerle «demasiado buenos para ser verdad». Pero no pienso disculparme por ello, ya que estoy convencido de que las historias que narran en esos colegios no sólo son *ciertas*, sino que también son *buenas*. Y, aunque ninguno de esos centros presume de ser perfecto ni de tener todas las respuestas a los diversos dilemas que se plantean hoy en los colegios, también creo firmemente que la tarea que están llevando a cabo nos acerca cada vez más a lo *adecuado*, a lo que hay que hacer para preparar a los jóvenes frente a la realidad actual y a los dilemas que plantea el futuro.

# 2
# DESCUBRIR QUÉ ES LO QUE LOS PADRES, LOS PROFESORES Y LOS LÍDERES EMPRESARIALES QUIEREN DE UN COLEGIO

> Los estudios no dejan lugar a dudas: no hay nada que motive más a un niño que ver que lo que aprende es valorado por los colegios y por los familiares y la comunidad que trabajan de manera asociada. [...] Estas formas de implicación no se producen por accidente, ni tampoco por invitación. Se producen a través de una intervención estratégica explícita.[1]
>
> MICHAEL FULLAN

No encuentro una manera mejor de explicar por qué el centro A. B. Combs fue el primero en enseñar los principios del liderazgo a sus alumnos que compartiendo con usted algunos de los recuerdos de su directora, Muriel Summers. Esta mujer ha intentado relatar en pocas palabras algunos de los mejores momentos referentes a los primeros días y a la evolución que experimentó el colegio a lo largo de los años. Cuando lea algunos pasajes de su relato, creo que podrá percibir con total claridad que Summers se ha convertido en una de las grandes pioneras de ese grupo de educadores y trabajadores que obran milagros en el mundo actual y cuyos proyectos serán expuestos en la presente obra. Esta es la historia de Muriel relatada con sus propias palabras:

Me llamo Muriel Thomas Summers y me crié en Lilesville, Carolina del Norte. Mi padre falleció cuando yo tenía 10 años, de modo que fue mi madre quien se ocupó de mi educación y de la de mi hermana. Siempre ha sido para mí un increíble modelo a seguir.

Estudié en la Universidad de Carolina del Norte, en Chapel Hill. Al principio me resultó difícil, ya que no sabía cuál era el camino que quería seguir. Recuerdo que un día me senté en un banco y recé para que alguien me dijera lo que debía hacer. Y, entonces, sentí una «llamada», si se quiere llamar así, exhortándome a que me dedicara a la enseñanza. Siempre me había gustado mucho trabajar con niños y en aquella época daba clases de preescolar en uno de los centros de día de la universidad. Desde que puse todo mi empeño en realizar una carrera en el campo de la educación, supe que había encontrado mi verdadera vocación.

Después de graduarme, regresé a Lilesville y estuve dando clases durante cinco años antes de trasladarme a Maryland, donde trabajé otros siete años. Allí colaboré con muchas personas maravillosas entre las que se encontraba Joann Koehler, quien me dijo que había visto algo en mí que yo nunca había percibido: las cualidades necesarias para convertirme en directora del colegio. Hasta aquel momento, nunca me había visto a mí misma fuera de las aulas. Su fe en mí inspiró mi carrera profesional.

Al cabo de un tiempo, mi familia regresó a Carolina del Norte para estar más cerca de nuestras raíces. El primer año ejercí de profesora de primer curso y, al acabarlo, me nombraron profesora de recursos educativos. Luego vino el puesto de ayudante de dirección.

Yo también comparto una parte de la historia personal de Muriel porque creo firmemente que la historia y la cultura de cualquier colegio —y de cualquier organización— se fundamentan en gran medida en las historias y las filosofías combinadas de las personas que transitan por sus pasillos. Sin duda, lo que Muriel y sus colegas son y el lugar de donde proceden desempeñan un papel fundamental en la historia y la cultura del centro A. B. Combs, un hecho que resultará más evidente a medida que prosiga la narración de Muriel.

En 1998 me nombraron directora del centro A. B. Combs de Raleigh, Carolina del Norte. El A. B. Combs era un buen colegio, pero no de los mejores. Era una *magnet school*, lo que significa que tenía que presentar algún rasgo distintivo que le permitiera atraer a estudiantes procedentes de otros distritos. Por desgracia, el rasgo imán que se potenciaba en aquella época no atraía a demasiados alumnos y sólo se matricularon 350 niños.

En 1999 acudí a una conferencia impartida por Stephen R. Covey en Washington D. C. Yo había estudiado su obra durante mis estudios de graduación sobre el liderazgo y estaba deseando escucharlo en persona. En un momento de su discurso, me emocioné profundamente. Al mirar la sala, vi que estaba llena de personas que parecían tener mucho éxito en la vida. Todos seguían con suma atención el discurso del conferenciante. Creo que sentían lo mismo que yo, que lo que el doctor Covey estaba compartiendo con nosotros eran principios universales e intemporales.

Me sorprendí al constatar que le estaba escuchando con la mente de una directora y el corazón de una madre. Y cuanto más escuchaba, y más miraba a los ojos de las personas que me rodeaban, más seguía pensando: «Muriel, si pudieras enseñar esto a los niños, no tendrían que esperar a ser adultos para aprender estos principios. Si miraran a través de esta lente desde una edad temprana y siguieran mirando a través de ella durante el resto de su vida, no sólo sus vidas serían diferentes, sino que nuestro mundo también sería muy distinto».

Durante los descansos, trataba de reunir el valor necesario para preguntar al doctor Covey qué opinaba de la idea de enseñar esos principios a los niños pequeños. Hasta el último descanso no me atreví a acercarme a él. Lo atrapé cuando se disponía a abandonar el estrado y rápidamente le pregunté: «Doctor Covey, ¿piensa que estos 7 hábitos se pueden enseñar a los niños?». Su respuesta fue: «¿Son muy pequeños?». «De 5 años», le contesté. Hizo una breve pausa, esbozó una sonrisa y replicó: «No veo por qué no»; y acto seguido añadió: «Si alguna vez los pone en práctica, hágamelo saber». Así terminó nuestra conversación.

Aunque recuerdo que Muriel se me acercó aquel día en Washington D. C., debo confesar que no fui capaz de percibir completamente todo lo que emanaba de sus ojos —de su corazón— hasta que volví a verla un tiempo después, cuando se encontraba en plena tarea de conseguir su objetivo en el centro A. B. Combs. De hecho, cuando nos encontramos por primera vez, no creo que la propia Muriel captara el alcance de la llama que estaba comenzando a crecer en su interior. Mientras sigue relatando su historia, observe cómo esa llama surgió en el momento en el que ella y su equipo se enfrentaron a un terrible dilema.

En aquel momento no fui consciente de la profunda influencia que tendría en mi vida esa breve conversación con el doctor Covey. Unos meses después, el director general de nuestro distrito me llamó para mantener una «conversación sobre la realidad de nuestro centro». En el curso de la misma me comunicó que nuestro colegio no atraía a suficientes alumnos para garantizar su continuidad y que, si no presentábamos algo que los atrajera, tendríamos que volver a ser un colegio tradicional. En otras palabras, debíamos «reinventarnos o dejar de ser una *magnet school*». Nos concedió una semana de plazo para encontrar un nuevo tema y todo el ánimo que me dio fue: «No podrás contar con ningún recurso adicional para conseguirlo».

Mi equipo y yo comenzamos a trabajar, tratando de encontrar la fórmula adecuada que pudiera salvar al colegio. Hablamos con los padres y con los líderes de la comunidad sobre qué aspectos querían que se enseñaran en un colegio. También debatimos con los profesores sobre lo que querían para sus propios hijos. Lo más interesante de esas conversaciones fue que todos me transmitieron el mismo mensaje. Querían que los niños crecieran siendo personas responsables, afectuosas y compasivas, que respetaran la diversidad y que supieran qué debían hacer cuando tuvieran que tomar decisiones difíciles. Ni una sola vez oímos decir a nuestros grupos de investigación: «Queremos ser los mejores desde el punto de vista académico». Supongo que eso es algo que se daba por sentado, pero las opiniones que recibimos tenían poco que ver con los aspectos académicos y mucho con la personalidad y el conocimiento de las capacidades básicas de la vida cotidiana.

## Los 7 hábitos de la gente altamente efectiva

Cuando Muriel se sentó entre los líderes empresariales, no pudo dejar de pensar: «Si los niños aprendieran los 7 hábitos desde una edad temprana, no sólo sus vidas serían diferentes, sino que nuestro mundo también sería muy distinto». Lea la siguiente sinopsis de Los 7 hábitos expresada en el lenguaje de los niños y compruebe si puede llegar a la misma conclusión.

### Primer hábito: Sea proactivo

Soy una persona responsable. Tomo la iniciativa. Elijo mis propios actos, mis actitudes y mis estados de ánimo. No culpo a los demás de mis equivocaciones. Hago lo correcto sin que me lo pidan, incluso cuando nadie me está mirando.

### Segundo hábito: Empiece con un fin en mente

Hago una planificación previa y me marco una serie de objetivos. Hago cosas que tengan sentido y las hago bien. Soy una parte importante de mi clase, contribuyo a la misión y visión de mi colegio y trato de encontrar la manera de ser un buen ciudadano.

*Tercer hábito: Establezca primero lo primero*
Dedico mi tiempo a ocuparme de las cosas que son más importantes. Eso significa que digo «no» a cosas que sé que no debería hacer. Me marco prioridades, hago un horario y sigo mi plan. Soy una persona organizada y disciplinada.

*Cuarto hábito: Piense en ganar/ganar*
Encuentro el equilibrio para conseguir lo que quiero teniendo en cuenta qué es lo que desean los demás. Realizo ingresos en la cuenta bancaria emocional de los demás. Cuando surgen conflictos, trato de encontrar otras alternativas.

*Quinto hábito: Procure primero comprender, y después ser comprendido*
Presto atención a las ideas y los sentimientos de los demás. Trato de ver las cosas desde su punto de vista. Escucho a los demás sin interrumpirles. Me siento confiado para expresar mis ideas. Miro a las personas a los ojos cuando hablo.

*Sexto hábito: La sinergia*
Valoro las cualidades de los demás y aprendo de ellas. Me llevo bien con los demás, incluso con aquellos que son diferentes a mí. Trabajo bien en grupo. Trato de aceptar las ideas de los demás para resolver problemas porque sé que si trabajamos en equipo podemos encontrar mejores soluciones que si lo hiciéramos de manera individual. Soy una persona humilde.

*Hábito 7: Afile la sierra*
Cuido mi cuerpo llevando una alimentación adecuada, haciendo ejercicio y durmiendo bien. Paso bastante tiempo con mi familia y mis amigos. Aprendo cosas de muchas maneras y en muchos lugares, no sólo en el colegio. Dedico tiempo a encontrar formas significativas de ayudar a los demás.

Cuando Muriel salió de la oficina del director general sabiendo que sólo tenía una semana para idear algo que atrajera a los alumnos, prácticamente lloró durante todo el camino de vuelta al centro A. B. Combs. Llamó a su ayudante de dirección, Gailya Winters, quien según Muriel, «no nos permite recrearnos un solo minuto en nada que no sea la excelencia». La respuesta de Gailya fue: «Deja de comportarte así. Encontraremos una solución».

> El mundo es un lugar muy complejo y cambiante. Las dificultades a las que nos enfrentamos hoy no son las mismas que las dificultades a las que se enfrentarán los jóvenes del futuro. Por tanto, pensamos que la mejor manera de mantener a nuestro alumnado era mediante la enseñanza de principios intemporales.
>
> FRANCIS FOO, director del colegio de enseñanza primaria Chua Chu Kang, Singapur

Juntas se dirigieron a los profesores y dijeron: «Queremos seguir siendo una *magnet school*». Lo sentían con todo su corazón, porque valoraban mucho el alto nivel de diversidad del que disfrutaban como consecuencia de ser una *magnet school*. Los profesores estuvieron de acuerdo con ellas y se reunieron para debatir las distintas opciones que tenían. Lo más impresionante de todo es que, en lugar de sentarse alrededor de una pizarra o sumergirse en ejercicios de formación de equipos, se marcaron como prioridad consultar con los diversos interesados y averiguar qué es lo que querían que tuviera un colegio. Los siguientes párrafos son una muestra de lo que descubrieron, así como una serie de breves referencias que nos permiten confirmar sus pesquisas.

## QUÉ QUIEREN LOS PADRES DE LOS COLEGIOS

Naturalmente, uno de los primeros grupos a los que se dirigió el centro A. B. Combs para recabar información fue a los padres. A fin de cuentas, los padres tienen mucho que decir en cuanto a su elección de colegio y, por tanto, no había nadie mejor a quien aproximarse para tratar de encontrar información acerca del modo de aumentar el número de matriculaciones. Muriel preparó una serie de encuentros y formó algunos grupos de enfoque. Aquellas conversaciones fueron muy sinceras. Como ya señalé antes, los padres querían que sus hijos aprendieran la capacidad para relacionarse adecuadamente con los demás y para ser responsables. Querían que sus hijos fueran personas tolerantes con las diferencias de los demás, que supieran solucionar los problemas que se les plantearan y que aprendieran a ser creativos. Las respuestas que ofrecieron esos padres no sorprendieron a Muriel ni a su equipo, puesto que ya las habían oído antes. Sin embargo, lo que sí les sorprendió fue lo que los padres omitieron en sus comentarios. Ninguno de ellos mencionó nada acerca de los aspectos académicos. Ni uno solo.

Debemos tener en cuenta que este proceso tuvo lugar a finales de 1999. A veces nos referimos a la década de 1990 como los años en los que se produjo un «regreso a lo básico» en materia de educación. En esa época, los elementos en los que se hacía hincapié se reducían a tres disciplinas —lectura, escritura y aritmética—, y todo ello por insistencia de los padres. Pero a medida que la década de 1990 iba llegando a su fin, se empezó a extender un ambiente de cambio. Algunos piensan que la masacre que se produjo en el instituto Columbine en Littleton, Colorado, en abril de 1999 fue lo que hizo que muchos padres comenzaran a preocuparse más por la seguridad física y emocional de sus hijos en el colegio que por el hecho de que tuvieran un buen nivel académico.

Pero viéndolo en retrospectiva, es evidente que la tendencia empezó a cambiar mucho antes del incidente de Columbine y no fue algo que sólo sucediera en el centro A. B. Combs. De hecho, considero un dato interesante que, aproximadamente en la misma época en la que apareció el libro de *Los 7 hábitos,* publicado en 1989, los investigadores de la universidad comenzaron a advertir un cambio drástico en la filosofía que los padres tenían en mente respecto a lo querían para sus hijos. El cambio fue advertido por el sociólogo de la Universidad de Michigan Duane Alwin, que comparó los datos de la época «moderna» con los datos recopilados en la década de 1920.[2] Alwin advirtió que en esa década los padres eligieron la obediencia, la conformidad, el respeto por el hogar y por la religión y las buenas maneras como los principales rasgos que deseaban para sus hijos. Pero a principios de la década de 1990, lo que más deseaban los padres para sus hijos era la capacidad que les permitía pensar por sí mismos, asumir la responsabilidad de sus vidas, mostrar iniciativa y ser tolerantes con la diversidad. Básicamente, eran el mismo tipo de cosas que los padres del centro A. B. Combs estaban buscando.

¿Cuál era el elemento subyacente en ese cambio en la forma de pensar de los padres?

Alwin llegó a la conclusión de que la naturaleza cambiante de la economía global era la causa principal del cambio. «Vivimos en un mundo cada vez más complejo —afirmó—. Los padres quieren que sus hijos tengan éxito, que sobrevivan en ese mundo. Saben que los buenos trabajos requieren personas que sepan pensar por sí mismas.» Añadió que hasta los padres se habían vuelto más educados y capaces de pensar por su propia cuenta y que querían que esa misma capacidad se trasladara a sus hijos.

Han pasado casi dos décadas desde que Alwin publicara sus descubrimientos y ahora nos encontramos inmersos en el siglo XXI. No obstante, entre los jóvenes, la necesidad de confiar más en sí mismos y de ser más responsables ha aumentado de manera exponencial. Y es una tendencia global. Ahora bien, el alcance del cambio que ha llegado a Norteamérica, Europa y el Pacífico Sur a lo largo de los últimos años es muy reducido si se compara con los cambios que han sacudido América Central,

La participación e implicación de los padres ha sido la clave para el continuo éxito del centro A. B. Combs.

Sudamérica, África, Oriente Próximo y Asia. En Asia, por ejemplo, donde varios países se han transformado en muy poco tiempo, pasando de ser simples ensambladores y exportadores de tecnología a ser usuarios frecuentes de productos tecnológicos —especialmente entre sus jóvenes expertos en cibernética—, se ha experimentado una amplia transformación cultural.[3] Han aumentado los salarios, se han incrementado las horas de trabajo, ha aumentado el número de madres que trabajan fuera de casa y ha penetrado una amplia gama de influencias occidentales, incluyendo las referentes al modo de vestir, la música, la comida rápida y las nuevas y más independientes formas de pensar.

Para afrontar la velocidad y amplitud de esos cambios, los padres asiáticos han comenzado a preocuparse cada vez más por la educación de sus hijos, haciendo mucho hincapié en cuatro áreas: 1) *tecnología*: los padres asiáticos quieren que sus hijos estén más versados en tecnología; 2) *aptitudes globales*: los padres asiáticos reconocen la naturaleza global de su nuevo mundo y quieren que sus hijos estén preparados para enfrentarse a él, lo que incluye el conocimiento de cómo se trabaja con personas de diversas procedencias; 3) *aptitudes analíticas y en la vida*: los padres quieren que sus hijos estudiantes sean capaces de ir más allá del conocimiento de datos adquiriendo importantes aptitudes analíticas, creatividad y trabajo en equipo; 4) *valores asiáticos*: aunque los padres asiáticos quieren que sus hijos sean expertos en cada uno de estos puntos, saben que los tres conllevan ciertas desventajas. Pocas cosas que les dan tanto pánico como las desventajas que presenta la tecnología, por ejemplo, el hecho de que sus hijos se conviertan en adictos a los videojuegos o a la pornografía. Su firme deseo de que adquieran aptitudes globales se sustenta sobre el temor de que sus hijos se pierdan al ver lo que les ofrece el mundo, olvidándose de sus propias raíces. Pero, por encima de todo, el denominador común de las preocupaciones que tienen los padres es su sensación de que las costumbres ancestrales y las tradiciones de su sociedad —lo que ellos llaman «valores asiáticos»— se están debilitando en el ambiente de precipitación y complejidades que caracteriza al mundo actual. Entre esos valores destacan la honestidad, el respeto y los estrechos vínculos familiares.

> Queremos que nuestros hijos tengan el corazón malayo y la mentalidad global.
>
> DATO' TEO CHIANG QUAN, presidente de Paramount Corporation, Malasia

Lo que los padres están experimentando en Asia es lo mismo que sienten los padres de todo el mundo. En lugar de Asia podría poner el nombre de cualquier país o ciudad del mundo y no apartarme demasiado de mi descripción. Es un *tsunami* global. Vaya donde vaya, siempre oigo hablar a los padres de los mismos problemas: «El mundo ha cambiado. Quiero que mi hijo sepa manejar la tecnología, sea más creativo, tome decisiones más acertadas y sea capaz de trabajar en equipo con personas procedentes de diversos ámbitos. Y, al mismo tiempo, quiero que sean ciudadanos buenos, honestos, educados, independientes, respetuosos, disciplinados y honrados».

**Actitudes de los adultos en materia de educación**

|  | Porcentaje de los que puntúan con un 9 o 10 de importancia en una escala de 0 a 10 |
| --- | --- |
| Comprensión lectora | 75 |
| Conocimientos en ordenadores y tecnología | 71 |
| Juicio crítico y capacidad para solucionar problemas | 69 |
| Responsabilidad ética y social | 62 |
| Comunicaciones escritas | 58 |
| Trabajo en equipo y colaboración | 57 |
| Comunicación oral | 56 |
| Aprendizaje para la vida e independencia | 50 |
| Matemáticas | 48 |
| Liderazgo | 44 |
| Creatividad e innovación | 43 |
| Conocimientos básicos de los medios de comunicación | 42 |
| Conciencia global | 42 |
| Ciencias (biología, física y química) | 38 |

Otro de los elementos que los padres querían que tuviera el centro A. B. Combs se puede encontrar en un reciente estudio sobre las actitudes de los adultos estadounidenses en materia de educación encargado por la organización Partnership for 21st Century Skills y titulado *Más allá de las tres disciplinas* (véase la tabla de la página anterior).[4] El dato más «sorprendente» es la importancia que atribuían los adultos a aspectos tales como la resolución de problemas, el trabajo en equipo, la independencia, el liderazgo, la creatividad y la conciencia global frente a materias tradicionales como las matemáticas y las ciencias.

Observe qué lugar ocupa la «responsabilidad ética y social» en la tabla anterior. Creo que es algo interesante, teniendo en cuenta que hasta hace poco términos como «ética», «personalidad» y «responsabilidad social» estaban prácticamente prohibidos en el campo de la educación. La actitud imperante era «esas cosas se deben enseñar en casa; no es tarea de los colegios». Y, efectivamente, creo que la mayoría de nosotros coincidimos en que la enseñanza de la responsabilidad ética y social recae sobre todo en los padres. Pero en muchos casos no se pone en práctica. Tal y como señaló Dan Jeffers, director del instituto Lemon Bay de Englewood, Florida: «Antes, los rasgos básicos de la personalidad y las aptitudes para la vida se enseñaban tanto en casa como en la iglesia y el colegio. Pero en la actualidad ya no se puede considerar que el hogar es un lugar fiable, la asistencia de los jóvenes a la iglesia es mínima y muchos colegios ya no enseñan temas relacionados con la personalidad ni con las aptitudes interpersonales debido a las intensas presiones que reciben para que se concentren en las materias de estudio más importantes».

La gente se pregunta: «¿Es que los alumnos no van al colegio habiendo aprendido esos hábitos? ¿No los aprenden en casa o en la iglesia?». Pero lo cierto es que los alumnos no siempre vienen con esos hábitos adquiridos. Por tanto, ¿qué razón hay para dejar en manos del azar que un niño tenga o no esos hábitos? ¿Por qué no hacemos que todos tengan las mismas posibilidades y damos a todos los niños la oportunidad de adquirir esos conocimientos?

JEANNE PAYNE, coordinadora de desarrollo profesional,
Colegios de la Ciudad de Decatur, Alabama

He insertado aquí algunas de las conclusiones de los estudios que coinciden con los aspectos que los padres expusieron al colegio A. B. Combs cuando les preguntaron qué es lo que esperaban de un colegio. Pero, en mi opinión, la verdadera prueba de lo que los padres de los alumnos del centro A. B. Combs quieren de un colegio no se halla tanto en lo que *dicen* como en lo que *hacen*. Dicho en otras palabras, su deseo se pone de manifiesto en el hecho de que, desde que comenzó a ponerse en práctica el método del liderazgo, las matriculaciones en el A. B. Combs han aumentado de 350 a 900. Se pone de manifiesto en el hecho de que los padres conducen durante cuarenta minutos o residen en viviendas más económicas de las que podrían permitirse para mantener a sus hijos en el centro A. B. Combs. Se evidencia en las lágrimas que brotan de sus ojos cuando hablan de lo que los trabajadores del A. B. Combs han hecho por sus hijos. Se percibe en las declaraciones que algunos padres han hecho a Muriel. Uno de ellos le dijo: «Mire, yo soy médico y voy a venir a prestar mis servicios de manera voluntaria o a hacer lo que sea para que mi hijo pueda entrar en este colegio». Sí, este tipo de declaraciones hablan por sí solas de qué es lo que los padres quieren de un colegio.

## LO QUE QUIERE LA COMUNIDAD EMPRESARIAL

Otro participante clave con el que contó el centro A. B. Combs durante el proceso de identificación de su nuevo tema fue la comunidad empresarial de la localidad. Muchos educadores afirmarán que fue una iniciativa atrevida. Empresarios, empleados con másteres comerciales, ingenieros, programadores, vendedores, abogados, directores generales y demás miembros de la comunidad empresarial suelen constituir un grupo audaz, iracundo y testarudo. Por esa razón, muchos educadores prefieren apartarse de ellos, a menos, claro está, que busquen un patrocinador para que financie sus actividades. Como podrá imaginar, esta actitud ayuda muy poco a atraer a los líderes empresariales, que están cansados de escuchar: «Apreciamos su interés, pero no necesitamos su opinión. Nos basta con su dinero».

Sin duda, las relaciones entre los colegios y los líderes empresariales no siempre han sido del todo cordiales. La mayoría de los educadores no lo manifiestan abiertamente pero, de forma confidencial, muchos afirman que no les gusta que los empresarios se inmiscuyan en sus asuntos. Están convencidos de que hay muchos empresarios que hablan de los estudiantes como si fueran artículos que se pueden producir de forma masiva sin que presenten ningún defecto. A menudo comentan que, mientras las empresas pueden contratar a quien quieran y cuando quieran, los colegios están obligados a acoger a todos los que llamen a su puerta y deben hacerlo cada vez que alguien se asome por ella. No importa si un nuevo estudiante sólo habla un idioma extranjero, si procede de un correccional juvenil, si padece un trastorno que le impide aprender, si tiene problemas emocionales o si directamente no quiere ir al colegio. Nada de todo esto importa. Los colegios están obligados a darles todas las oportunidades para que reciban una educación, lo que significa que los centros educativos no se pueden permitir el lujo de despedir al 30 % de los alumnos que rindan menos a fin de mejorar los resultados generales de final de curso. Por tanto, los educadores no siempre aprecian que los empresarios se comporten como expertos y digan: «Aquí aplican un método erróneo. ¿Es que no lo ve? Déjenos decirle cómo educar a los chicos».

Al mismo tiempo, muchos líderes empresariales se sienten muy frustrados con los colegios. Gran parte de ellos ven los centros de educación a través de unas gafas bifocales, donde por una lente ven a los niños desde una perspectiva de padres o abuelos y por la otra los ven como la fuerza laboral del futuro. Independientemente de cuál sea la lente por la que estén mirando, lo que desearían ver y lo que realmente observan no suele coincidir.

Durante años, los líderes empresariales se han contentado con permanecer a cierta distancia y señalar alguna cosa, pero eso también ha cambiado en la nueva economía. Invitadas o no a participar en el proceso, cada vez hay más entidades corporativas que dejan de ser meros espectadores y se implican activamente en la labor de los colegios.

Tomemos como ejemplo la Cámara de Comercio de Estados Unidos, que desde hace algún tiempo publica un informe anual sobre los colegios de los diversos Estados llamado *Leaders and Laggards.* *,5 Observe el tono con el que se ha redactado uno de los últimos informes:

> En el siglo XXI, Estados Unidos se enfrenta a una serie de desafíos económicos y sociales sin precedentes, que abarcan desde la competencia a escala global hasta la inminente jubilación de 77 millones de personas nacidas durante la posguerra. Para tener éxito en esta nueva era es necesario que nuestros hijos estén preparados para afrontar las exigencias intelectuales que demandan el lugar de trabajo y una sociedad cada vez más compleja. Sin embargo, las pruebas indican que nuestro país no está preparado. Pese a los esfuerzos de reforma llevados a cabo durante las últimas décadas y a los miles de millones de dólares que se han destinado a la inversión pública, los colegios de Estados Unidos no equipan a nuestros hijos con los conocimientos y las aptitudes que tanto ellos como la nación necesitan con tanta urgencia.
>
> Ha pasado casi un cuarto de siglo desde que en 1983 se publicara el informe *Una nación en peligro.* Desde ese año, ha emergido una economía basada en el conocimiento, Internet ha trastocado el comercio y las comunicaciones tradicionales, algunos ejemplos de comercio creativo como Microsoft, eBay y Southwest Airlines han revolucionado nuestra forma de vivir y la economía global se ha visto sometida a un notable cambio. A lo largo de este periodo, el gasto en materia de educación ha aumentado de forma continua y se han llevado a cabo algunos intentos de reforma en los colegios. Pero los logros que han obtenido los alumnos han permanecido estancados y nuestros colegios de enseñanza elemental no han evolucionado en absoluto, conservando, como si estuvieran fosilizados en ámbar, las rutinas, la cultura y las operaciones de una obsoleta planta fabril de la década de 1930. [...] Sólo dos tercios de los alumnos matriculados en noveno curso consiguen terminar el bachillerato en un plazo de cuatro años. Y los pocos alumnos que obtienen su diploma de graduación a menudo están mal preparados para la universidad o para el lugar de trabajo de nuestra época.
>
> Pese a estos datos tan desalentadores, la comunidad empresarial ha dejado la educación en manos de los políticos y de los educadores, permaneciendo a un lado y contentándose con realizar ofertas de dinero, apoyo y buena voluntad. Pero a medida que pasan los años resulta más evidente que se necesita algo más, mucho

---

* Líderes y holgazanes. (*N. del t.*)

más. El sector privado de Estados Unidos, dinámico e inmensamente productivo, es la envidia del mundo. ¿Hay alguna manera de conseguir que la experiencia, el dinamismo, la fiabilidad y la capacidad de solucionar problemas de los empresarios puedan mejorar nuestros colegios? [...] La Cámara y sus afiliados creen firmemente que los rasgos que han hecho del sector privado de Estados Unidos un motor de la prosperidad global —su dinamismo, su creatividad y su constante preocupación por la eficiencia y los resultados— son algo esencial que podría impulsar a nuestros educadores y nuestros colegios.

El informe de la Cámara refleja en gran medida cuáles son las preocupaciones del mundo empresarial en materia económica y en lo que respecta a la educación en general. Y cuanto más recaiga esa presión social sobre los empresarios, más expreso será el deseo de esos empresarios de influir en la educación de la futura fuerza laboral. Por tanto, lo que tenemos es un sector empresarial que se siente frustrado con los colegios y unos educadores que se sienten molestos con unos líderes empresariales que les parecen arrogantes e ingenuos. Y los dedos acusadores apuntan en ambas direcciones.

Pero ni el centro A. B. Combs ni su comunidad de líderes empresariales señalan a nadie con el dedo. Al contrario, trabajan hombro con hombro para concentrarse en el objetivo común de ayudar a los más jóvenes. Muriel no ve a la comunidad empresarial de su localidad como un puñado de clientes irascibles, sino como si fueran sus amigos y socios. A su vez, ellos no sólo aplauden lo que está sucediendo en el centro A. B. Combs, sino que también le preguntan: «¿Cómo podemos ayudar?».

Así pues, ¿qué es lo que hace el centro A. B. Combs para atraer a los líderes empresariales? En parte, la respuesta se encuentra en todo lo que Muriel y su equipo aprendieron cuando preguntaron a los líderes empresariales locales qué es lo que querían de los colegios. Una de sus respuestas fue entregar una lista de las diez cualidades y aptitudes esenciales que buscan los empresarios.[6] Fue su manera de decir: «Estas son las características que queremos encontrar en nuestros empleados, así que estaría bien que los colegios pudieran incentivar de alguna manera esos rasgos en sus alumnos y en sus graduados». La lista incluía los siguientes rasgos:

- Capacidad de comunicación (verbal y escrita)
- Honestidad/integridad
- Capacidad para trabajar en equipo
- Aptitudes interpersonales
- Motivación e iniciativa personal
- Intensa ética de trabajo
- Capacidad analítica
- Capacidad tecnológica
- Capacidad organizativa
- Mente creativa

Estas listas crecen continuamente, tanto en cantidad como en similitud. La mayoría de los educadores, por ejemplo, conocen perfectamente la investigación llevada a cabo por Daniel Goleman en la que demuestra que la inteligencia emocional (IE) es un factor de predicción más preciso del éxito académico y del éxito en la vida que el cociente de inteligencia (CI).[7] Goleman también presenta una prueba similar referente al lugar de trabajo según la cual los líderes corporativos deben poseer, además de las aptitudes técnicas e intelectuales, los siguientes rasgos y competencias si quieren tener éxito en el clima empresarial actual:

| Competencia personal | Competencia social |
|---|---|
| Conciencia propia | Empatía |
| Valoración adecuada de uno mismo | Conciencia organizativa |
| Confianza en uno mismo | Servicio |
| Autocontrol | Liderazgo inspirador |
| Transparencia | Desarrollo de los demás |
| Adaptabilidad | Creación de cambios |
| Rendimiento | Gestión de conflictos |
| Iniciativa | Creación de vínculos |
| Optimismo | Trabajo en equipo y colaboración |

Tanto si uno revisa la lista de los «diez rasgos principales» como si mira la lista de Goleman o cualquiera de las otras listas que existen, puede constatar que lo que la comunidad empresarial desea y necesita de los centros de enseñanza va mucho más allá de la capacidad de saber leer y escribir y de la aritmética. Lo que quiere se puede resumir en dos palabras, *carácter* y *competencia*, dos términos que también son los componentes esenciales

En las aulas se exhiben carteles y figuras para recordar a los alumnos el tema del liderazgo.

de la grandeza primaria. La mayoría de los líderes empresariales saben demasiado bien que esas deficiencias en la personalidad y en los conocimientos básicos de la vida que presentan sus empleados cuestan mucho dinero a sus empresas y desean desesperadamente que los colegios puedan ayudar a mejorar ambos aspectos. En la mayoría de los casos, tienen la sensación de que pueden enseñar la competencia, pero les resulta difícil inculcar el rasgo de la personalidad. De hecho, mi amigo Jim Collins recoge en su libro *Empresas que sobresalen* que, cuando contratan o ascienden a los trabajadores,

> [...] las compañías que pasan de ser buenas a ser excelentes concedían más importancia a los atributos de la personalidad que a la formación académica específica, las aptitudes prácticas, el conocimiento especializado o la experiencia laboral. Eso no significa que los conocimientos específicos no sean importantes, sino que consideraban que esos rasgos se podían enseñar mejor (o que al menos se pueden aprender mejor), mientras que aspectos tales como el carácter, la ética del trabajo, la inteligencia básica, la obligación de cumplir compromisos y los valores estaban, en su opinión, más arraigados.[8]

He leído acerca del centro A. B. Combs en *El 8º hábito*, así que cuando viajé a Raleigh intenté visitar el centro. Lo que vi allí sobrepasó todas mis expectativas.

Casi al final de mi visita, me pidieron que dijera unas palabras a los alumnos y les conté algunas de las cosas que más me habían impresionado de ellos y de su colegio. Era una lista larga. Al llegar a cierto punto, uno de los alumnos, posiblemente un estudiante de tercer curso, levantó la mano y preguntó educadamente: «Señor Cherng, usted nos ha hablado de las cosas buenas que hacemos en el colegio, ¿pero qué me dice de los "deltas"? Ya sabe... las cosas que debemos hacer mejor».

El joven hablaba completamente en serio. Quería saber cómo podría mejorar el colegio. Hablaba como si fuera uno de los líderes del colegio que, en teoría, podría poner en marcha una serie de cambios. Lo mejor de todo es que en realidad era un líder, al igual que todos los demás alumnos del centro A. B. Combs. Todos ellos son líderes y todos se implican en la buena marcha del colegio.

ANDREW CHERNG

Cuando reclutamos a líderes, nos gusta encontrar personas que sean capaces de proyectar su pasión, que confíen en sí mismas y

que demuestren la aptitud adecuada para afrontar verdaderamente las incógnitas y la incertidumbre a las que todos nos enfrentamos cada día en nuestra vida personal o profesional. He encontrado todos esos rasgos en los niños que estudian en el centro A. B. Combs.

PEGGY CHERNG

Peggy y Andrew Cherng, fundadores de Panda Express (se puede encontrar un vídeo de los Cherng en la página web <TheLeaderInMeBook.org>).

> Cuando contrato a alguien, me fijo sobre todo en su aptitud. Las aptitudes hacen que la gente atraviese la puerta para ser entrevistada. Pero lo que hace que al final sean contratados y lo que los mantiene en su puesto es su personalidad.
>
> DONNIE LANE, director general de Enersolv

Pero no se equivoque. Aunque la exigencia de la personalidad se encuentra en los niveles más altos de la historia, los líderes empresariales no sólo tratan de encontrar ese rasgo. También quieren encontrar una buena aptitud ante los problemas básicos de la vida. Revisemos de nuevo las listas. ¿Qué sucede con la aptitud de planificar y marcarse objetivos, con la de tomar decisiones, con la de manejar los conflictos, con la capacidad de trabajar en equipo, con la de gestionar el tiempo, con la de hacer una evaluación personal, con la de saber escuchar, con la de saber realizar una presentación, y con la de demostrar creatividad? ¿Dónde consiguen los alumnos las capacidades básicas de la vida? En demasiados colegios, la respuesta es «aquí no». En estos otros colegios de los que muy pronto sabrá más cosas, esas aptitudes y esos rasgos son el núcleo esencial de todo el trabajo que llevan a cabo.

## LO QUE QUIEREN LOS PROFESORES

Escuchamos tantas cosas acerca de lo que quieren los padres y los empresarios de los colegios que es fácil olvidarse de preguntar: «¿Qué es lo que quieren los profesores?». Pero el centro A. B. Combs no tardó en implicar a los profesores en la decisión de cuál sería el nuevo tema que iban a ofrecer.

Sin lugar a dudas, lo que los profesores del centro A. B. Combs no querían era tener que enseñar «una cosa más». Sin embargo, cuando Leslie Reilly, del Distrito de Colegios Públicos del Condado de Seminole, en Florida, visitó el colegio A. B. Combs, apenas tardó unos minutos en declarar: «¡Esto es exactamente lo que siempre he querido cuando era profesora!». Lo más interesante de todo es que no consideró lo que estaba viendo como una materia de estudio añadida a un catálogo de cosas que había que enseñar. Por el contrario, consideró el centro como un lugar donde los estudiantes podían salir adelante y donde la creatividad de los profesores no se coartaba mientras llevaban a cabo el mismo tipo de actividades y la misma cantidad de trabajo que cualquier otro docente.

> Esto no es «una cosa más» que tenemos que hacer. Es una forma de realizar mejor lo que ya estamos llevando a cabo.
>
> BERTIE NORTON, directora de Nash Elementary, Texarkana, Texas

Antes de empezar a ejercer la docencia, los profesores tienen una idea aproximada de qué tipo de problemas les esperan. Sin embargo, pese a los problemas con alumnos y padres que tendrán que afrontar, siguen optando por unirse al gremio de profesores. Con mucha frecuencia, lo que les lleva a ello es su interés por enseñar y por trabajar con los jóvenes. Pero lo que subyace y verdaderamente alimenta ese interés es el genuino deseo de los profesores por servir de ayuda. Muchos de ellos vuelven la mirada atrás, cuando estaban en el colegio, y recuerdan a un profesor que ejerció una influencia decisiva en ellos, hasta el punto de que incluso llegó a cambiar sus vidas. Su principal deseo es convertirse en ese mismo tipo de influencia positiva para sus alumnos, aunque sea de manera leve.

Sin embargo, los profesores no quieren enseñar sólo por el placer de enseñar. Quieren que lo que enseñen sea relevante: lecciones que ayuden a los alumnos a salir adelante en la vida tanto dentro como fuera del colegio. No ignoran lo que quieren los padres y los líderes empresariales; al fin y al cabo, ellos también desean lo mismo. No en vano muchos profesores tienen hijos en el colegio. Por tanto, es una de las razones que explican por qué tantos profesores están uniendo fuerzas con los padres y los empresarios para afrontar esos mismos problemas. Por ejemplo, la Partnership for 21st Century Skills, que ya mencioné anteriormente, es una asociación que trabaja con empresarios y educadores. Trabajando de manera conjunta, han señalado muchas de las mismas materias de las que ya hemos hablado como elementos vitales para el futuro de los alumnos de hoy, tal y como se ilustra en la siguiente figura:[9]

**Aptitudes profesionales y para la vida**

Liderazgo

Ética

Responsabilidad

Adaptabilidad

Productividad personal

Aptitudes con las personas

Independencia

Responsabilidad social

Iniciativa

Aptitudes interculturales

Responsabilidad

**Aptitudes de aprendizaje e innovación**

Juicio crítico

Solución de problemas

Comunicación

Creatividad

Colaboración

**Aptitudes tecnológicas**

Conocimientos informáticos

Conocimiento de los medios de comunicación

Gestión de la información

Justo en el centro de la ilustración se encuentran las «materias esenciales» que tradicionalmente se enseñan en los colegios, como las matemáticas, las ciencias, la lectura, la escritura, la historia, la geografía, la salud, las artes y la lengua. De hecho, nadie aboga por eliminar esas materias del programa de estudios. Pero esta asociación defiende una mayor integración de esas asignaturas esenciales en otros temas que vayan acordes con el siglo XXI, como la gestión financiera, la conciencia global, la economía, las empresas y la conciencia cívica. Además, defienden que se debe prestar más atención al arco exterior, que contiene las materias que durante años se han incluido como asignaturas que «sería conveniente estudiar, si milagrosamente encuentras tiempo para ello» o que se ofrecían como optativas. La asociación afirma que ya no consideran el arco exterior como algo opcional. Observe sobre todo las materias incluidas bajo los epígrafes llamados «Conocimientos profesionales y de la vida» y «Aptitudes de aprendizaje e innovación». ¿Acaso no son básicamente las mismas materias que los líderes empresariales y los padres estaban demandando?

> He impartido clases en el colegio durante más de treinta y un años y puedo afirmar sin la menor duda que esta es la mejor tarea en la que he participado desde el punto de vista profesional. Hay una serie de principios que los niños pueden aplicar a lo largo de su vida. Pueden descubrir por sí mismos quiénes son y qué pueden hacer. Y, al mismo tiempo, este trabajo me ha ayudado a organizar mi propia vida.
>
> VICKI MALLORY, profesora de Dewey Elementary, Quincy, Illinois

Pero seamos también realistas y no olvidemos que por muy nobles y heroicas que sean la mayoría de las intenciones de los profesores y por mucho que quieran influir en la vida de los alumnos, contienen además algunos deseos personales que van más allá de la mera retribución salarial. Los profesores quieren disfrutar de una sensación de dignidad y de orgullo de su profesión. Quieren que los traten con respeto. Quieren mantener buenas relaciones en el colegio. Quieren estar organizados y sentir cierto grado de control sobre su tiempo y sobre lo que sucede en su clase. Quieren que su talento sea aprovechado y desarrollado. Quieren disfrutar de su vida fuera de las aulas. ¿Qué profesor no desearía contar con toda esa serie de cosas?

Pero una vez más, el verdadero indicio de lo que los profesores quieren en un colegio no es tanto lo que *dicen* como lo que *hacen*. Y, al igual que sucedía con los padres, una de las cosas que están haciendo muchos de los profesores de A. B. Combs es conducir largas distancias para llegar al colegio, pese a que pueden impartir clases en centros que se encuentran más próximos a sus hogares. En una época en la que cada vez es más frecuente que los profesores de colegios públicos envíen a sus hijos a centros privados o escuelas públicas experimentales, varios profesores del centro A. B. Combs llevan consigo a sus hijos porque creen firmemente en la cultura del colegio. De hecho, treinta y cinco de los estudiantes del centro A. B. Combs son hijos de profesores. Y aunque han sido muy pocos docentes los que han abandonado el centro A. B. Combs por diversas razones, cuando queda vacante un puesto de profesor hay literalmente cientos de profesores que han oído hablar del A. B. Combs y que rellenan la solicitud de ingreso, algo muy distinto a lo que sucede en muchos colegios que tienen que afanarse en encontrar profesores que quieran dar clase en su centro.

## LO QUE QUIEREN LOS ALUMNOS

El principal enfoque del centro A. B. Combs respecto a los diversos interesados fue preguntar a los padres, a los líderes empresariales y a los profesores qué es lo que querían de un colegio y, sin duda, la aportación de todos ellos fue lo que hizo que el colegio tomara el rumbo debido hacia su nuevo tema. ¿Pero qué es lo que quieren los alumnos de un colegio? ¿Alguna vez se les ha hecho esta pregunta?

> Lo que los alumnos necesitan para salir adelante en el siglo XXI es una educación que sea rigurosamente académica y, al mismo tiempo, adecuada para el «mundo real». El objetivo del rigor y la pertinencia no sólo se debe aplicar a algunos estudiantes, sino que debe servir a todos ellos.[10]
>
> DOCTOR WILLARD DAGGETT

Hace poco, un muchacho entró en el despacho de Muriel porque quería hablar con ella. Enseguida, las lágrimas empezaron a brotar de sus ojos. Su padre era un militar que estaba destinado en Irak y el muchacho lo echaba mucho de menos. El chico hizo un interesante análisis de la situación. Miró a Muriel a través de sus ojos bañados en lágrimas y dijo: «Si todas las personas de este mundo aprendieran a vivir como nos enseñan a vivir en el centro A. B. Combs, mi padre no estaría en Irak».

No tenemos que viajar a países lejanos para encontrar zonas en conflicto. Si tenemos en cuenta toda la violencia, las palabras soeces, los engaños, los problemas de drogas, las pintadas, las

Cada vez que se presenta la oportunidad, algo que en el centro A. B. Combs sucede muy a menudo, los alumnos comparten su talento con los demás y se sienten cómodos actuando rodeados de adultos.

novatadas, los abusos en las aulas y los trastornos emocionales que existen, muchos colegios (e incluso muchos hogares) parecen haberse convertido en zonas de guerra. Da miedo entrar en algunos campus. Sin embargo, estoy firmemente convencido de que muchos estudiantes son buenos chicos. La mayoría de ellos quieren que su colegio sea un lugar donde reciban buena educación, donde puedan estar con sus amigos y donde encuentren un poco de diversión, aunque debemos admitir que no siempre expresan sus deseos en ese orden. Pero, por encima de todo, quieren tener paz mental y, si no impera ese ambiente de tranquilidad, enseguida se dan cuenta de ello.

La paz mental se refleja en el rostro de los estudiantes, en su forma de comportarse y en las calificaciones de sus exámenes. Aparece cuando se satisfacen cuatro necesidades básicas:

- *Físicas*: seguridad, buena salud, comida, ejercicio, cobijo e higiene.

- *Socio-emocionales*: aceptación, humanidad, amistad, deseo de querer y ser querido.
- *Mentales*: desarrollo intelectual, creatividad y desafíos estimulantes.
- *Espirituales*: contribución, significado y singularidad.

Dado que estas cuatro necesidades no siempre se encuentran en todos los hogares, muchos alumnos acuden al colegio hambrientos de ellas; en algunos casos, de forma desesperada. Aunque a los educadores les gusta pensar que su profesión se dirige hacia las necesidades mentales, una de las mayores sorpresas que se encuentran los profesores en su primer año de carrera profesional es la cantidad de esfuerzo y de tiempo que deben invertir en satisfacer las necesidades físicas de los alumnos. Muchos colegios, por ejemplo, tienen un elevado porcentaje de alumnos a los que tienen que dar de desayunar antes de que la hora de clase se vea sensiblemente recortada. Resulta difícil enseñar a un estómago vacío. Algunos colegios tienen instalaciones de lavandería y duchas para que los alumnos puedan disfrutar de una higiene adecuada. Y en todos los colegios, los profesores dedican bastante tiempo a ocuparse de los problemas de seguridad, protegiendo a los niños de los adultos, de otros niños de la clase y hasta de los desastres naturales.

Por encima de las necesidades físicas se encuentran las necesidades sociales y emocionales. Cualquier profesor podría hablarnos de las horas que dedica a curar heridas emocionales. Muchos casos guardan relación con asuntos triviales, cuando no son sumamente divertidos, mientras que otros son trágicos. Un factor esencial en los logros de los alumnos es lo que los educadores llaman la *conexión*. Cuando los alumnos no se sienten social o emocionalmente conectados con el colegio o con la vida en general (ya sea a través de un compañero, de un padre, de un profesor, de un mentor o de cualquier otra persona en la que puedan confiar o a la que puedan acudir en busca de ayuda), las posibilidades de que rindan adecuadamente en el colegio disminuyen rápidamente y la probabilidad de que demuestren una conducta delictiva aumenta de manera notable.

Por tanto, además de las necesidades mentales, los profesores deben estar perfectamente preparados para afrontar las necesidades físicas y socio-emocionales. Pero tal vez las necesidades en las que mayor influencia ejercen los profesores son las de carácter espiritual. La palabra «espiritual» procede del vocablo *espíritu*, término al que los diccionarios asignan varias definiciones, la mayoría de las cuales no tienen una connotación religiosa, como «disposición de la mente, punto de vista» o «una disposición mental caracterizada por la firmeza o la afirmación personal». Los diccionarios ideológicos también ofrecen muchos sinónimos de la palabra «espíritu», entre otros: *disposición, coraje, determinación, vigor, voluntad, fibra moral, corazón, entusiasmo, introversión, fortaleza* y *fuerza*. Si combinamos las definiciones que se recogen en el diccionario con estos sinónimos, obtendremos el término al que me refiero aquí cuando hablo del espíritu de los jóvenes o de las necesidades espirituales.

A veces los profesores subestiman el papel que desempeña el espíritu en el desarrollo o el empobrecimiento de sus alumnos. Muchos jóvenes pierden gran parte de su espíritu antes de abandonar el sistema escolar. Se encuentran en un mundo muy difícil y a menudo esa crudeza choca con su sensación de autoestima. Quieren sentirse apreciados, pero con demasiada frecuencia el mundo les dice que no son estimados. Creo firmemente que la forma más dañina de robo de identidad que existe en la sociedad actual no es la que se da en nuestra economía, sino en nuestra juventud. Los jóvenes de hoy se sienten constantemente presionados por los medios de comunicación y por sus semejantes, induciéndoles a convertirse en personas distintas de las que realmente quieren ser. Les dicen que para ser «guays» tienen que comportarse de cierta manera. Para ser «novedosos» tienen que vestirse de una manera específica o juntarse con cierto tipo de personas. A algunos sólo se les juzga por las calificaciones que obtienen en sus exámenes. ¡Qué mensajes tan deplorables se están enviando a los jóvenes! Privar a los jóvenes de su sensación de autoestima y de singularidad es, en mi opinión, la forma más terrible de robo de identidad. En ocasiones, sólo un profesor perspicaz y afectuoso puede evitar que se produzca esa abominación.

> Trata a un hombre tal como es y seguirá siendo lo que es. Trata a un hombre como puede ser y lo convertirás en algo mejor de lo que es.
>
> GOETHE

Después de hablar con los diversos interesados, el centro A. B. Combs eligió el liderazgo como su nuevo tema.

Todos los jóvenes quieren crecer y ser apreciados, que se satisfagan todas sus necesidades y que se les trate como personas completas. Eso es un anhelo natural del espíritu humano. Y por ello los jóvenes se aferran enseguida a los profesores y los directores que saben cómo sacar lo mejor de ellos, que los ayudan a sentirse especiales e importantes y que desarrollan su sensación de autoestima. Una de mis definiciones preferidas de *liderazgo*, y que he utilizado a lo largo de los años, es la siguiente: «El liderazgo consiste en comunicar los méritos y las posibilidades de los demás de manera tan clara que se sientan inspirados para percibirlos por sí mismos». ¿Acaso no es ésta la esencia de una buena enseñanza?

CONVERTIR A LOS NIÑOS EN LÍDERES DE MANERA INDIVIDUAL

Muriel finaliza su relato sobre cómo comenzó a aplicar el método del liderazgo en el colegio A. B. Combs y sobre sus reuniones con los diversos grupos interesados realizando la siguiente declaración:

> Mientras escuchábamos lo que decían los padres y los líderes empresariales, no pude evitar reflexionar sobre mi experiencia con el doctor Covey y sobre lo bien que encajaban *Los 7 hábitos* con lo que los padres y la comunidad de empresarios querían que enseñáramos a los alumnos. Hablé de mi experiencia en Washington al personal del centro y una cosa llevó a la otra. En resumen, el denominador común que salía a la superficie en todos nuestros debates era el *liderazgo*. «¡Eso es! —pensamos—. Utilizaremos el liderazgo como nuestro tema principal.»

Muy pronto el colegio había hecho una nueva declaración de principios: *convertir a los niños en líderes de manera individual*. Querían que se enviara un mensaje muy claro a cada niño de que su valía estaba por encima de cualquier otra cosa que se pudiera reflejar en un informe escolar o en cualquier calificación de examen. Querían asegurarse de que ningún alumno suyo se sintiera jamás tan abatido o desesperado como para pensar en la posibilidad de participar en incidentes tan trágicos como el acaecido en Columbine. Y éstas son las razones, los objetivos y el relato que subyace a cómo y por qué se eligió el «liderazgo» como nuevo tema imán del colegio y cómo las primeras semillas del éxito echaron raíces en el centro A. B. Combs. El *liderazgo* fue el término paraguas que utilizarían para englobar los distintos rasgos personales y las competencias en los principios básicos de la vida que los padres, los empresarios y los educadores, e incluso los alumnos, defendían de manera conjunta.

Estoy convencido de que, en general, los jóvenes de hoy representan la generación más brillante y con más talento que ha vivido en nuestro planeta. Tienen más capacidad de adaptación, más conocimientos, más ingenuidad y más recursos que cualquier otra generación. Pero mientras viajo por el mundo, mi

El colegio A. B. Combs decidió que su misión sería desarrollar cualidades de liderazgo en los alumnos uno por uno.

mente no puede evitar hacer una pausa para preguntarse: ¿qué tipo de futuro espera a estos extraordinarios jóvenes? ¿Qué tenemos reservado para ellos?

Nadie puede afirmar con total certeza lo que nos deparará el futuro, pero no es preciso ser un visionario para prever que será una aventura como no ha habido otra igual. El mundo de los negocios ha adoptado una nueva forma, habida cuenta de que la tecnología ha «alisado» el campo de juego global y la cruda competencia afecta a todas las industrias y a todos los hogares. El calibre y el ritmo de estas tendencias hace que todos los padres preocupados por la educación de sus hijos se pregunten: «¿Tendrá mi hijo las competencias y las cualidades necesarias en su personalidad para salir adelante?». De igual modo, los educadores dedicados no se ponen de acuerdo a la hora de determinar: «¿Qué debemos hacer para preparar mejor a los estudiantes con el fin de que afronten debidamente lo que les espera en el futuro?». Y le aseguro que la misma tendencia se aprecia en los ejecutivos de las corporaciones y los líderes gubernamentales que se preguntan: «¿La fuerza laboral del futuro contará con lo necesario para hacer que nuestra organización sea competitiva en la nueva era?».

Pero olvidémonos del futuro por un momento. ¿Qué sucede con el presente? ¿Acaso los jóvenes de hoy no tienen ya suficientes desafíos sin necesidad de pensar en el mañana? ¿Acaso las preocupaciones de la mayoría de los padres no son más apremiantes, como por ejemplo «Qué decisiones tomará mi hijo cuando salga hoy por la puerta y lo pierda de vista»? ¿Acaso la mayoría de los profesores no están más preocupados por «las lecciones que deben tener preparadas para el día de hoy», que por «la carrera profesional que será más adecuada para Susie dentro de diez años»? Puedo afirmar con total convencimiento que la mayor parte de los ejecutivos están más preocupados por las consecuencias últimas del presente que por la fuerza laboral del futuro. Con toda seguridad, la mayoría de los jóvenes están mucho más interesados en saber qué van a almorzar hoy o qué van a hacer cuando salgan de clase que en saber qué empresa va a contratarlos cuando terminen la universidad. Precisamente por esa razón creo que los padres, los profesores, los empresarios, e incluso los estudiantes, están tan entusiasmados por lo que está sucediendo en el colegio A. B. Combs y en esos otros colegios. No sólo les enseñan aptitudes que tendrán una gran influencia en el futuro de los alumnos, sino que están aprendiendo conocimientos y principios que tienen un impacto inmediato a día de hoy. Los alumnos ya están tomando decisiones más acertadas. Y eso, en mi opinión, es lo que los diversos interesados desean encontrar en un colegio, y por esa razón tantos de ellos piensan que es lo que se debe hacer.

# 3
# LA ELABORACIÓN DE UN PROYECTO DE LIDERAZGO

> En mis anteriores experiencias, la enseñanza de la educación del carácter no formaba parte de nuestra labor docente. Un mes decíamos que íbamos a hablar de lo que significa «ser responsables» y al mes siguiente nos dedicábamos a hablar de lo que es la «humanidad». Creo que es evidente que eso no funciona.
>
> MURIEL SUMMERS

Elegir el liderazgo como su nuevo tema imán y redactar una firme declaración de principios fueron los principales pasos que se dieron en el colegio A. B. Combs. Pero lo verdaderamente hermoso fue que lo que comenzó como una buena idea que se podía vender al distrito para mantener la condición de *magnet school* rápidamente se convirtió en una búsqueda apasionada que los profesores no tardaron en hacer suya. Y cuanto más investigaban sobre esa idea y más empleaban la sinergia, más aumentaba esa pasión.

Sin embargo, la principal pregunta que se plantea es cómo. ¿Cómo iban a enseñar liderazgo a unos niños de 5 años? En otras palabras, estaba muy bien eso de tener un nuevo tema y una nueva misión, pero ¿cómo iban a ponerlo en marcha?

El término «liderazgo» es un concepto muy amplio que encierra una serie de subtemas y no todos ellos son apropiados para los niños que estudian primaria. Por tanto, el equipo del colegio A. B. Combs sabía que antes de que pudieran ir demasiado lejos en sus esfuerzos tendrían que determinar lo que significaría exactamente el término «liderazgo» en su colegio. Uno de los pasos que dieron para aportar más claridad fue elaborar una declaración de principios con la que los estudiantes se pudieran vincular y que representara acciones y objetivos específicos en los que los estudiantes pudieran concentrarse. Esa declaración de principios giraba en torno a las cuatro necesidades, o sobre el niño en su totalidad, y dice lo siguiente:

El objetivo de nuestro colegio es vivir, amar, aprender y dejar un legado.

*Vivimos* esforzándonos por ser lo mejor que podamos.

*Amamos* preocupándonos por los demás.

*Aprendemos* trabajando duro en el colegio y siempre haciendo todo lo que esté en nuestras manos.

*Dejamos un legado* compartiendo nuestro colegio con los demás y tratando de influir positivamente en el mundo.

Un mural de mosaico hecho por los alumnos se encuentra colgado en la entrada del colegio A. B. Combs para que sirva de recordatorio diario sobre la declaración de principios del centro.

Tanto la misión como la declaración de principios es algo que se palpa en todo el colegio, ya sea en los pasillos o en las aulas. Incluso tienen un enorme mural sobre la declaración de principios en forma de mosaico que está colocado en la pared del pasillo de entrada al colegio. Se ha confeccionado utilizando teselas individuales que han sido diseñadas por los alumnos y tiene como objetivo recordarles por qué van al colegio cada día.

Aunque el objetivo y la declaración de principios resultan estimulantes, el colegio A. B. Combs sabía que la declaración sólo adquiriría su verdadero valor y significado si contaban con una estrategia clara y viable o con un *proyecto* acerca del modo en el que podrían conseguir sus propósitos y alcanzar su objetivo. Para ello era necesario conocer a qué clase de liderazgo se refería el colegio. Basándose en la experiencia de Muriel en el seminario al que acudió en Washington D. C., pensaron que uno de los lugares más adecuados para empezar la búsqueda de lo que enseñarían bajo la forma del liderazgo sería el libro de *Los 7 hábitos*. Algunos de los profesores también habían estudiado los principios de calidad de Malcom Baldrige y estaban convencidos de que algunos de esos principios podrían encajar perfectamente con su método para la enseñanza del liderazgo. Por tanto, los 7 hábitos y los principios Baldrige fueron dos de las primeras fuentes donde encontraron orientación.

### ¿LOS 7 HÁBITOS ENCAJAN DE MANERA NATURAL?

El colegio A. B. Combs pronto descubrió que los 7 hábitos no son una lista aleatoria de siete ideas distintas. Los hábitos están organizados en un modelo secuencial y progresivo. Los tres primeros hábitos —sea proactivo; empiece con un fin en mente; y establezca primero lo primero— actúan de manera conjunta para ayudar a una persona a ser más *independiente*. A este fenómeno lo llamo una *victoria privada*. Cuando se ponen en práctica, estos tres hábitos permiten a una persona ser más responsable, tener más control sobre su propia vida, planear su futuro, establecer prioridades y desarrollar un plan manteniendo la disciplina y la concentración. Estos tres hábitos conllevan las aptitudes de gestión, planificación y fijación de objetivos, así como otras aptitudes de organización básicas que son fundamentales para lograr la independencia o el *liderazgo personal*.

Los 7 hábitos son como vitaminas. Se pueden encontrar en todo tipo de lugares y son necesarios tanto si uno es consciente de ello como si no. Se pueden mezclar o tomar de uno en uno. Por supuesto, para vivir se necesita algo más que vitaminas o hábitos. Sin embargo, uno se siente más sano, más feliz y más exitoso cuando los hábitos forman parte de su vida diaria.

ARLENE KAI, alumna de origen chino del colegio A. B. Combs

Pero, tal y como descubrieron los trabajadores del colegio A. B. Combs, ni los líderes empresariales ni los padres consideraron la independencia como el «fin en mente» que resultaría decisivo para sus empleados o para sus hijos. Aunque ser independiente es algo importante a la hora de tener éxito en este mundo en constante cambio, los seres humanos también debemos estar preparados para trabajar de manera eficaz con otras personas y dentro de equipos. Por esa razón, los hábitos cuarto, quinto y sexto —piense en ganar/ganar; procure primero comprender, y después ser comprendido; y la aplicación de la sinergia— son tan importantes. Estos tres hábitos hacen que las personas se conviertan en seres más *interdependientes*. Estos hábitos conllevan enseñanzas sobre cómo comunicarnos de forma eficaz, cómo equilibrar el coraje con la consideración y cómo solucionar problemas con los demás. Todos ellos engloban la aptitud para solucionar conflictos, la capacidad para escuchar a los demás, para el desarrollo de la creatividad y del trabajo en equipo, y juntos conducen a lo que yo llamo la *victoria pública*.

Por último, el séptimo hábito (afile la sierra) gira en torno de los demás hábitos al abarcar el principio de la renovación. Es el hábito que permite a los seres humanos estar siempre en forma para afrontar el mundo actual en cuatro áreas claves: física, socio-emocional, mental y espiritual. Estas cuatro áreas se reconocerán como algo enraizado en las cuatro necesidades básicas que permiten a los jóvenes —y a todos los seres humanos— sentir más paz en sus mentes.

Ésta es una sinopsis muy breve de cómo funcionan los 7 hábitos de manera conjunta. Una vez más, debo decir que yo no inventé los hábitos, sino que, simplemente, me limité a organizarlos en una secuencia lógica y significativa. Están basados en una extensa investigación que llevé a cabo mientras estudiaba a personas altamente efectivas, al tiempo que realizaba entrevistas y leía infinidad de libros sobre el liderazgo. Además se basan en algo intemporal, en principios universales que conocemos desde hace siglos y que trascienden todos los límites culturales y los estratos socioeconómicos. Y tengo la sensación de que incluso en esta sucinta y apresurada visión general que le he proporcionado ha podido percibir que los 7 hábitos guardan mucha relación con lo que los padres, los profesores y los líderes empresariales declararon al colegio A. B. Combs que querían que adquirieran los alumnos. Esto se debe a que tales principios *son* muy coherentes (véase la tabla de abajo). Por tanto, no ha sido ninguna sorpresa que el equipo del colegio A. B. Combs considerara los 7 hábitos como algo que encajaba de manera natural con su método para enseñar el liderazgo a sus alumnos.

| Qué quieren los padres, los empresarios y los profesores de los alumnos | Los 7 hábitos de la gente altamente efectiva |
|---|---|
| **Independencia** | |
| Iniciativa y motivación personal | *Hábitos 1-3* |
| Confianza en sí mismos | Sea proactivo |
| Capacidad de planificación | Empiece con un fin en mente |
| Capacidad para fijarse objetivos | Establezca primero lo primero |
| Organización/gestión del tiempo | |
| **Interdependencia** | |
| Capacidad para gestionar los conflictos | *Hábitos 4-6* |
| Capacidad de comunicación (tanto para escuchar como para hacer una presentación) | Piense en ganar/ganar (equilibrar el valor con la consideración hacia los demás) |
| Honestidad | Procure primero comprender, y después ser comprendido |
| Justicia | La sinergia |
| Mente abierta a las sugerencias | |
| Trabajo en equipo | |
| Capacidad para solucionar problemas | |
| Capacidad para tomar decisiones | |
| Creatividad | |
| **Renovación** | |
| Capacidad técnica | *Hábito 7* |
| Buena salud e higiene | Afile la sierra |
| Estabilidad emocional | • Física |
| Capacidad analítica | • Emocional |
| Implicación en un trabajo significativo | • Mental |
| | • Espiritual |

En 2004, cuando escribí *El 8º hábito*, que consiste en aprender a encontrar una voz propia e inspirar a los demás para que encuentren la suya, el colegio A. B. Combs añadió este nuevo hábito a su repertorio, en gran medida porque encaja de forma estratégica con la tarea que ya estaban llevando a cabo para ayudar a cada uno de los alumnos a descubrir sus propias cualidades y, además, les permitía optimizar y expandir esas cualidades.

Los 7 hábitos se enseñan a los estudiantes que empiezan el parvulario empleando términos muy básicos y una amplia variedad de formas de expresión, entre las que se incluyen carteles, narraciones, juegos, juguetes, películas, obras de teatro, poemas, concursos, redacciones y pinturas. Uno de los métodos preferidos de los alumnos para aprender los hábitos es a través de la música. Trate de entonar esta canción sobre el primer hábito que fue creada «proactivamente» por la profesora de primer curso, Paula Everett, empleando la melodía de la canción *Twinkle, Twinkle, Little Star*.

> Sé proactivo cada día,
> sé proactivo y párate a pensar.
> Aunque es difícil de conseguir,
> creo que deberías intentarlo.
> Sé proactivo cada día,
> sé proactivo y párate a pensar.

## LOS PRINCIPIOS BALDRIGE

Por diversas razones, a los profesores del colegio A. B. Combs también les resultó sencillo determinar si debían incorporar algunos de los principios de calidad Baldrige en su enseñanza a los alumnos de los principios del liderazgo. Para aquellas personas que no conozcan a Baldrige, tal vez les pueda ayudar que hable un poco de él.

En 1981, Howard Malcolm Baldrige se convirtió en secretario de Comercio bajo el mandato del presidente Ronald Reagan. El año anterior había sido nombrado «Hombre del año del rodeo profesional», lo que sin duda le convirtió en toda una novedad dentro de la esfera política. En aquel momento, el dominio económico de Estados Unidos sobre todo el mundo se estaba poniendo en duda por primera vez en muchas décadas, incluso en el espacio interestelar. No fue ninguna coincidencia que durante ese mismo periodo los ciudadanos comenzaran a cuestionar la eficacia de los colegios, tal y como se demuestra en el espeluznante informe sobre la educación en Estados Unidos llamado *Una nación en peligro*, que se publicó en 1983.

Baldrige afrontó rápidamente el problema y adoptó un método para invertir el declive del dominio comercial de Estados Unidos. Por una parte, se concentró en el exterior abriendo las puertas del comercio interno a países como China, India y la Unión Soviética, de tal modo que las compañías estadounidenses pudieran aumentar su oportunidad de expandirse. Pero sabía que limitarse a entrar en esos mercados no era ninguna garantía de éxito, ya que las empresas norteamericanas tendrían que hacer frente a los competidores que pagaban salarios mucho más bajos. La única forma de que las compañías estadounidenses pudieran competir provechosamente pasaba por la elaboración de productos de mayor calidad y la demostración de una mayor eficiencia. Por tanto, el segundo método que adoptó Baldrige fue concentrarse en las fronteras interiores, tratando por todos los medios de mejorar la calidad y la eficacia de los productos y servicios estadounidenses.

Para ello, Baldrige formó un equipo de líderes procedentes de algunas de las corporaciones estadounidenses más efectivas. Uno de los resultados de su trabajo todavía se conoce hoy como el Premio Nacional a la Calidad Malcolm Baldrige, galardón que concede el presidente de Estados Unidos a las compañías que demuestran unos niveles de calidad altos y constantes. En 1999 se creó una categoría independiente de ese premio para el campo de la educación. Los criterios con los que se evaluaba a los posibles candidatos en el plano escolar incluían: 1) el liderazgo visionario, 2) la valoración de las relaciones, 3) la toma de decisiones basada en los datos, 4) la ciudadanía, 5) la agilidad, 6) la educación centrada en el aprendizaje, 7) la innovación, y 8) el ajuste con los parámetros nacionales, estatales y locales.

Otro de los frutos que dio el trabajo del equipo de Baldrige fue la unificación de los mejores métodos y de las «herramientas de calidad» prácticas que han desarrollado a lo largo de los años diversos expertos, como W. Edwards Deming, para ayudar a las organizaciones a ser más eficaces y eficientes. Estos principios fueron compartidos con otras organizaciones y se aplicaron con la intención de ayudar a los líderes a mejorar su capacidad para tomar decisiones, para solucionar problemas, para ser eficaces y para ser innovadores. Algunas de esas herramientas llevan años empleándose en los círculos del liderazgo, como el análisis del campo de fuerzas, los diagramas de Venn, los gráficos de barras y los diagramas de Ishikawa. Otras herramientas eran menos conocidas, como los diagramas de loto, las matrices de tela de araña y los mapas de burbujas.

Una clase de párvulos utiliza el análisis del campo de fuerzas para definir la conducta que se debe mostrar en la clase.

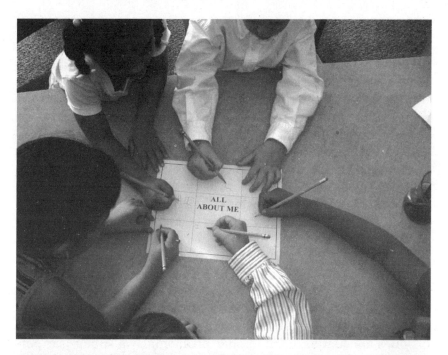

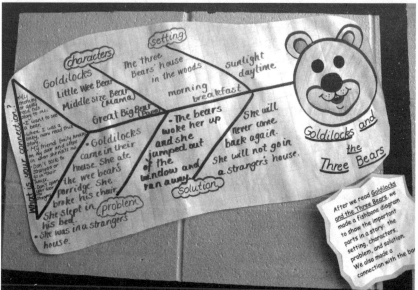

Los alumnos se divierten utilizando herramientas de calidad como el diagrama de loto (arriba) o el diagrama de Ishikawa (abajo), que les ayudan a solucionar problemas y aclarar conceptos.

Como a muchos estudiantes les gusta estudiar de forma visual, el carácter gráfico de las herramientas de calidad ofrecía algo divertido y creativo que el colegio A. B. Combs decidió añadir a su proyecto de enseñanza del liderazgo. Pero, lo que es más importante, estas herramientas y principios fueron un complemento oportuno para los profesores que se tenían que enfrentar a una presión cada vez más fuerte en cuanto a su responsabilidad en los resultados. Los profesores sabían que esas herramientas y principios de calidad les permitirían analizar, medir y rastrear sus progresos en la consecución de los objetivos clave, no sólo en lo que respecta a los propios docentes sino al colegio en general. Pero, curiosamente, las herramientas y principios de calidad también les permitieron responder a la presión actual que existe entre los educadores para que presten más atención a las calificaciones individuales de los alumnos. Todo ello fue un beneficio añadido a su propósito inicial, que no era otro que la enseñanza de las herramientas de calidad a los alumnos del centro con el fin de que aprendieran a fijarse objetivos, a tomar decisiones adecuadas, a solucionar problemas y a supervisar personalmente sus progresos; aptitudes todas ellas que son muy importantes para los líderes empresariales de hoy. Por esa razón se añadieron los principios y herramientas de calidad al proyecto de liderazgo del colegio A. B. Combs.

UNA ESTRATEGIA OMNIPRESENTE

Llegados a este punto, quiero lanzar un cohete, encender algunos fuegos artificiales y prender un cañón para atraer su atención. Lo que estoy a punto de describir es, sin lugar a dudas, uno de los puntos más importantes de este libro. Se trata del modo en el que el colegio A. B. Combs decidió enfocar la enseñanza de los principios del liderazgo. Para muchos colegios y educadores, este método representó un importante cambio de paradigma.

El método que ha implantado el colegio A. B. Combs es un método «omnipresente». El término «omnipresente» significa que se puede encontrar en todo lo que hace el colegio. Está absolutamente integrado en el proyecto estratégico del colegio para la enseñanza del liderazgo. De hecho, el método omnipresente es lo que hace que no sea simplemente un nuevo programa de estudios y, además, permite sentar las bases de la cultura del centro, una cultura que, según ha demostrado, desemboca en un mayor aprendizaje, un mayor grado de satisfacción y una reducción de los problemas de disciplina. También es una cultura que ha demostrado ser transferible a otros centros educativos.

Tal vez la mejor manera de describir el método omnipresente sea contrastarlo con los métodos más tradicionales. Utilizaré la educación del carácter como ejemplo. La mayoría de los colegios afrontan la educación del carácter como un tema separado e independiente. Por ejemplo, pueden poner énfasis en un rasgo del carácter cada mes, como la «responsabilidad». Durante ese mes encuentran tiempo para hablar en clase de la responsabilidad, tal vez al comienzo de cada semana. El director también puede escribir algo acerca de la responsabilidad en su boletín de noticias mensual o hablar sobre ella en una de las asambleas escolares. También podrían colgar algunos carteles explicativos en un pasillo. Al mes siguiente, se escoge un nuevo rasgo del carácter, como por ejemplo la «honestidad».

El liderazgo —al igual que el carácter y la competencia— no se enseña de esa manera en el colegio A. B. Combs. En cambio, los 7 hábitos, los principios de calidad y otros principios relacionados con el liderazgo impregnan casi todo lo que hacen y casi todas las materias que se enseñan. El liderazgo es algo que se enseña cada día, aunque a menudo se hace de manera sutil e inesperada. Comienza en el parvulario, donde se enseñan los 7 hábitos y los principios de calidad básicos, y sigue a lo largo del curso de una manera divertida y auténtica. Aunque a veces los principios se introducen en forma de módulos individuales que se concentran en uno o varios hábitos o herramientas de calidad, con mucha frecuencia se entrelazan con una amplia variedad de materias y actividades desarrolladas en el aula.

Después de los cursos de párvulos, a los alumnos se les recuerdan con regularidad los 7 hábitos y los principios de calidad. De hecho, cada año dedican la mayor parte de la primera semana de colegio a repasar los 7 hábitos como una forma de establecer las expectativas y las normas del aula, unas normas que los alumnos desarrollan conjuntamente con sus profesores. Al final de esta semana inicial, los alumnos siguen recordando esos principios mediante juegos, lecciones y actividades escolares. La clave está en que dicho repaso puede realizarse, y de hecho así se hace, como algo que forma parte de las demás materias: matemáticas, lengua, historia, arte, música, educación física, informática. De cualquier materia.

En otras palabras, el liderazgo no es «una cosa más» que los profesores tienen que enseñar, sino que forma parte de todo lo que enseñan. Por esa razón, varios profesores lo describen simplemente como la mejor forma de hacer lo que ya estaban haciendo. Algunos ejemplos le ayudarán a comprender este «método omnipresente».

El primer ejemplo procede de Dyane Barnett, una mentora de lectura del colegio A. B. Combs. Como parte de un módulo de literatura y escritura, ha pedido a los alumnos de quinto curso que analicen un poema de Langston Hughes en el que expone su visión de un mundo mejor. Después de hablar sobre el vocabulario, la estructura y el significado del poema, la señorita Barnett dividió a los alumnos en equipos y asignó a cada miembro un papel de liderazgo, como el de escriba, el de cronometrador o el de portavoz. A continuación, entregó a cada equipo una cartulina y les pidió que seleccionaran una herramienta de calidad para ilustrar los puntos principales del poema. Uno de los equipos optó por emplear un diagrama de loto, otro un diagrama de flujo, otros dos un diagrama de Venn y el último un diagrama de Ishikawa. Una vez los hubieron dibujado, cada uno de los portavoces presentó lo que su equipo había creado. Luego debatieron todos juntos cuál de los 7 hábitos se reflejaba de forma más evidente en el poema y, después, la profesora les encargó que describieran en una redacción qué tipo de visión y de sueños tenían respecto a su propia vida en el futuro. En la realización de todo el ejercicio se tardó aproximadamente treinta minutos.

Este ejemplo es bastante sencillo, pero veamos lo que se ha conseguido. En lugar de limitarse a realizar un esquema del poema y examinar su estructura hasta que el cerebro de los alumnos estallara y sus cabezas se desplomaran contra los pupitres, la señorita Barnett implicó a sus alumnos en un trabajo en equipo y en una serie de actividades en las que tenían que tomar decisiones. Les dio una oportunidad para que hablaran. Reforzó tanto las herramientas de calidad como los 7 hábitos. Dio a los alumnos la oportunidad de «conectar» con los demás compañeros. Hizo que sus alumnos pensaran en quiénes eran y en quiénes se querían convertir. Escuchó lo que tenían en la cabeza y en el corazón. Además, se encontraban en la Semana de la Historia Afroamericana, así que también lo asociaron a esa actividad. Todo esto sin contar con el hecho de que les enseñó poesía, aumentando su vocabulario y trabajando con su capacidad de escritura. ¿Ve cómo un simple ejercicio de literatura puede convertirse en una importante lección sobre la vida y sobre el liderazgo?

En el otro lado del colegio encontramos un ejemplo de aplicación del liderazgo en el que Debbie Falkner enseña a sus alumnos de párvulos palabras que comienzan por *p*. Al mismo tiempo les inculca un hábito que suele gustar a los alumnos de párvulos: utilizar la sinergia. Comienza hablando de las diversas partes de una pizza, entre las que destaca la masa, la salsa, los trozos de carne y los quesos. Explica que durante los siguientes treinta minutos su clase se va a convertir en una pizzería. Justo en ese momento suena el teléfono y una mujer (que habla por un micrófono) pregunta si puede encargar unas pizzas. (Por supuesto, la señorita Falkner subraya todas las *pes* en la pizarra y pone énfasis en su pronunciación.)

Para responder al encargo de seis pizzas que ha hecho su cliente, los alumnos se dividen en equipos de cuatro, en los que a cada uno de ellos se le asigna un papel de liderazgo. Uno de ellos se encarga de elaborar la masa, otro la salsa, otro los trozos de pimiento y otros el queso. A continuación, comienzan a trabajar en los diversos ingredientes, utilizando tijeras y cartulina. La señorita Falkner les indica que deben trabajar como un equipo, para que no se retrase el pedido de la señora. Mientras los equipos se afanan en acabar su pizza, la señorita Falkner les pregunta de vez en cuando cuál es el fin que tienen en mente y qué es lo que debe ir primero, unos conceptos que los alumnos ya han aprendido previamente. La profesora les enseña lo que significa el término «sinergia» y por qué es importante trabajar juntos, valorar el talento de los demás y respetar el papel de sus compañeros. Cuando el ejercicio llega a su conclusión, utiliza un gráfico del campo de fuerzas en forma de pizza para preguntar a los alumnos qué pros (dispositivos) y contras (fuerzas limitadoras) encuentran en el hecho de trabajar en equipo. A su pregunta, los estudiantes ofrecen una serie de respuestas que no sólo sorprenden a los adultos que se encuentran en la sala, sino que también demuestran que realmente comprenden los principios. Una vez más, se trata de un ejercicio divertido, si bien debemos observar lo que ha obtenido la señorita Falkner. Los alumnos comprendieron mejor la letra *p*, pero además disfrutaron de la oportunidad de aprender a trabajar juntos al tiempo que aprendían los conceptos básicos de la sinergia y revisaban las herramientas de calidad y los hábitos previamente aprendidos.

Éstos son dos breves ejemplos de cómo los hábitos y las herramientas de calidad se integran en las materias esenciales de una manera omnipresente. El mismo tipo de lecciones se puede dar en clases de materias específicas como la de música, donde las composiciones que se seleccionan se han elegido expresamente para inspirar a los alumnos a ver el tipo de persona en la que quieren convertirse. Los proyectos artísticos también tienen su importancia. Por ejemplo, la profesora de arte Martha Bassett pidió a sus alumnos de quinto curso que diseñaran una posible portada para la revista *Time* que incluyera un autorretrato y un pie de foto que mostraran qué podrían hacer en la vida para realizar una contribución importante. Una vez más, estos ejemplos reflejan aspectos docentes que los profesores incorporan a lo que ya están haciendo, de modo que no las consideran «una cosa más» que deben realizar.

**Algunos ejemplos de cómo aplican el método omnipresente los profesores de Florida y Alabama**

*Andrea Cohn, profesora de tercer curso del centro Chestnut Grove Elementary de Decatur, Alabama*

En una clase de lectura, la señorita Cohn lee a sus alumnos el libro *Salt in His Shoes*, en el que se relata cómo Michael Jordan se convierte en un gran deportista y en una persona de gran estatura. A continuación, habla con los alumnos acerca de si fue la sal que ponía la madre de Jordan en sus zapatos lo que le hizo crecer y saltar tanto o si hubo otra razón. La profesora pregunta: «¿Qué hábitos aprendió Michael? ¿Qué rasgos de liderazgo desarrolló? ¿Qué quieres ser cuando crezcas? ¿Qué hábitos necesitarás ejercer para alcanzar tus sueños o para ser un líder?».

*Christian Plocica, profesor de educación física del colegio English Estates Elementary, Fern Park, Florida.*

A comienzos de curso, el señor Plocica trabaja con sus alumnos con el fin de crear una declaración de principios para cada clase. Los alumnos repiten todos los días su declaración de principios durante los ejercicios de calentamiento. También realizan una serie de ejercicios de calentamiento de piernas y brazos que se han diseñado de manera que se ajusten a los 7 hábitos. Ateniéndose al principio de que no todos los niños están dotados para realizar con brillantez todas las asignaturas sino que tienen unas dotes concretas, el señor Plocica ha diseñado una serie de juegos y ejercicios que ponen énfasis en el trabajo en equipo por encima de la competición y que refuerzan la sinergia, las diferencias de estimación y el principio del ganar/ganar. También puede decir a la clase: «Quiero que forméis grupos de (4 x 6) / 8». Inevitablemente un niño que sea «brillante» en matemáticas, pero al que no se le dé demasiado bien la educación física o las proezas atléticas, conseguirá formar el grupo con el tamaño adecuado, mientras que otros comenzarán a organizar a todos sus compañeros, y otros tratarán de presentarse como los líderes del equipo. Al final, todos los niños —y no sólo los «atletas»— se sentirán importantes, implicados y necesitados. Todo esto se lleva a cabo dentro de las actividades normales que se organizan en cualquier clase de educación física.

*Gayle Fowler, profesora de segundo curso en el colegio Chestnut Grove Elementary, Decatur, Alabama*

En la clase de ciencias, la señorita Fowler les habla a sus alumnos de una cesta de conchas de mar que ha recogido en el Golfo de México. Va sacando las conchas de la cesta para que sus alumnos puedan ver su forma y su tamaño. Cada vez que saca una, encuentra un pequeño defecto en ella. Entonces, pide a sus alumnos que piensen qué tipo de cosas o acontecimientos podían haber producido ese desperfecto. Mientras la mente de los alumnos surca el lecho del océano, imaginando libremente todo tipo de criaturas o de tormentas que pudieran haber producido esa pequeña mella en las conchas, ella comienza a hablarles de una compañera de habitación que tuvo en la universidad que se caracterizaba por algunos rasgos personales bastante molestos. Esos rasgos le resultaban tan irritantes que el concepto que tenía de su compañera se basaba únicamente en ellos. Es más, siguieron molestándola durante bastante tiempo, hasta que un día tuvo un problema y su compañera de habitación la ayudó a superarlo cuando estaba verdaderamente necesitada. Esta experiencia le enseñó que su compañera de habitación también tenía muchas cualidades. De hecho, esas cualidades eran tan intensas que pronto empezó a dejar de prestar atención a sus defectos. Luego comenzó a describir toda la belleza que tenían las conchas y cómo los cangrejos ermitaños y otras criaturas con caparazón les sacaban partido. Por supuesto, la conclusión final fue que todos tenemos pequeños defectos, pero que deberíamos concentrarnos en las cualidades. A continuación, repartió una serie de notas entre todos los alumnos para que sus compañeros de clase escribieran en ellas cuáles eran sus cualidades.

Con el método omnipresente se enseña a los alumnos los principios del liderazgo desde el primer día de clase. Se les transmite que son líderes, que poseen unas cualidades únicas y que una parte de la aportación que se espera que hagan mientras estudian en el colegio A. B. Combs es compartir esas cualidades con los demás. Allá donde miren siempre ven carteles y recordatorios estimulantes en los pasillos acerca de cuál es la

Las actividades de trabajos manuales son una extraordinaria forma de motivar a los alumnos para que empiecen a pensar en quiénes son y en qué se quieren convertir.

Los profesores creativos han creado un juego sobre la enseñanza de los principios del liderazgo.

misión y la declaración de principios del colegio, así como citas alentadoras para aumentar su conciencia de que son capaces de convertirse en personas importantes. Realizan divertidos juegos en clase que los profesores han inventado y que, normalmente, están vinculados a algún principio impartido en la educación estatal o nacional. Ven los principios del liderazgo expuestos en las noticias de la mañana del colegio, que se retransmiten a través de la televisión en todas las aulas. Cuando abandonan el parvulario, no sólo se sienten bien consigo mismos, sino que son capaces de conversar con los adultos acerca de los principios básicos de los 7 hábitos, de las herramientas de calidad y de todo lo que el liderazgo significa para ellos.

Una forma de ilustrar en qué difiere el método omnipresente de los métodos más tradicionales es fijarse en cómo ven muchos profesores, por no decir todos, la relación entre los aspectos académicos tradicionales, las aptitudes necesarias para la vida y la educación del carácter:

Según esta figura, muchos profesores consideran las tres áreas como cuadros independientes con signos «+» entre ellos. Ellos piensan: «Debo enseñar materias esenciales + aptitudes para la vida + carácter». Este pensamiento puede resultar abrumador, ya que todos los profesores tienen que enseñar ciertas materias.

Sin embargo, el método omnipresente no afronta la enseñanza de los 7 hábitos ni de cualquier otro principio sobre el liderazgo de esa manera. Al contrario, lleva el carácter y las aptitudes para la vida a la corriente principal de las materias de estudio que ya están enseñando. En otras palabras, si los profesores van a enseñar a leer y a escribir de todos modos, ¿por qué no lo hacen leyendo libros y poemas sobre personas que sean responsables, proactivas u honestas, o leyendo literatura que incite a los alumnos a marcarse objetivos y a perseverar? Si tienen que enseñar ciencias y planean pedir a sus alumnos que elaboren informes, ¿por qué no les enseñan a elaborar presentaciones básicas que les permitan exponer sus descubrimientos con confianza delante de la clase? Si se pide a los niños que hagan educación física, ¿por qué no se les enseñan conceptos que les per-

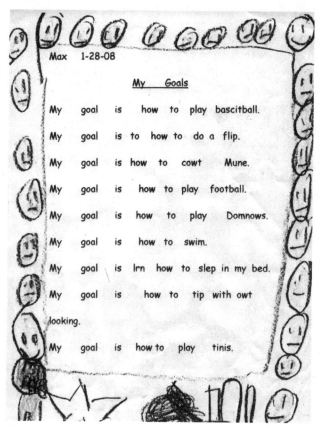

Si alumnos de párvulos como Max aprenden a escribir, a deletrear y a utilizar un teclado, ¿por qué no se les permite pensar en sus objetivos y en cómo pueden mejorar sus aptitudes para la vida?

mitan trabajar en equipo? Si tienen que realizar actividades en el colegio, ¿por qué no se pide a los niños que hagan una planificación para que puedan aprender técnicas que les permitan marcarse objetivos y planificar proyectos?

> Una nación se convierte en lo que sus jóvenes leen durante su juventud. De ese modo, se forman sus ideales y se determinan firmemente sus objetivos.
>
> JAMES A. MICHENER, autor destacado

Además, si usted es padre, ¿por qué no hace lo mismo? Una vez que usted y su hijo comprendan cuál es la esencia de los hábitos, pueden leer un libro, contar una historia, participar en un juego, ver un vídeo o salir a dar un paseo de «aventura» e invitar a su hijo a que comparta con usted cuál de los 7 hábitos encuentra y por qué. Es algo muy sencillo, es la vida real, ¡es poderoso! (Para encontrar más ideas sobre este punto, véase el capítulo 10: «Aplicación en casa».)

Si quisiera ilustrar el método omnipresente, tendría un aspecto parecido al siguiente:

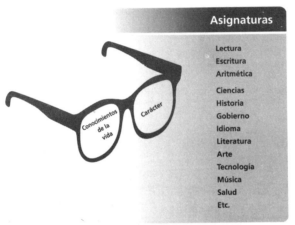

**Asignaturas**

Lectura
Escritura
Aritmética

Ciencias
Historia
Gobierno
Idioma
Literatura
Arte
Tecnología
Música
Salud
Etc.

Conocimientos de la vida

Carácter

Alumnos que están preparados para afrontar la realidad presente y futura

Lo que pretendo destacar es que los profesores que utilizan el método omnipresente no pierden de vista las asignaturas tradicionales, sino que lo aplican mientras miran a través de unas lentes que les permiten incorporar aptitudes básicas de la vida y lecciones sobre el carácter o la personalidad en cuanto surge la oportunidad. No obstante, su mayor «resultado-fin» está siempre enfocado hacia la preparación de los jóvenes para que puedan afrontar las realidades del futuro y las difíciles decisiones que deben tomar en el presente. Por tanto, sin duda están enseñando las mismas asignaturas tradicionales, pero lo hacen a través de un nuevo tipo de lentes, de un nuevo paradigma.

LOS CUADERNOS DE DATOS

Hay otro componente clave en el proyecto estratégico sobre el liderazgo del colegio A. B. Combs que merece especial atención. Es una herramienta que une los 7 hábitos y los principios de calidad. Además, está ligado al método omnipresente y ha tenido un enorme impacto en el éxito del tema del liderazgo.

El colegio A. B. Combs, y otros centros donde ahora se enseñan los principios del liderazgo, entrega a cada uno de sus alumnos una carpeta de tres anillas. Los alumnos la llaman su cuaderno de datos y en él anotan sus objetivos personales y académicos y reflejan de manera gráfica los progresos que hayan realizado en la consecución de esos objetivos. Los alumnos también utilizan los cuadernos en las conferencias que se celebran entre padres, profesores y alumnos para explicar sus progresos a sus progenitores. Muchos estudiantes tratan los cuadernos de datos como si fueran oro y hasta se muestran muy protectores con ellos.

Cada curso tiene una serie personalizada de gráficos, cuadros y diagramas que se insertan en las carpetas y que se mantienen actualizados semanalmente, o incluso con mayor frecuencia. Uno de los beneficios clave de los cuadernos de datos es que proporcionan a los alumnos una fuente de información constante y oportuna, que actúa como un impulsor clave de los logros de los alumnos. Como los cuadernos de datos únicamente representan el trabajo de un alumno, los estudiantes sólo los utilizan para comparar sus propios objetivos con sus resultados anteriores, y nunca para compararse con los demás. Los alumnos se desmoralizan mucho cuando se les compara constantemente con los demás y cuando piensan que no están a la altura de sus compañeros.

> Cuando el éxito en las aulas se define teniendo en cuenta la competitividad con los demás, sólo pueden tener éxito unos cuantos alumnos. Sin embargo, cuando el criterio para lograr el éxito es el desarrollo individual, todos los estudiantes pueden obtenerlo sin necesidad de compararse con los demás.[1]
>
> ROBERT J. MARZANO, *What Works in Schools*

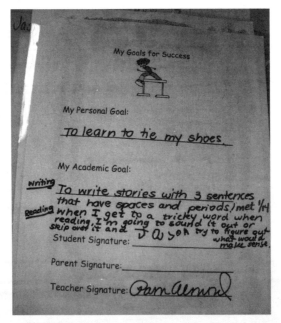

Los alumnos comprueban sus progresos utilizando sus propios cuadernos de datos, que en las imágenes aparecen con su portada (arriba) y su relación de objetivos (abajo).

Sentarse en una clase y pedir a un alumno de párvulos o de tercer curso que nos enseñe su cuaderno de datos y explique qué contiene es una experiencia impresionante. Enseguida nos damos cuenta de que el niño posee todos los datos y que, en muchos casos, se siente muy orgulloso de ellos.

> Los cuadernos de datos son una parte muy importante del proceso porque ayudan a los alumnos a desarrollar sus propios deseos de alcanzar ciertos objetivos. Los 7 hábitos, los criterios Baldrige y los cuadernos de datos constituyen una mezcla perfecta.
>
> BARBARA WATKINS, profesora del colegio A. B. Combs

Aunque los cuadernos de datos de los alumnos reflejan y mejoran los logros individuales, los profesores tienen un cuaderno similar para cada clase. Los cuadros y los gráficos también se cuelgan en las paredes para mostrar los progresos que haya realizado la clase. Los alumnos trabajan juntos para marcarse y conseguir objetivos en clase y celebran efusivamente la consecución de un hito. Pero cada uno de ellos sabe que debe trabajar con diligencia para alcanzar sus objetivos individuales, de modo que pueda contribuir a la consecución de los objetivos de la clase.

Para continuar con el flujo de información, se entregan cuadernos, gráficos y cuadros similares a las oficinas administrativas, ya que a los administradores también les gusta seguir los progresos que se realizan en los colegios y celebran los objetivos que se alcanzan en todo el centro. Tal y como lo describe Muriel: «Es como estar desnudo delante de un espejo. Todo queda expuesto ante de él. No te puedes cubrir. Los datos impulsan todo lo que hacemos. Nos permiten saber qué es lo que debemos hacer en nuestro colegio para mejorar». Pero a continuación, añade otro elemento: «Hemos aprendido una y mil veces que cuando se trata de datos, muchas veces menos es más. Y nuestros cuadernos de datos se han perfilado a lo largo de los últimos dos años porque no recopilamos datos sobre nada que no esté en consonancia directa con los logros de los alumnos y con la mejora de los procesos en nuestro colegio».

Por tanto, no todos los profesores llevan calculadoras en su maletín, ni se comen histogramas en el almuerzo, sino que tra-

Los alumnos representan gráficamente sus progresos como clase para comprobar cómo influye lo que hacen en equipo en su rendimiento a la hora de alcanzar los objetivos de la clase.

tan por todos los medios de concentrarse únicamente en lo que es pertinente, pensando siempre en mejorar. Y lo consiguen manejando datos.

## EL PROYECTO COBRA FORMA

Ya tenemos una idea aproximada de algunos de los contenidos principales que el colegio A. B. Combs utiliza para enseñar aptitudes y principios del liderazgo, incluyendo las aptitudes básicas de la vida cotidiana. También hemos percibido someramente cuál es su método y qué herramientas utiliza, siendo todo ello ingredientes esenciales de su éxito. Sin embargo, es importante advertir que no son las únicas cosas que hacen o enseñan para impartir liderazgo o para conseguir éxito. Por ejemplo, también incorporan a su enseñanza otro contenido relacionado con el liderazgo que incluye algunas ideas extraídas de

En todo lugar se pueden encontrar líderes que tienen algo que decir a los alumnos acerca de su capacidad y de lo que se necesita para ser un líder.

autores clave en el campo del liderazgo, como Peter Drucker, Jim Collins y Daniel Goleman. Además, recopilan y presentan las historias y las ideas de líderes del pasado como Abraham Lincoln, Mohandas Gandhi, Martin Luther King Jr. y la madre Teresa de Calcuta. Seleccionan algunos rasgos e historias extraídos de destacadas figuras de las ciencias, la política, las artes y los deportes, incluyendo también algunos líderes de su propia comunidad. Leen acerca de líderes, ven DVD sobre ellos y hablan de los aspectos que les han permitido ser lo que son. Asimismo, llevan al colegio a algunos líderes para que los alumnos les pregunten, entre los que destacan el gobernador del Estado y una impresionante gama de líderes corporativos. Uno de los acontecimientos preferidos de los alumnos fue la visita que efectuaron los dirigentes de la compañía Lego, cuando viajaron desde Dinamarca para estudiar su método del liderazgo. Sin embargo, muy a menudo, los profesores simplemente recurren a los clásicos de la literatura infantil y a otros libros entretenidos o a películas atrayentes que ya tienen en sus bibliotecas. Básicamente, cualquier cosa que permita a los alumnos manejarse eficazmente en la vida del siglo XXI se encuadra dentro de su modelo de liderazgo.

> No hemos creado nada nuevo. Lo que hemos hecho es unir las mejores ideas que hay en el mundo y descubrir cómo se puede alinear todo con el fin de crear una cultura de aprendizaje.
>
> GAILYA WINTERS, ayudante de dirección del centro A. B. Combs

Igualmente, es importante advertir que los principios del «liderazgo» no son en absoluto los únicos conceptos que dan forma a todo lo que sucede en el colegio o en las aulas. Al centro A. B. Combs le gusta estar al corriente de los últimos estudios y de los métodos que se aplican en el campo de la educación. De hecho, suele ser un modelo a seguir sobre cómo poner en práctica los conceptos y las investigaciones más vanguardistas en el campo de la educación, que consideran como algo complementario a la tarea que llevan a cabo en el campo del liderazgo. He aquí algunos de sus conceptos más importantes:

- **Rigor, relevancia y relaciones.** Es lo que refleja la obra de Willard Daggett, que hace hincapié en el uso de tareas extraídas del mundo real en lugar de las fichas de trabajo.
- **Siete elementos correlacionados de los colegios efectivos.** Estos elementos, que proceden de la obra de Larry Lezotte y del Movimiento de los Colegios Efectivos, incluyen una misión clara y explícita, un entorno seguro y organizado, un ambiente de altas expectativas, la supervisión regular de los progresos de los alumnos y unas relaciones positivas entre el hogar y el colegio.
- **Estudio del cerebro.** Basado principalmente en la investigación de Howard Gardner sobre las diversas inteligencias y en la obra de Daniel Pink titulada *A Whole New Mind*, este estudio reconoce que todos los niños son diferentes, de ahí que los educadores deban aplicar diversos estilos de enseñanza, prestando atención a los dos hemisferios del cerebro.
- **Los 55 puntos esenciales.** Basado en el trabajo de Ron Clark, este enfoque resalta la importancia de crear recuerdos en los niños, al tiempo que explica cómo despertar en ellos el deseo de aprender y cómo ayudarles a respetarse a sí mismos y a convencerse de que pueden hacer cualquier cosa.
- **Las comunidades profesionales del aprendizaje.** El método de Rick DuFour y Robert Eaker resalta que es preciso formar un grupo colegial de educadores que estén unidos en su compromiso con la enseñanza del estudiante, así como en el trabajo en equipo y el desarrollo en entornos colaborativos.
- **La inteligencia emocional.** En *The Other 90 %*, el doctor Robert Cooper exhorta a los estudiantes y a los profesores a emplear el cien por cien de su energía y de su excelencia en todo lo que hagan. Trata temas como la confianza, la calidad, el vivir bien, el aprender de los demás y cómo conservar la calma cuando uno se encuentra bajo presión.

La lista podría proseguir con las ideas que los profesores del colegio A. B. Combs van extrayendo de otros pensadores clave en materia de educación, como William Glasser y Michael Fullan. Pero lo importante es que el centro está haciendo algo más que enseñar liderazgo. A Muriel le gusta situar los principios y el método del liderazgo que aplican dentro de un dibujo con la forma del edificio del colegio, como el que aparece abajo. Este dibujo se ha convertido en su proyecto visual o su *estrategia* para la enseñanza. Observe que en la parte superior del mismo se encuentra el «fin que tiene en mente», que consiste en enseñar a sus alumnos aptitudes del siglo XXI. Las ventanas representan las prácticas importantes en el campo de la educación que les ayudarán a alcanzar ese objetivo. Pero lo que más le gusta a Muriel de esta figura es que los 7 hábitos y los principios Baldrige se encuentran en los cimientos del colegio. Tal y como señala ella misma: «El secreto de nuestro éxito es que perseguimos nuestro objetivo de manera constante. Incorporamos muchos programas [*ventanas*], y esos programas cambiarán a medida que las cosas vayan cambiando en nuestro distrito escolar, en nuestro Estado, en nuestro país y en el campo de la educación. Pero lo que no va a cambiar son los cimientos de nuestro colegio, que son los 7 hábitos y los principios Baldrige, ni tampoco el objetivo final, que consiste en equipar a nuestros alumnos con los talentos y la mentalidad propios del siglo XXI».

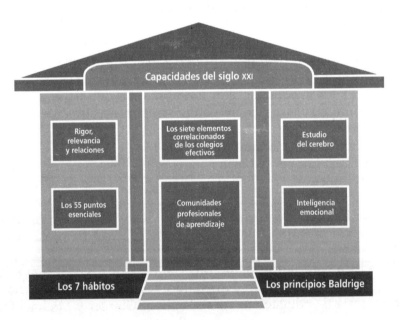

## ¡PERO LA VERDADERA CLAVE ES...!

Hasta ahora hemos visto cómo el colegio A. B. Combs diseñó su estrategia general para *crear líderes entre los niños de manera individual,* situando los 7 hábitos y las herramientas y principios de calidad Baldrige en la base de todo lo que enseñan y hacen. También he hablado de su método omnipresente y de cómo han utilizado los cuadernos de datos para unificar el proceso. Pero la verdadera clave de su estrategia todavía está por llegar.

Para explicarle cuál es esa clave recurriré a una de mis historias preferidas del colegio A. B. Combs. Esta historia habla de un muchacho procedente de otro colegio cuya directora se puso en contacto con el centro A. B. Combs para alertar a su personal acerca del carácter de ese joven. La directora les contó que recientemente el muchacho le había «agredido», le había golpeado y le había hecho perder el conocimiento. Declaró que era un niño problemático, un peligro para la escuela y para sus alumnos.

Una de las conductas típicas que se suelen adoptar en muchos colegios cuando se recibe a un alumno con semejantes antecedentes es someter al muchacho a una especie de plan de acción muy severo. Pero dejemos que sea Muriel quien describa cómo ella y los profesores del colegio prefirieron afrontar la situación:

> Acabábamos de comenzar con el tema del liderazgo y teníamos la sensación de que este programa funcionaba muy bien, así que también funcionaría con un niño como este chico tan problemático. Nunca leí su historial, lo que, visto en retrospectiva, posiblemente no fuera la decisión más adecuada; fue algo que me salió del corazón, de modo que decidimos dar al chico una segunda oportunidad.
>
> Cuando se bajó del autobús no cabía duda de quién era: caminaba con decisión. Inmediatamente me acerqué a él y le dije: «Tú debes de ser [nombre], te estaba esperando». El orientador del colegio estaba justo a mi lado y añadió: «Estamos muy contentos de tenerte aquí. Estoy seguro de que vas a convertirte en un líder». El muchacho dijo: «¿Y tú quién eres? Que te den...». Yo dije: «Aquí no utilizamos ese tipo de lenguaje. Utilizamos un lenguaje muy diferente; pero, aun así, estamos muy contentos de que hayas venido».

Así pues, comenzamos a entablar relación con él y pronto nos dimos cuenta de que su coraza exterior lentamente se iba viniendo abajo. En nuestro equipo contábamos con excelentes sistemas de apoyo. Todos los días le decíamos que le queríamos. Al principio, cuando le decíamos: «Te queremos», solía lanzarnos un improperio; otras veces se limitaba a mirarnos fijamente como si fuéramos un monstruo de dos cabezas, pero en el mes de octubre comenzó a respondernos que también él nos quería.

Este chico se convirtió en uno de los niños más populares del colegio. Tenía muy mal genio y sufría altibajos, pero su vida cambió al final de ese año. Sus notas mejoraron considerablemente, empezó a sacar notables y sobresalientes y hasta consiguió entrar en el cuadro de honor. A raíz de esa experiencia me di cuenta de que el tema del liderazgo podría ayudar a los alumnos y que había alimentado mi pasión hasta el punto de no querer renunciar a este modelo de liderazgo.

Cuando reflexiono sobre esta gran historia, retomo el modelo del edificio del colegio de A. B. Combs. Estoy completamente admirado de que hayan colocado los 7 hábitos en los cimientos, pues soy consciente de la importancia de los cimientos en la estabilidad de una casa. Sin embargo, si me atreviera a añadir algo a ese modelo, sería lo siguiente: una casa es estable no sólo gracias a sus cimientos, sino al terreno sobre el que se asienta. Piense en ello. Si el terreno sobre el que se construye es inestable, tanto la casa como sus cimientos también lo serán. Si se construye sobre arena o sobre una falla, hasta los cimientos más firmes acabarán por erosionarse, agrietarse o venirse abajo.

> Este colegio tiene éxito con todos sus alumnos porque los aman y los respetan tal y como son. Cuando conocí a los profesores, lo primero que percibí de ellos fue que a esas personas realmente les gustaban los niños. Están decididos a verlos avanzar desde el punto A hasta el punto B y luego al punto C hasta que acabe el curso, y al año siguiente los ven brillar.
>
> PATRICE HARDY, padre, colegio A. B. Combs

Lo que hace que el modelo del colegio A. B. Combs y su método del liderazgo sea tan firme es que sus cimientos se han construido sobre un terreno sólido. Ese terreno consta de una sólida mezcla de atención y afecto. Está formado por profesores que realmente desean lo mejor para sus alumnos y que se preocupan lo bastante como para dedicar tiempo a descubrir las cualidades individuales de sus alumnos y a encontrar la manera de incentivar y dar rienda suelta a esas cualidades. En otras palabras, la vida de ese muchacho no ha cambiado porque sus profesores le hayan enseñado los 7 hábitos o algunas ingeniosas herramientas de calidad. Es posible que todo ello haya servido de ayuda, pero la verdadera clave fue que sabía que sus profesores se preocupaban por él como persona. Posiblemente también fue la primera vez que alguien se preocupaba por él de esa manera. Tengo la sensación de que antes había sido víctima de un robo de identidad de tipo emocional. Pero cuando llegó al centro A. B. Combs, entraron en su vida algunos profesores que realmente se preocupaban por él y le ayudaron a encontrar su identidad, su voz interior.

> Hay pocas cosas que puedan ayudar más a un individuo que inculcarle el sentido de la responsabilidad y hacerle saber que confías en él.
>
> BOOKER T. WASHINGTON

De hecho, en el colegio A. B. Combs hay infinidad de historias sobre padres que están deseosos de mostrar su agradecimiento por todo lo que el colegio ha hecho por sus hijos más allá de su mejora en sus calificaciones académicas. Estas historias destacan una de las premisas más importantes de la filosofía del colegio A. B. Combs: «Si tratas a todos los alumnos como si tuvieran un don, y los miras a través de esa lente que te permite ver que tienen algún tipo de don, siempre alcanzarás esa expectactiva».

El mismo grado de afecto y respeto se puede encontrar en el modo en el que los profesores se relacionan entre sí. Muriel y los demás educadores que mencionamos en este libro hacen tan bien su trabajo porque sus relaciones como compañeros se han construido sobre la base de la confianza y el afecto. No se han construido sobre una volátil falla, donde todo el mundo está dispuesto a señalar los fallos de los demás. Por el contrario, sienten mucho respeto y mucha confianza por los demás como compañeros de profesión.

Sin amor y sin respeto mutuo, los 7 hábitos, los principios Baldrige y todas las demás piezas que conforman el modelo del edificio del colegio perderían con el tiempo gran parte de su fuerza. Y, por tanto, es sobre esa cultura del afecto sobre la que se basa y se cimenta la verdadera clave del éxito de la estrategia del A. B. Combs.

# 4
## ALINEARSE PARA ALCANZAR EL ÉXITO

> En gran medida, el mayor error que cometen los directivos es ignorar la crucial importancia que tiene la alineación.[1]
>
> JAMES C. COLLINS Y JERRY I. PORRAS, *Built to Last*

En el mundo de la educación, no existe la falta de creatividad, de pasión, de afecto o de investigación sobre cómo crear un gran colegio, una gran aula o un gran estudiante. Con mucha frecuencia, la principal barrera para alcanzar el éxito es que los sistemas y los procesos no inciden del modo debido para mantener la excelencia durante largo tiempo.

El capítulo anterior puede haber dado la impresión de que, en cuanto el colegio A. B. Combs comenzó a poner en práctica su objetivo, su misión y su estrategia, los profesores empezaron a aplicar el tema del liderazgo en sus clases a los estudiantes. Pero eso habría sido como plantar una semilla sin preparar previamente el terreno. Podrían haberlo hecho, pero los resultados no habrían sido los mismos, ya que todo ello forma parte de la «ley de la cosecha».

En otras palabras, antes de lanzarse de lleno, había que hacer un trabajo de preparación del terreno. Recuerde que cuando Muriel fue nombrada directora, no todo estaba en orden en el colegio A. B. Combs. Las instalaciones precisaban de ciertas reformas. Algunos profesores habían perdido su pasión por enseñar y la mayoría de ellos trabajaban de manera aislada. Y, además, contaban con pocos recursos. Por ello, tuvieron que idear un nuevo tema imán y un plan estratégico, pero el colegio no estaba preparado para acometer ese extraordinario cambio que sabían que era preciso para poder aplicar el tema del liderazgo.

Muriel describe la situación que atravesaba el colegio durante ese periodo como un conjunto de flechas dispersas que apuntaban en tantas direcciones como grados hay en una brújula. El centro había puesto en marcha diversos programas académicos, pero esos programas no estaban vinculados a ningún objetivo común del colegio. De igual modo, los profesores habían puesto en marcha de manera individual una serie de «proyectos mascota» con distintos niveles de éxito, pero esos proyectos tampoco estaban conectados con ningún objetivo ni con ninguna estrategia que abarcara a todo el centro. Todo el mundo hacía las cosas a su manera. Por tanto, se puede adivinar por qué Muriel describe esos «viejos tiempos» como un puñado de flechas lanzadas de manera aleatoria. En términos de asesoría, a esa situación se la denomina falta de alineamiento.

Por supuesto, al principio el principal culpable de la falta de alineamiento era la ausencia de claridad por lo que se refería a la dirección del colegio como un todo. Pero incluso después de haber seleccionado el nuevo tema del liderazgo y creado su propia estrategia, el equipo del centro A. B. Combs sabía que todavía les quedaba por hacer un importante alineamiento. En otras palabras, la misión, la visión y la estrategia proporcionaron la

Hablar con los diversos participantes en el proceso y establecer el liderazgo como su tema principal dio al centro A. B. Combs la claridad de dirección necesaria (la flecha grande), pero todavía quedaban otras flechas que había que alinear o eliminar.

«gran flecha» alrededor de la cual se podían alinear todas las demás, pero todavía quedaban una serie de importantes flechas de «tamaño medio» que había que alinear, así como algunas flechas de «tamaño pequeño» que era preciso ajustar, o simplemente eliminar, antes de que estuvieran preparados para poner en marcha su proyecto.

Para el A. B. Combs, las flechas de «tamaño mediano» incluían:

1. «Embarcar» a la gente en el nuevo tema.
2. Alinear la estructura del colegio para que encajase con la estrategia.
3. Preparar al personal en los 7 hábitos y en los principios de calidad.
4. Alinear los sistemas de incentivos para que los resultados se vieran reforzados y sostenidos.

En este capítulo describiré una serie de términos que explican cómo el colegio A. B. Combs consiguió alinear esas cuatro flechas de tamaño mediano con su recién creada misión, sus objetivos y su estrategia.

### SUBIR A LA GENTE A BORDO

En gran medida, la forma de alineación más importante, y generalmente la más difícil, es aquella que trata de conseguir que las personas «adecuadas» se adhieran e impliquen en el proyecto. En cualquier momento, el lema «todos a bordo» sustituirá a «todos están aburridos». Los profesores deben tener algo más que un manual del propietario: deben tener la propiedad del proyecto.

El colegio A. B. Combs contó desde el principio con muchas personas de talento. Pero había algunas que presentaron objeciones a la aplicación del nuevo tema del liderazgo. Comprendieron el mandato de la dirección, pero prefirieron utilizar métodos que, desde su punto de vista, tenían un carácter más «académico». Muriel lo explica de la siguiente manera:

Introducir el nuevo tema del liderazgo fue una tarea que se encontró con algunos obstáculos en sus etapas iniciales. Resultó bastante difícil. Algunos pensaban que, en una época en la que los educadores se enfrentaban a unas pruebas y unas responsabilidades tan exigentes, no tenían por qué hacer eso: «Debemos seguir concentrándonos en las calificaciones de las pruebas porque, a fin de cuentas, nos van a evaluar por las puntuaciones que obtengan los niños en los exámenes finales». Sin embargo, también había una amplia mayoría de profesores que dijo: «La tarea más importante que llevamos a cabo es enseñar a los niños a hacer "lo correcto", y si asumimos esta tarea y conseguimos que avance en la dirección que consideramos que debe ir, no debemos preocuparnos por las puntuaciones de los exámenes, ya que éstas llegarán por sí solas».

Esas diferencias filosóficas iniciales se consiguieron eliminar a posteriori, a tal punto que el colegio A. B. Combs se convirtió en un lugar mejor para los profesores y para los alumnos. Instaron a todo el mundo a no perder de vista las puntuaciones de los exámenes y trataron de crear mejores vínculos entre el tema del liderazgo y las asignaturas más importantes.

El reto más difícil al que tuvieron que enfrentarse fue la pequeña porción de profesores que se resistieron a cambiar, no por diferencias filosóficas, sino porque simplemente no estaban dispuestos a realizar ese esfuerzo. Llevaban años haciendo las cosas a su manera, por tanto, «¿qué razón había para cambiar ahora?». Aunque Muriel respetaba a esos profesores y su forma de ver las cosas, se dio cuenta de que el nuevo tema del liderazgo se encontraría con serias dificultades si todos los profesores no se subían a bordo del proyecto. Por lo que se refería al compromiso, esperaba que ningún profesor se quedara atrás.

Por tanto, aunque la mayoría de los profesores estaban a favor, Muriel y su equipo pensaron que si se dirigían a su personal diciéndoles: «Todos vamos a cambiar, porque ahora tenemos que enseñar los 7 hábitos y los principios de calidad», probablemente la resistencia que ofrecía ese pequeño grupo habría echado por tierra el proyecto antes de que se pusiera en marcha. De modo que avanzaron con cautela y decidieron que sacarían adelante el proyecto como una experiencia piloto en la que un profesor de cada curso aplicaría el nuevo método durante el primer año. Afortunadamente, a medida que avanzaba el curso y que los profesores eran testigos del incremento que experimentaba la confianza de los alumnos en sí mismos, de la reducción de los problemas de disciplina y de la mejora de las calificaciones de los exámenes, incluso los más firmes opositores se fueron embarcando en el proyecto. Los pocos que siguieron mostrándose indecisos fueron convencidos por los profesores del curso piloto, que les instaron a intentarlo, ya que «todos los estudiantes se merecen conocer esto». Por tanto, fueron los éxitos de los alumnos y la insistencia de los colegas lo que impulsó el cambio en el centro A. B. Combs; no era un método «impuesto» por la directora del colegio.

Otro de los elementos que coadyuvaron a que los profesores se subieran a bordo fue su participación en el taller de los 7 hábitos como equipo. A muchos de ellos, aquella experiencia les cambió la vida. Sentían que el seminario les ayudaba a ser más organizados y eficaces, tanto desde el punto de vista personal como profesional. Pero la mayoría de ellos pensaron que los días que pasaron unidos como equipo fue una experiencia que les permitió estrechar sus lazos. Fue algo más que conocerse todos un poco mejor. Les proporcionó un lenguaje común que podían utilizar para hablar de los problemas que afectaban a todo el colegio, para afrontar conjuntamente los problemas de conducta de un alumno, y que también les permitió crear sinergia entre los equipos del mismo curso. Todavía hoy, siete años más tarde, aquellos profesores que al principio participaron en la experiencia de formación siguen afirmando que fue lo mejor que podían haber hecho como colegio, tanto para crear una cultura que permitiera mejorar a sus alumnos como para crear un compromiso entre todos ellos.

Pero los profesores no fueron los únicos participantes que el colegio A. B. Combs necesitaba que subieran a bordo. La participación de los padres también era vital. Afortunadamente, conseguir que se sumaran a la empresa resultó ser una de las tareas de alineamiento más sencillas. Los padres hablan con otros padres y los padres de los alumnos que estaban en los cursos piloto se convirtieron en los mejores vendedores del tema del liderazgo. La combinación de la mejora de las calificaciones y la mejora en la conducta es algo que ningún padre pasa por alto y pronto la noticia se extendió como la pólvora, incluso por las oficinas del distrito, donde la mejora en las calificaciones de los exámenes y el notable incremento de las matriculaciones hizo que el distrito también se adhiriera al proyecto, incluyendo al propio director general. Y cada día que pasaba, un nuevo participante que había oído hablar de lo que estaba sucediendo en el colegio se sumaba a las tropas de los entusiastas, como por ejemplo varios líderes empresariales y de la comunidad que ofrecieron voluntariamente su experiencia y sus recursos como una forma de expresar su apoyo al nuevo tema del liderazgo.

### ALINEAR LAS TAREAS QUE REALIZARÁ CADA UNO

También fue importante que el colegio A. B. Combs decidiera alinear su estructura organizativa para que encajara con el nuevo tema del liderazgo. Esto supuso un cambio en la filosofía y en el estilo de liderazgo más que un cambio en el cuadro organizativo. La principal diferencia radica en que todas las personas que se encuentran en la plantilla del colegio A. B. Combs tienen la palabra «líder» adjunta a su título, así como la responsabilidad que la acompaña. En el ámbito administrativo está el líder de consejos a los alumnos y el líder de los medios de comunicación. Los alumnos conocen al señor Ricky, el conserje, como el líder encargado de mantener el edificio limpio. Los miembros del personal de cocina son líderes de nutrición. Efectivamente, todos los puestos administrativos tienen un componente de liderazgo y todos los líderes administrativos están capacitados y obligados a ser responsables de su labor.

En cuanto a los docentes, todos los profesores se consideran líderes. Los profesores son, ante todo, líderes de sus clases. También hay profesores-líderes de los diversos cursos. Los profesores de materias específicas se conocen como líderes de arte, líderes de música o líderes de educación física. Hay líderes de la comunidad de aprendizaje profesional y líderes de proyectos especiales. Hay un equipo de los 7 hábitos y un equipo Baldrige formado por profesores-líderes que se aseguran de que los 7 hábitos y los principios de calidad se enseñen y se refuercen adecuadamente. A su vez, ellos también tienen líderes pero, una vez más, la mayoría de esos mismos puestos —cambiando un par de palabras— existen en otros colegios. Lo que sucede es que en otros centros educativos no se refieren a ellos como líderes, ni tampoco se les trata como tales. Todo esto no sería más que un juego semántico si Muriel no esperara de ellos que se comporten como verdaderos líderes y los apoyara y les diera la responsabilidad de ejercer ese papel.

Es entre los alumnos donde la estructura del liderazgo del colegio A. B. Combs resulta realmente interesante y distinta de la que presenta el colegio típico. Esto se debe principalmente a que consideran a cada uno de los alumnos como un líder de algún tipo. Por ejemplo, hay alumnos que son líderes de discursos. Otros alumnos son líderes de ciencias, líderes de música y líderes de educación física. A menudo, estos líderes son alumnos que destacan en una faceta en particular o que desean expandir su talento en esa faceta específica. En cada una de las aulas, también se asignan papeles de liderazgo a los alumnos que se ocupan de la administración y el orden de la clase. Entre esos papeles figuran los de recibidor de la clase, cronometrador, bibliotecario, líder del equipo y líder de la limpieza.

Además, los alumnos también asumen papeles de liderazgo en el colegio que van más allá del tradicional ámbito estudiantil. Al principio del curso escolar, los alumnos que quieran ser líderes dentro del colegio eligen el papel al que quieren optar. A continuación, rellenan un formulario en el que definen el trabajo y la entrevista relacionada con el liderazgo que han escogido. Un año, más de cuatrocientos alumnos presentaron su solicitud y adoptaron papeles de liderazgo como líderes del Festival Internacional o líderes del programa de noticias de la mañana. Al mismo tiempo, aprendieron a hacer entrevistas y poco a poco se fueron sintiendo más cómodos en esa nueva situación.

Gracias a sus «cualidades», varios alumnos son elegidos para que adopten papeles de líderes temporales y específicos. Por ejemplo, la señorita Winters escogió a un muchacho de segundo curso para que ayudara a un alumno de párvulos a aprender a comportarse adecuadamente en el colegio. Más adelante, ese niño de párvulos pidió a ese mismo alumno de segundo curso que le ayudara con las matemáticas y la lectura. A estos alumnos se les denomina «líderes compañeros».

> La comunidad y los alumnos del colegio A. B. Combs han recogido más alimentos enlatados para el Banco de Alimentos de Carolina del Norte que cualquier otro colegio de la zona este de dicho Estado durante los últimos catorce años. Como debe ser, nuestra reciprocidad para con la comunidad sirve tanto al «niño» como a la «ciudad».
>
> KATIE TRUEMAN, asesora moral de A. B. Combs

También se presentan otras oportunidades de liderazgo para los alumnos gracias al interés que demuestra el colegio por realizar un servicio a la comunidad. Cada año, el colegio lleva a cabo algunos proyectos humanitarios ambiciosos, como trabajar con la Cruz Roja y con otras asociaciones benéficas con el fin de recaudar fondos destinados a personas necesitadas de su comunidad. Estos proyectos no están encabezados por los profesores ni por los administradores de la Asociación de Padres y Maestros, sino que son los propios alumnos los que los lideran, guiados por sus mentores adultos.

> Los alumnos de los colegios que aplican el liderazgo solicitan papeles de liderazgo en el seno del colegio con el fin de adquirir experiencia y pasar un buen rato. A continuación figuran algunos ejemplos extraídos de colegios como el A. B. Combs y el Stuard Elementary de Aledo, Texas.

| | |
|---|---|
| Cartero | Consejo de alumnos |
| Conservador de ciencias | Ayudante de tecnología |
| Trabajador de teatro | Personal de suelos |
| Ayudante de medios | Portavoz público |
| Club de reciclaje | Equipo de anuncios |
| Profesor de academia | Técnico de informática |
| Planificador de eventos especiales | Ayudante de educación física |
| Equipo verde de reciclaje | Líder de biblioteca |
| Maestro de música | Patrulla de objetos perdidos |
| Recibidor | Gabinete de liderazgo |
| Cuidador de animales | Ayudante de las noticias de la |
| Patrulla de seguridad | mañana |

Otro ejemplo de liderazgo que merece una mención especial es el de los alumnos implicados en el proceso de contratación de nuevos profesores. Cuando la lista de solicitudes de los nuevos

Uno de los papeles de liderazgo más populares entre los alumnos es el de ser la persona encargada de recibir a los invitados. Los alumnos aprenden a dar la bienvenida a los visitantes, les estrechan la mano y miran a los adultos a los ojos.

profesores se reduce, los alumnos líderes disfrutan de la oportunidad de entrevistarlos. Los alumnos líderes tienen fama de ser los entrevistadores más duros, aunque algunos son también los más receptivos. Los alumnos tienen un sexto sentido para descubrir a los profesores a los que les gustan los niños, algo que a los adultos les resulta difícil evaluar. Una solicitante fue rápidamente rechazada por los alumnos porque, tal y como comentaron con desagrado: «Ni siquiera sabía que éramos un colegio que enseñaba los 7 hábitos. No había hecho los deberes».

Permítame que ponga un ejemplo sobre cómo afectan los papeles de liderazgo de los alumnos a la cultura del colegio A. B. Combs. Una vez al mes, convocan a cada uno de los líderes de los alumnos para que representen a su clase durante una hora en un encuentro cara a cara con la directora. Durante esa hora, los líderes de los alumnos deben exponer qué cosas les gustaría que se hicieran de otra manera. Muriel nunca deja de sorprenderse al oír algunas de las sugerencias que le presentan los alumnos. Por ejemplo, su colegio tenía un código de cooperación del alumno (frente al «código de conducta» que tienen muchos colegios) que llaman MAGIA. Este acrónimo equivale a:

**M**odelo de conducta
**A**ceptar la responsabilidad
**G**enerar respeto
**I**ncrementar el nivel mediante el cumplimiento de los objetivos
**A**yudar

Cierto día, un alumno se puso en pie durante una de esas sesiones y dijo: «Señorita Summers, lo que hacemos aquí no es "magia", es trabajar muy duro». Por tanto, sugirió que se creara un nuevo código de cooperación y que le dieran un nuevo acrónimo, LÍDER, que equivale a:

**L**ealtad
**I**ncremento
**D**isciplina
**E**xcelencia
**R**endimiento

Muriel no pudo evitar sentirse impresionada con la idea de aquel muchacho, pero sabía que la palabra MAGIA estaba pintada en las paredes y en los carteles que estaban colocados por todo el colegio. Los alumnos ya estaban familiarizados con ella. Por tanto, cambiarla no sólo supondría una molestia, sino también un importante gasto. Sin embargo, también sabía que el chico tenía razón, de modo que al final optó por cambiar los carteles.

Así pues, todos los administradores, los profesores, los miembros de la plantilla y los alumnos del centro son líderes en el colegio A. B. Combs. Pero, una vez más, para conseguir que eso se convirtiera en una realidad había que realizar un importante cambio en la filosofía del centro, en lugar de una radical reorganización del cuadro organizativo del colegio. Como puede verse, subrayo el hecho de que esto supone un cambio de filosofía más que un cambio en el cuadro organizativo. Ello se hizo evidente cuando preguntaron a Justin Osterstrom, un profesor de cuarto curso del A. B. Combs, acerca de los beneficios que reportaba el tema del liderazgo. Observe si puede deducir de sus comentarios cómo el liderazgo en la escuela no es tanto un cargo o un título que ostenta una persona como una filosofía que impregna todo el colegio y su fe en las aptitudes que tienen los niños:

Aquí, el espíritu de los alumnos que se ayudan entre sí es muy intenso. A una niña que habla inglés y español le pidieron que ayudara a otra niña de México. Era una gran líder de compañeros y ayudó a su compañera a salir adelante. Es una de esas alumnas que no destacan de forma natural, pero aquí ha tenido la oportunidad de hacer algo importante.

Había otro chico que tenía un problema de conducta. La pobreza, un estatus socioeconómico bajo y otro tipo de factores similares estaban afectando negativamente a su rendimiento escolar. Un día lo enviaron al despacho de la directora por un problema de disciplina. En lugar de castigarlo, Muriel decidió apoyarlo dándole responsabilidad y haciendo que hablara sobre el liderazgo y el sistema de información del alumno para guiar a los visitantes. Aquello cambió completamente su conducta. El chico comenzó a desarrollarse y a pasar más tiempo con los compañeros que le influían de manera positiva. Sus calificaciones mejoraron. La influencia positiva que ejerció el colegio sobre él fue increíble; de hecho, pudimos constatar lo que puede hacer el liderazgo en un niño. Me siento privilegiado por haber tenido la oportunidad de presenciar ese cambio. Ese chico me hace sonreír.

En los otros colegios donde he estado, no vi que a los alumnos se les asignaran responsabilidades. Todo el poder recaía sobre los profesores. Aquí, los alumnos participaron en mi entrevista para conseguir este trabajo. Las preguntas que me hicieron los alumnos fueron más difíciles que las de los profesores. Estos alumnos son auténticos, no se trata de una fachada.

¿Ha advertido cómo un estudiante poco destacado se vio fortalecido cuando le convirtieron en mentor, cómo un alumno problemático se sintió importante cuando se le dio una responsabilidad y cómo otros alumnos se sintieron valorados al recibir la oportunidad de hacer la entrevista a los nuevos profesores?

En cualquier caso, los logros y las puntuaciones de los exámenes de un alumno tienen más importancia con el método del liderazgo. Nunca se dejan de lado. Pero los profesores saben que el objetivo más importante —el fin último que se tiene en mente— es dar rienda suelta al potencial de cada niño. Esto ha añadido una sensación de maestría a sus carreras profesionales, la sensación de que son auténticos líderes. Tratan de buscar el talento que tienen todos los niños, sus *dones*, y procuran encontrar la manera de exteriorizar, moldear y expandir esos dones. Y esto se aplica a todos los niños, no sólo a los alumnos considerados «dotados».

A algunos les parecerá algo impresionante; a otros quizá les resulte abrumador. De hecho, una de las cuestiones que se plantearon Muriel y los demás directores que no habían asumido el tema del liderazgo es: «¿Cómo se consigue todo esto? ¿Dónde se encuentra tiempo para llevarlo a cabo?». Sin duda, todos están muy ocupados. Pero si nos fijamos en sus horarios, descubriremos qué es lo que hace que estén ocupados: están muy atareados porque siempre piensan en el futuro, porque siempre están examinando los mejores métodos de otros colegios, creando estrategias para el mañana y conociendo a los alumnos y a los padres. En otras palabras, pasan mucho menos tiempo extinguiendo fuegos y tratando de tomar pequeñas decisiones que el director medio de un colegio. ¿Por qué? Porque han delegado su responsabilidad en los demás —incluyendo a los alumnos— para que lleven a cabo muchas de las tareas de liderazgo, y también porque hay menos fuegos que extinguir. Por tanto, dar oportunidades de liderazgo a los alumnos y dar rienda suelta al talento de los profesores no sólo es una parte fundamental del éxito del colegio A. B. Combs, sino que también puede ayudar a ahorrar tiempo y a llevar a cabo un liderazgo más adecuado.

## CÓMO HACER QUE TODOS ESTÉN PREPARADOS

Por supuesto, una de las principales tareas de alineamiento era diseñar los planes de preparación adecuados y disponer de los recursos necesarios tanto para los profesores como para los alumnos. El punto de partida natural fue empezar por los profesores, ya que ellos serían las personas encargadas de enseñar a los alumnos.

Desde el principio, el colegio A. B. Combs decidió no sólo preparar a todos los profesores, sino también a todos los miembros de su plantilla. Todos iban a ser líderes y todos tendrían que interactuar con los alumnos, de modo que ¿por qué no iban a prepararlos a todos? El primer año, la formación se concentró en los 7 hábitos y tuvo lugar en un periodo de tres días. Dicha formación se centró en aplicar los hábitos a la vida personal de los trabajadores del centro en lugar de concentrarse en el modo de enseñar los hábitos a los alumnos. El argumento que se esgrimió fue que a los adultos les resultaría difícil esperar que los alumnos aplicaran los 7 hábitos si ellos, como adultos, no los aplicaban también. Lo más positivo fue la unidad que generó ese periodo de formación en todos los trabajadores del centro.

El segundo año de formación se consagró a la educación de los trabajadores en los principios Baldrige y a la manera de utilizar las diversas herramientas de calidad. Esto suponía que habría que ayudar a todos los trabajadores a aprender la manera de aplicar los principios y herramientas de calidad como individuos, al tiempo que se ayudaba a los profesores a comprender cómo podían enseñar tales herramientas. Como miembros de la plantilla del colegio, se comprometieron a utilizar esas herramientas para sacar adelante el colegio y las diversas aulas, así como a ser responsables de su tarea. Muy pronto comenzaron a aparecer cuadros y gráficos por todas las salas del colegio y los datos proporcionados por los alumnos fueron a menudo objeto de debate en las reuniones.

A partir de entonces, todos los años se revisaban y actualizaban los 7 hábitos y las herramientas de calidad, principalmente durante las reuniones de calidad y desarrollo de los trabajadores. Al final resultó ser una manera extraordinaria de revitalizar el tema del liderazgo y de evitar que se convirtiera simplemente en un programa de corta duración. Pero la mejor formación que reciben los profesores es lo que sienten en su interior cuando se preparan para enseñar y se encuentran delante de los alumnos e imparten los principios, así como cuando aplican los 7 hábitos y son un ejemplo de los mismos. Cuanto más enseñan y aplican los principios del liderazgo, más aprenden de sí mismos.

En cuanto a los alumnos, ya sabemos algunas cosas sobre cómo se les enseñan los 7 hábitos y las herramientas y los principios de calidad. Pero ahora quisiera añadir que, aunque en los primeros años los adultos ya disponían de materiales de formación perfectamente probados y profesionales, para los alumnos todavía no existía nada. Por tanto, los profesores tuvieron que empezar prácticamente de cero. Tanto de manera independiente como sinérgicamente, diseñaron planes de lecciones, recursos para los padres, métodos de disciplina, tablones de anuncios, listas de libros, videoclips, música, proyectos de ciencia, juegos, etc. Llegaron a crear recursos maravillosos.

> Una de las cosas que el modelo de liderazgo anima a hacer a los niños es ponerse delante de la clase y hablar en público. Hace poco nuestro hijo Walter, que estudia quinto curso, fue elegido presidente del alumnado y fue capaz de pronunciar su discurso sin perder la calma delante de las setecientas personas que se habían reunido en el gimnasio. Ver cómo entraba en la sala, se ponía delante de la audiencia y hablaba con una voz tan natural y encantadora a todas esas personas fue como observar el punto culminante del modelo de liderazgo. Lo más hermoso de todo es que comenzó a aprenderlo cuando tenía 5 años y estaba en el parvulario. Por tanto, cuando llegó a quinto no le supuso un gran salto. Comenzó poco a poco y fue aplicando el método de forma progresiva. Aquel discurso no fue más que el siguiente paso. Y para él resultó ser algo completamente natural.
>
> STEVE y HELEN VOZZO

Los alumnos como Walter Vozzo (que aparece en esta imagen hablando a 140 adultos) tienen muchas oportunidades de hablar delante de grupos, tal y como advirtieron los padres de Walter.

En la actualidad, las cosas son un poco distintas. Se han creado multitud de recursos y los profesores siguen ideando infinidad de recursos nuevos de manera continua. De hecho, aunque algunos de ellos podrían parecer un tanto intimidatorios, los profesores que desarrollan el tema del liderazgo en otros colegios están descubriendo que hay menos personas implicadas de las que pensaban. Descubrieron que en cualquiera de las lecciones de literatura, de historia, de ciencias o de geografía que habían impartido antes ya estaban implícitos muchos componentes de los hábitos. Simplemente tenían que añadir un par de comentarios para presentar esos hábitos o esos conceptos a los alumnos. Y en muchos casos, especialmente en los cursos superiores, ni siquiera tienen que hacerlo, pues los alumnos aprenden a extraer los hábitos de las lecturas por sí mismos, incluso cuando se encuentran en párvulos.

Aunque actualmente se pueden encontrar muchos ejemplos notables de planes de lecciones y de actividades basadas en recursos como la página web de *El líder interior*,* creo que la mayoría de los profesores coincidirían conmigo en que la mejor o la principal manera de enseñar a los alumnos los principios de liderazgo no pasa sólo por los planes de estudio o las actividades que se desarrollan en clase, sino por: 1) que los profesores sean un modelo de los hábitos, y 2) que los alumnos tengan la oportunidad de poner en práctica los principios de liderazgo. Todo eso comienza desde el parvulario y prosigue hasta que pasan al siguiente curso. Desde el primer día ven a los profesores y a los trabajadores del colegio predicar con el ejemplo. Trabajan en equipos, se les asignan papeles de liderazgo y tienen muchas ocasiones para poner en práctica esos principios. Al cabo de unos cinco años, para ellos se convierte en algo completamente natural.

## LA CELEBRACIÓN DE LOS ÉXITOS

Uno de los sistemas más complejos para alinear cualquier organización es el sistema de gratificaciones. Siempre da la sensación de que nadie se siente completamente feliz con el sistema

* <TheLeaderInMeBook.org>.

de gratificaciones que se aplica. Sin embargo, aunque era consciente de que sería una tarea difícil, el colegio A. B. Combs también sabía que necesitaba alinear su sistema de gratificaciones con el nuevo tema del liderazgo si quería reforzar y mantener el nuevo tema. Y, una vez más, ésta fue un área en la que la creatividad de los profesores destacó de manera notable.

Deje que le ponga un ejemplo. Dos de los rasgos del liderazgo que los profesores deseaban reforzar en los alumnos eran la creatividad y el espíritu de trabajo. Uno de los métodos que utilizaban para calificar era lo que llamaban la «escala de la hamburguesa». Básicamente, consiste en que, cuando un profesor asigna un proyecto, los alumnos reciben una calificación en una escala de uno a cuatro que se basa en la siguiente metáfora: una persona entra en un restaurante y pide una hamburguesa. A continuación, su tarea consiste en calificar el servicio que recibe utilizando una escala de uno a cuatro:

| | |
|---|---|
| **Nivel 1:** | Tiene que esperar mucho tiempo y lo que le sirven no es lo que ha pedido. A cambio, recibe una montaña de patatas grasientas y sin sal. |
| **Nivel 2:** | Le sirven la hamburguesa a tiempo, pero está medio fría y le falta el queso y el condimento que esperaba. |
| **Nivel 3:** | Le sirven una hamburguesa recién sacada de la parrilla que tiene todo lo que esperaba. Le ponen lo que había pedido. |
| **Nivel 4:** | Su hamburguesa es justo lo que quería y el camarero dice: «Hoy también voy a servirle algunas patatas fritas y un batido gratis». Sin duda, es más de lo que esperaba. |

Cuando los profesores utilizan esta escala, los alumnos saben que un 3 es una puntuación muy buena en un proyecto, pero les brillan especialmente los ojos cuando consiguen un 4, porque saben que han ido más allá de sus expectativas tanto en lo que atañe a la creatividad como al espíritu de trabajo. Y les agrada mucho saber que el profesor se ha dado cuenta de ello.

He aquí otro de los sistemas de gratificación que han establecido. Una de las normas que exige el Estado de Carolina del Norte es que los alumnos aprendan modales básicos. Por supuesto, los profesores podrían decir a los alumnos que se sentaran, se cruzaran de brazos, cerraran la boca y escucharan mientras se les enseñan modales. Pero no lo hacen, sino que en lugar de ello, presentan un reto a los alumnos desde el primer año. Si con el tiempo demuestran un buen rendimiento en algunas de las áreas específicas, la clase será invitada a un almuerzo especial en la cafetería servido en bandeja de plata y con la mejor comida que sirva ese establecimiento. A los alumnos se les hace la boca agua al pensar en ello, de modo que se ocupan por sí solos de que todos sus compañeros cumplan con los requisitos. Trabajan muy duro por recibir ese honor y, una vez que lo consiguen, descubren que antes de empezar a comer deben aprender para qué sirven «todos esos tenedores», qué tienen que hacer con las servilletas, cuándo se permite empezar a comer, etc. No es difícil visualizar a esos niños de quinto curso sentados en fila a lo largo de la mesa pasándoselo en grande. Casi nunca se dan cuenta de que están aprendiendo modales o cumpliendo con una norma estatal. Simplemente piensan que les están dando una recompensa por su trabajo y, en cierto modo, así es.

Los profesores insisten mucho en que los alumnos sean gratificados por demostrar liderazgo, y no sólo por sus méritos académicos. Debbie Powell, por ejemplo, la líder de educación física del colegio, recompensa a los alumnos que son ejemplo de los 7 hábitos durante la clase de educación física. Existe una competición en el condado que se llama «primero en preparación física», en la que los mejores deportistas pueden competir como lo hacen en un colegio. Se selecciona a cuarenta alumnos para que representen al centro A. B. Combs, pero esos alumnos saben que el deporte por sí mismo no hará que sus nombres aparezcan inscritos en la lista de admitidos. También deben ser un modelo a seguir en los 7 hábitos. Por ejemplo, tienen que demostrar iniciativa manteniendo bajo control sus emociones. Deben «empezar con un fin en mente», marcarse objetivos y «establecer primero lo primero» por medio de la práctica y del descanso.

Los alumnos disponen de otras formas de recibir gratificaciones. Cada aula elige a su «líder de la semana», un cargo en el que se van turnando todos los alumnos. Los estudiantes se reconocen durante las noticias de la mañana que se televisan en todo el colegio. Se llevan a cabo celebraciones regulares y ceremonias de entrega de premios tanto en el colegio como en las diversas clases. Pero, además de las fiestas y los premios, los verdaderos sistemas de gratificaciones que hay en el colegio se basan en las cuatro fuentes de paz mental, las cuatro necesidades básicas: física, socio-emocional, mental y espiritual. Los alumnos del colegio A. B. Combs son recompensados de alguna manera en esas cuatro disciplinas casi todos los días. Llegar cinco días a la semana a un lugar donde se sienten a salvo, donde son reconocidos y queridos, donde estimulan su creatividad y su mente, donde pueden participar en importantes proyectos, donde escuchan a los profesores, los administradores, los padres y a los amigos llamarles por su nombre y dirigirse a ellos como líderes, donde se les enseñan sus cualidades y donde saben que están siendo preparados para conducir su propia vida a lo largo de su existencia, es la mayor recompensa que un niño podría querer.

El mero hecho de ir al colegio cada día puede ser una recompensa. Tal y como lo explica Muriel: «Los niños nos oyen elogiarles en todo momento. Nos oyen darles las gracias. Les decimos todos los días lo mucho que les queremos y todo lo que los apreciamos. Nuestro centro cuenta con novecientos alumnos y para nosotros es importante conectar cada día con todos ellos, aunque sólo sea a través de las noticias de la mañana. Eso forma parte del sistema esencial de valores que tenemos en este centro. Queremos que los niños sepan que creemos en ellos».

En cuanto a los profesores y a los demás trabajadores del centro, sus gratificaciones son principalmente de tipo interno. El colegio A. B. Combs ha recibido varios premios, Muriel ha sido nombrada Directora del Año y algunos profesores han sido homenajeados públicamente. Pero todos los profesores prefieren contar las historias de los alumnos cuyas vidas han cambiado como consecuencia del método del liderazgo o narrar alguna actividad que haya llevado a cabo un profesor al aplicar dicho método. Todos los profesores tienen alguna anécdota de esa clase y han sentido ese tipo de gratificaciones internas. Y lo mismo sucede con los padres. Todos ellos consideran que las principales recompensas *no* son las que se reciben en una asamblea o en una clasificación elaborada al final de año, sino que se encuentran en lo que pasa en la mente y el corazón de esos jóvenes estudiantes.

Los premios y diplomas se presentan cada semana en las aulas, en las asambleas escolares y en las noticias de la mañana. Las gratificaciones subrayan el trabajo en equipo y las aptitudes para ser líder, y no sólo las calificaciones obtenidas en los exámenes.

> Una vez enviaron a este colegio a una niña que era muy tímida. Al cabo de una semana, se colocó delante de todo el colegio y demostró una actitud muy confiada. Su padre no paró de decir: «No puedo creer que se trate de mi hija». Esta actitud es consecuencia de las expectativas que nos marcamos para el colegio y para nuestros alumnos. Ellos alcanzan el nivel de expectativa que establecemos para ellos.
>
> KAREN DEVOSS, profesora de Dewey Elementary, Quincy, Illinois

Antes de concluir esta sección, no quiero pasar por alto el hecho de que los sistemas de gratificación tienen siempre dos caras: 1) el reforzamiento de la buena conducta y 2) la corrección de una conducta inaceptable. Es probable que haya oído decir que, cuando un «mal» tipo ha sido duramente castigado, «ha recibido su recompensa».

Disciplinar a los alumnos y a una clase supone un problema en cualquier colegio. La buena noticia es que una de las primeras cosas que escuchamos en los colegios que han puesto en marcha el tema del liderazgo es que los problemas de disciplina se reducen de manera significativa. De hecho, algunos profesores han insistido en que el principal beneficio que reporta el liderazgo es que ayuda a la gestión de la clase y a la disciplina de todo el colegio.

En un día cualquiera, no son pocos los alumnos que sufren estrés en casa y van al colegio agitados. Por tanto, nadie en el centro A. B. Combs trata de ocultar el hecho de que de vez en cuando se presentan problemas de disciplina que tienen que ser atajados. Pero lo cierto es que esos incidentes son cada vez menos frecuentes, pese al notable incremento que se ha producido en el número de alumnos. Los profesores de todos esos colegios enseguida nos explican la diferencia que se nota en la clase. Tal y como señaló un profesor: «Aunque sólo se ahorran diez minutos al día por no tener que detener la clase para solventar un problema de conducta, esos diez minutos son muy importantes, no sólo por la cantidad de tiempo que se puede dedicar al aprendizaje, sino por las condiciones en las que se les permite aprender a los niños». Resulta muy difícil motivar a un niño a aprender cuando se siente amenazado física o emocionalmente. Por esta razón, el colegio A. B. Combs está firmemente convencido de que cuando aparece un problema de disciplina, debe resolverlo de manera proactiva (es decir, no de forma emocional), teniendo el fin en mente y estableciendo primero lo primero, al tiempo que piensan en ganar/ganar, trata primero de comprender y aplica la sinergia a terceras alternativas. Y como los alumnos han aprendido esos principios, generalmente resuelven ellos mismos los problemas, utilizando la estructura de los 7 hábitos.

ALINEADOS PARA TRIUNFAR

Había otros elementos del colegio que el centro A. B. Combs necesitaba alinear con el nuevo tema del liderazgo antes de aplicarlo, por ejemplo, los canales de comunicación, los presupuestos y los recursos. Y no olvide que comenzamos este capítulo afirmando que, en muchos casos, ese trabajo de alineación se suele omitir o se ignora cuando se lleva a cabo algún tipo de cambio. Esto sucede tanto en los colegios como en los hogares y en nuestra vida privada. De ahí que no se lleve a cabo y que nunca se consiga incorporar esos sistemas. Y por esta misma razón, la mayoría de las grandes ideas no se pueden mantener durante mucho tiempo.

Así pues, para concluir este capítulo, quiero subrayar el hecho de que el colegio A. B. Combs no se limitó a concebir una visión, una misión y una estrategia y luego dijo a todos: «Adelante, haced esto. ¡Estáis capacitados! ¡Pasadlo bien! Demostradnos cómo se hace». No, antes de poner en marcha el nuevo tema, se dedicaron a pensar e hicieron todo lo necesario para conseguir que las personas interesadas se embarcaran en su proyecto. Diseñaron una estructura alineada e institucionalizaron una filosofía basada en la capacitación personal. Proporcio-

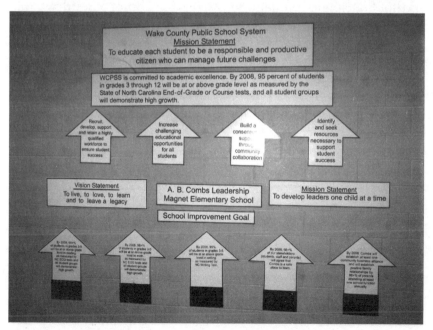

Actualmente, el colegio A. B. Combs ha alineado sus flechas, tal y como se ilustra en este diagrama que se ha colgado en el exterior de las oficinas administrativas.

naron a las personas la formación que necesitaban. Y pusieron en práctica el sistema de gratificaciones que serviría de apoyo y sostendría sus esfuerzos. Eso no quiere decir que todo tuviera que estar en perfecto orden, ni tampoco que un colegio no pueda ponerse en marcha sin una supervisión generalizada. Simplemente quiere decir que basta con pensar un poco y esforzarse en alinear los sistemas y los procesos antes de pasar a su plena aplicación para que puedan tener el mayor impacto posible. La ausencia de este paso es una de las principales razones, por no decir la principal, por la que los intentos de introducir cambios fracasan en los colegios, en las empresas y en los hogares. Lo cierto es que la tarea que se ha llevado a cabo en el centro A. B. Combs ha contribuido en gran medida a que el tema del liderazgo se haya mantenido durante largo tiempo.

Y desde esos primeros días, el colegio A. B. Combs ha seguido alineando una y otra vez sus flechas. Sin embargo, en la actualidad Muriel es la primera persona en afirmar que no todo está perfectamente alineado. El colegio A. B. Combs todavía tiene mucho trabajo por delante. Pero están comprometidos a mejorar continuamente. No se quieren dormir en los laureles de su éxito. Como consecuencia de ello, todos los trabajadores pueden ir a trabajar cada día con tranquilidad, sabiendo que el colegio A. B. Combs ha recorrido una notable distancia para conseguir que las flechas del colegio se alineen mucho más y al menos señalen en la dirección adecuada.

# 5
# DAR RIENDA SUELTA A UNA CULTURA DE LIDERAZGO

> Si no sabe cómo ejecutar un proyecto, todos sus es-
> fuerzos como líder siempre serán menos que la suma
> de sus partes.[1]
>
> LARRY BOSSIDY y RAM CHARAN

Hasta ahora no he hecho más que exponer algunos retazos sobre cómo el colegio A. B. Combs diseñó su misión y su visión y cómo sus trabajadores crearon una estrategia. También he indicado que, antes de poner en marcha el nuevo método del liderazgo, hicieron una pausa durante el tiempo necesario para alinear los componentes claves del colegio. En este capítulo presentaré una visión general de todo lo que sucedió cuando finalmente llegó el momento de poner en marcha el ansiado proyecto. Por supuesto, en los capítulos anteriores ya he hecho algunas «presentaciones preliminares» de lo que sucedió cuando los profesores trasladaron el tema del liderazgo a los alumnos, pero este capítulo ofrecerá más detalles. No obstante, conviene tener presente que este proceso no se implantó de la noche a la mañana. El colegio A. B. Combs lleva casi una década enseñando el tema del liderazgo y gran parte de las elementos que aparecen en este capítulo —e incluso en los capítulos anteriores— se fueron consiguiendo paso a paso, ya que aparecieron de forma gradual a lo largo del tiempo.

Cuando por fin llegó la hora de ponerse en marcha, podemos imaginar lo dispuestos que estaban los profesores a empezar. Pero dado que nunca habían visto cómo se aplicaba el método del liderazgo en ningún otro colegio, ponerse en marcha requería un importante esfuerzo de fe, y de ahí que estuvieran algo nerviosos. Tal y como lo describe Muriel: «Sabíamos que estábamos preparados para sacar adelante el nuevo método del liderazgo, aunque en el fondo de nuestros corazones no podíamos evitar suspirar profundamente y preguntarnos: "¿Realmente seremos capaces de aplicar este método? ¿Podemos hacerlo sin contar con más ayuda que nosotros mismos?". Cada vez que nos preguntábamos eso la respuesta era un rotundo "sí". Era algo que sentíamos en todo nuestro ser. Nuestras respuestas fueron unánimes: "Será un trabajo fruto del amor. ¡Podemos hacerlo!"». Esa actitud de «podemos hacerlo» no sólo se contagió a los demás profesores, sino que les permitió superar todos los baches y los problemas imprevistos con los que al principio se fueron encontrando. El resultado final de ese esfuerzo fue una cultura que llevó al colegio a ganar muchos premios.

La «cultura» de un colegio es consecuencia de las conductas combinadas de las personas que participan en ese centro en particular. A veces dicen que es «el modo como hacemos las cosas en este centro». La cultura no es la misión, la visión o la estrategia que se imprime en una hoja o se cuelga en una pared. La cultura no es la lista de los valores del centro ni el manual de conducta del mismo. Tampoco es algo que se proclama a viva voz sino que refleja cómo se comportan realmente las personas y cómo se tratan entre sí a lo largo del tiempo. La cultura es algo que se puede ver, sentir y escuchar.

No es ningún secreto que la cultura de un colegio tiene un impacto directo en el aprendizaje de los alumnos. Pero, lamentablemente, la cultura de un colegio de primer orden no es algo que esté guardado en un estuche y acompañado de una clara lista de instrucciones numeradas. No se puede desarrollar con una fórmula dada. A todo ello hay que añadir que la cultura no es algo que pueda crear una sola persona, y no es una buena señal que una sola persona o un grupo trate de llevarse los honores de haberla creado.

Como su agenda está cargada de problemas y dificultades a los que deben enfrentarse, muchos directores argumentan que simplemente no tienen tiempo para ocuparse de la cultura y mucho menos para crear una nueva. Por tanto, aunque se han publicado libros excelentes, escritos por educadores y destinados al gremio docente, que hablan sobre la creación de una cultura, muchos intentos de crear o retocar una cierta cultura acaban convirtiéndose en algo débil o que «simplemente pasó porque sí». Para ser justos, debemos decir que lo mismo sucede con las culturas de muchas empresas y equipos de trabajo. Por tanto, aplaudo con entusiasmo al colegio A. B. Combs y a las personas que trabajan en otros colegios que han adoptado el tema del liderazgo por haber tenido el valor suficiente para trabajar en la cultura de sus colegios, a pesar de tener que enfrentarse a tantas presiones.

Para describir la tarea que llevó a cabo el colegio A. B. Combs a la hora de crear su cultura de liderazgo, voy a partir del método que aplicaría un antropólogo para describir una sociedad, sea antigua o moderna. Aunque no me jacto de ser un experto en antropología, sé muy bien que los antropólogos intentan observar y estudiar una serie de factores que, en su opinión, son los que reflejan la cultura de una sociedad, entre los que incluyen:

- La conducta
- El lenguaje
- Los artefactos
- Las tradiciones (rituales)
- El folclore

Utilizando estos factores a modo de guía, analizaremos la tarea que ha llevado a cabo el colegio A. B. Combs para crear una cultura de liderazgo y potenciar el éxito de sus alumnos.

LA CONDUCTA

Comienzo con una de las actividades clave del centro A. B. Combs en la creación de su cultura. Aquí es donde empieza todo. Como verá, el centro A. B. Combs se toma tan en serio el problema de la cultura que dedica la mayor parte de la primera semana del curso escolar a trabajar con los alumnos en la creación o recreación de la misma. Ha leído bien: una semana completa. Y todos los años.

> Dedicamos aproximadamente una semana a utilizar la obra de Harry Wong en los primeros días de clase. Llevamos haciéndolo mucho tiempo, pero las cosas que se llevan haciendo desde hace tiempo siguen manteniéndose por una razón: porque funcionan. Por tanto, dedicamos la primera semana de clase a enseñar a los niños únicamente cómo van a ser líderes en este colegio.
>
> PAULA EVERETT, profesora del centro A. B. Combs

Durante esa primera semana no enseñan las asignaturas principales sino que, por el contrario, revisan los 7 hábitos y redactan su declaración de intenciones. Hablan de lo que es la responsabilidad. Hacen que los niños creen, presenten sus solicitudes y hagan entrevistas para asignar los papeles de liderazgo de la clase y del colegio. Marcan unos objetivos a los estudiantes y a la clase y configuran sus cuadernos de datos. Piden a los alumnos que ayuden a redactar los códigos de cooperación de la clase, es decir, a establecer qué tipo de conductas «son» y «no son» aceptables. Hacen dibujos para los tablones de anuncios que se encuentran en los vestíbulos y en las aulas. Y todo ello se hace durante la primera semana de clase, siempre de tal modo que resulte atrayente y divertido.

Puede parecer extraño dedicar toda una semana a establecer la cultura del centro, pero el colegio A. B. Combs no lo considera algo desorbitado en absoluto. Una de sus principales razones es que así se aseguran de que los alumnos se conocen entre sí y se sienten «conectados», tanto con los compañeros nuevos como con los veteranos. Ayudar a los alumnos a sentirse conectados es lo que evita y elimina muchos de los problemas de disciplina antes de que el curso haya comenzado. Saben que sólo cosecharán lo que hayan cultivado y, por tanto, tienen mucho cuidado de cultivar las cosas adecuadas desde el primer día, asegurándose de que están preparando el terreno y plantando las semillas apropiadas. Una vez más, todo consiste en aplicar la «ley de la cosecha».

Desde luego, los 7 hábitos no son las únicas conductas que se enseñan y destacan en el colegio durante esa primera semana. Los modales básicos y la etiqueta son también muy importantes. Además se enseña a los alumnos a acudir a los lugares en parejas. Se les enseña que una buena higiene y un adecuado aseo personal forman parte de las características de un líder. Se les alienta a recibir a los visitantes, a mirarlos a los ojos y a darles la bienvenida al colegio. Se les enseña a contestar «sí, señora» y «sí, señor». También se fija el modo en el que pretenden recompensar la buena conducta. Como consecuencia de ello, la buena educación y la conducta responsable se han convertido en «una forma de hacer las cosas» en el colegio A. B. Combs, en una parte de su cultura cotidiana.

## El lenguaje

El lenguaje que se habla en los pasillos refleja en gran medida la cultura que existe en el colegio A. B. Combs. Constantemente se oyen frases como «Aquí hacemos hincapié en las posibilidades», «Todos los días les decimos que los queremos», «Nos concentramos en lo que pueden hacer, no en lo que no pueden hacer», «Nos centramos en lo positivo», «Todos los niños son importantes». Las citas y los carteles de anuncios colocados estratégicamente en las paredes de todo el colegio transmiten el mismo mensaje.

Cuando una mañana dos de nuestros consejeros de FranklinCovey se presentaron en el centro A. B. Combs sin previo aviso para mantener un encuentro, al bajar del coche oyeron hablar a Muriel por el sistema de megafonía del colegio: «Niños, sois maravillosos —decía—. Ayer hicisteis un trabajo fantástico al cumplir con vuestras responsabilidades. No tengo palabras para expresar lo mucho que os respeto… lo mucho que os quiero». Uno de los consejeros se dirigió al otro y le dijo: «¿Cómo puede salir un niño de este colegio después de pasarse ocho horas escuchando diariamente mensajes como ése y no sentirse de alguna manera una persona especial o querida?».

Cuando los alumnos entran a sus aulas, tanto el profesor como un compañero elegido por ellos —«el líder del día»— se encuentran allí para recibirlos en la puerta. Normalmente se dan la mano y dicen el nombre del alumno y muchas veces añaden algún comentario amable sobre el aspecto que presenta el alumno o sobre algo relacionado con cualquier logro que haya conseguido recientemente. Es raro que un niño pase un día sin que se le llame por su nombre o sin recibir algún tipo de cumplido.

Lo que los alumnos escuchan cada día en el colegio A. B. Combs es que son importantes, que se preocupan por ellos y que pueden ser líderes a su manera todos los días.

Antes he mencionado en alguna ocasión el programa de noticias de la mañana del colegio. Gracias al dinero obtenido en una subvención y a la destreza del instructor de tecnología, Randall Miller, cada mañana se retransmite un programa de televisión a todas las aulas. Los líderes de los alumnos dirigen el equipo y ayudan a redactar el guión. Poco después de que suene el timbre, comienza el programa de noticias. Un alumno imparte una breve lección sobre uno de los hábitos, después de la cual anuncia junto con otros alumnos los cumpleaños y los logros más importantes y nombra a los líderes de la semana. En ocasiones se representa una obra teatral sobre el liderazgo. Si les visita un personaje especial, todos los estudiantes se informan acerca de él a través del programa. La mayoría de las partes habladas son dirigidas por los alumnos, aunque siempre se reserva un tiempo para Muriel o para alguno de los demás administradores. Pero incluso en ese caso, el mensaje que se transmite a los alumnos es: «Os queremos. Sois unos líderes destacados. Éste es un ejemplo de cómo aplican los alumnos uno de los hábitos». Y todo ello tiene lugar en los primeros quince minutos del día. Es su manera de «empezar con un fin en mente» y de «establecer primero lo primero».

Y lo mismo sucede con los profesores. Comienzan el día formando un corrillo en el pasillo. El colegio tiene una serie de canciones inspiradoras que los alumnos y los docentes han elegido, y cuando la música sale por los altavoces de megafonía quince minutos antes de que suene el timbre de la primera clase, los profesores salen al pasillo y forman un equipo. Mientras forman el corrillo, comparten cualquier cita que les sirva de inspiración, algún hecho destacable que haya sucedido el día anterior, un acontecimiento especial de su vida personal y, por supuesto, cualquier cosa que necesiten coordinar y que esté relacionada con los alumnos. De vez en cuando, los encuentros en los pasillos se utilizan también para exponer los problemas y celebrar los éxitos que se hayan producido en todo el colegio. Lo importante es que, con esa estrategia, es casi imposible que un profesor se sienta en el colegio A. B. Combs como si fuera una isla solitaria.

Una de las maneras de reforzar con frecuencia el lenguaje de los 7 hábitos es a través de la música. Los alumnos aprenden una serie de canciones que están llenas de pensamientos y valores positivos. Algunas canciones son originales, pero la mayoría de ellas son tonadas populares que los alumnos ya conocen. De vez en cuando, un profesor adapta una canción para que encaje con el lenguaje de los 7 hábitos. Cada clase parece tener su tonada preferida, aunque el coro del colegio tiene su propia serie de grandes éxitos. La música es una de las herramientas preferidas para enseñar los 7 hábitos en todos los colegios que están desarrollando el tema del liderazgo.

Cuando se pregunta a los profesores qué han hecho los 7 hábitos por su colegio, uno de los aspectos que suelen destacar es que los hábitos les han proporcionado un lenguaje común. El lenguaje de los 7 hábitos se utiliza en las clases de matemáticas, ciencias, historia, literatura, educación física, arte; prácticamente en todas las asignaturas. Se manifiesta en casi todas las reuniones o actividades. Es el lenguaje común que se utiliza para afrontar los problemas de disciplina. Se puede escuchar durante las asambleas. Ha calado tanto en el colegio que nadie se para siquiera a pensar en él. Simplemente es algo que sale solo.

En resumen, ensalzar las posibilidades de los niños y expresar su firme creencia en ellas es el lenguaje que se emplea en el colegio A. B. Combs.

## LOS ARTEFACTOS

Un antropólogo que estudie una cultura antigua es incapaz de observar la conducta de esa cultura o de escuchar su lenguaje hablado. Por tanto, lo que debe hacer es estudiar los artefactos que descubre: vasijas, obras de arte, herramientas, edificaciones, etcétera. De todos estos «objetos» deduce cómo podría haber sido la cultura de esa civilización antigua. Pues bien, si un antropólogo visitara el colegio A. B. Combs y tratara de deducir su cultura basándose únicamente en los «objetos» que puede observar en sus pasillos, en las aulas y en los patios, podría sacar muchas conclusiones.

Aunque en los últimos años se han construido algunos edificios adjuntos al colegio, la mayor parte del A. B. Combs es una instalación que tiene cincuenta años. Pero no transmite las mismas sensaciones de antes. Tal y como descubrieron los Patel, el simple hecho de atravesar la puerta principal es una experiencia cautivadora. A corta distancia, los visitantes se encuentran con carteles, murales y dibujos que expresan la misión y la declaración de intenciones del colegio. Cada uno de los vestíbulos está decorado con un dibujo que enfoca el tema del liderazgo de una manera u otra. Los pasillos están etiquetados con letreros de calles que llevan el nombre de uno de los hábitos o de algún otro tema relacionado con el liderazgo. En una pared se exponen fotografías de los líderes que han visitado el colegio. Otra muestra a líderes mundiales de cuyas vidas los alumnos han aprendido algo. Las banderas internacionales ondean fuera del centro multimedia con la intención de representar a las diversas nacionalidades de los alumnos. En lugares destacados se escriben citas en perfecta caligrafía para inspirar y fomentar todo el potencial de los niños. Es difícil entrar en cualquier pasillo sin sentir deseos de detenerte a leer.

En primavera, los alumnos realizan una exposición. Todos los estudiantes —no sólo los que poseen dotes artísticas— expo-

El Distrito de Colegios Independientes de Texarkana ha construido su cultura en torno a la filosofía del ganar/ganar y a una búsqueda de entendimiento con los padres y los trabajadores.

nen una obra de arte en alguna parte del edificio. Es una exposición magnífica no sólo de arte, sino también de esperanza, de sueños, de inspiraciones. La exposición artística transmite constantemente el siguiente mensaje a todos y cada uno de los alumnos: «Eres una persona importante, tienes muchos dones y mucha capacidad». Ahí es donde se alimentan los sueños y los talentos.

Cuando entran en las aulas, los visitantes encuentran colgados en las paredes la declaración de principios de la clase, citas estimulantes y algunas aplicaciones divertidas de las herramientas de calidad, como por ejemplo «las papeleras de problemas», donde los alumnos pueden depositar sus preocupaciones sobre una nota adhesiva para hablar sobre ellos más adelante. Los visitantes también se encontrarán con obras de arte que ilustran los hábitos, y gráficos y cuadros que indican a los alumnos en qué punto se encuentran como clase en relación a los objetivos que se haya marcado la misma. Toda la sala está llena de ideas y de expresiones creativas, pero la clave está en que todo ello refuerza el tema del liderazgo y los objetivos que se haya marcado la clase. No se trata simplemente de obras o pensamientos aleatorios.

También se ha hecho un gran trabajo en la limpieza de la fachada del colegio. Además de implicar a los líderes de los alumnos en la tarea de mantener limpios y vistosos los patios, los miembros de la comunidad se han unido para realizar varias mejoras. Por ejemplo, se unieron a los alumnos para acondicionar un área abierta en el centro del colegio. Lo que antaño no era más que un suelo árido ahora es una zona ajardinada con amplias sombras de árboles donde los profesores pueden llevar a los alumnos a leer y a compartir ideas. Un jardín formado por un mosaico de rocas y flores fue creado por un artista profesional. Y si los artefactos pudieran hablar, el nuevo anfiteatro nos diría que los padres aportaron tiempo y dinero para montar un escenario y unos bancos al aire libre a fin de que el colegio contara con un lugar donde todos los alumnos pudieran reunirse al mismo tiempo.

> Aunque las organizaciones pueden defender la necesidad de un cambio en la política o en los procedimientos, no promueven ningún cambio en las actitudes, las creencias o las conductas. [...] El concepto de cultura cambiante puede parecer muy simple, pero cambiar una cultura no es como cambiar la decoración.[2]
>
> RICHARD DUFOUR y ROBERT EAKER,
> *Professional Learning Communities at Work*

Efectivamente, en el colegio A. B. Combs la cultura y el tema central del colegio es algo completamente visible allá donde mires. Casi todos los dibujos o carteles tienen una historia y un propósito subyacente. Ahora bien, esto no quiere decir que la cultura sea una cuestión cosmética. Un colegio no puede cambiar su cultura simplemente pintando las paredes o colgando algunos carteles atractivos. La cultura no es una cuestión de decoración. No obstante, la belleza y el entorno de un colegio pueden contribuir en gran medida a la creación de una atmósfera que fomente el rendimiento académico y la paz mental de los alumnos.

## LAS TRADICIONES

Todas las culturas tienden a desarrollar tradiciones, y el colegio A. B. Combs no es una excepción. A lo largo de los años el centro ha desarrollado una serie de tradiciones que fueron diseñadas para cumplir con cinco propósitos: 1) dar a los alumnos la oportunidad de ser líderes; 2) crear relaciones entre alumnos, profesores, familiares y amigos de la comunidad; 3) completar los requisitos académicos del distrito o del Estado; 4) reforzar valores del colegio como el servicio a la comunidad; y 5) crear recuerdos perdurables en los alumnos.

Entre las tradiciones más populares del centro A. B. Combs destacan las siguientes:

**El Día del Liderazgo**: para responder a muchas de las peticiones de educadores que quieren ver el colegio, el colegio abre sus puertas dos veces al año a los invitados que se hayan registrado previamente. Los alumnos enseñan a los visitantes lo que significa el liderazgo en el colegio A. B. Combs. Realizan arreglos musicales, sirven comidas, pronuncian breves discursos, muestran sus cuadernos de datos, enseñan los hábitos, guían a las visitas y muestran otros talentos ligados al liderazgo. Más de cuatrocientos líderes-alumnos participan en los eventos del día, generalmente para deleite de los invitados. El número de invitados es reducido, debido a que el interés despertado excede la capacidad del colegio.

**El Baile de Inauguración**: este evento tiene lugar en otoño, después de las elecciones de los representantes del alumnado. Este acontecimiento es, por un parte, un baile social ordenado por el Estado y, por otra, una celebración de la democracia. Los líderes de los alumnos planifican y conducen las actividades de la gala, entre las que se incluye el juramento de los nuevos líderes de los alumnos. Se ha convertido en algo tan popular que actualmente lo organizan en otro lugar, ya que más de mil alumnos y familiares disfrutan de esta celebración. Aunque todos los alumnos participan en uno o varios bailes, los líderes del baile siempre ofrecen los números más arriesgados.

**El Festival Internacional**: alimentos y bailes procedentes de todos los lugares del mundo se dan cita en este acontecimiento donde cada cual aporta su granito de arena. A los familiares y los miembros de la comunidad se les invita a probar manjares procedentes de todos los rincones del planeta. También ha tenido que cambiar su lugar de celebración debido al aumento de los asistentes. Los líderes de los alumnos ejercen de maestros de ceremonias y de líderes del acontecimiento.

**El Almuerzo en Bandeja de Plata**: los alumnos de quinto curso disfrutan de la oportunidad de acudir a un almuerzo especial donde se les enseñan modales básicos y etiqueta en la mesa. Este acontecimiento, que siempre tiene mucho éxito entre los alumnos, también cumple con un requisito estatal, pero no se lo diga a los niños, pues ellos piensan que es una recompensa y que no se trata más que de un entretenimiento.

**Proyectos sociales**: cada curso participa en uno o varios proyectos sociales en el transcurso del año escolar. Desde ayudar a la oficina local de la Cruz Roja hasta hacer donativos al nuevo colegio que ha inaugurado Oprah Winfrey en Sudáfrica, dirigir campañas de entrega de comida enlatada y toda una serie de actividades similares, los alumnos dirigen sus proyectos sociales bajo la dirección de una consejera, la señorita Trueman. Uno de estos proyectos llegó a recaudar 2.500 dólares para la Sociedad contra la Leucemia.

**El Día de Celebración del Éxito**: los logros que se obtienen de manera individual se celebran regularmente en las aulas, o en los programas de noticias de la mañana. Pero el Día de Celebración del Éxito congrega al colegio en su totalidad para celebrar todo lo que hayan conseguido como centro. Es una manera de demostrar lo que hacen los buenos líderes y de reforzar por qué es importante trabajar en equipo.

Además existen otras tradiciones marcadas en el calendario anual, como conciertos de música o ferias de ciencias. Los profesores también han desarrollado de manera individual sus propias tradiciones en las aulas, como cuando Barbara Watkins monta tiendas en su aula para organizar un campamento de lectura. Pero, una vez más, todas las tradiciones tienen un propósito y, al final, los alumnos salen con nuevas aptitudes, medidas de confianza adicionales y recuerdos sobre el liderazgo duraderos.

Una de las tradiciones preferidas es el Día del Liderazgo, en el que los alumnos tienen la oportunidad de demostrar su talento y de ser líderes.

Las actividades basadas en pensar en los demás y proporcionar un servicio son una tradición en todos los cursos en los que los alumnos toman el mando.

EL FOLCLORE

Una de las cosas que ayudan a establecer la cultura del colegio A. B. Combs es la multitud de historias que parecen sustentarla a lo largo del tiempo. Por ejemplo, un día la directora del coro, Jacquelin Keesee, llegó tarde a clase y se encontró con que una niña de cuarto curso estaba de pie delante de los alumnos y dirigía la clase. Había conseguido que el coro comenzara a practicar sus ejercicios iniciales. Nadie le había dado indicaciones para que lo hiciera, simplemente es algo que salió de ella. Esta es una historia que lleva rondando por el colegio durante años y que se repite a los alumnos como un ejemplo de proactividad y de liderazgo.

La historia del joven alumno que pidió a Muriel que cambiara el código de conducta de MAGIA a LÍDER también lleva circulando algún tiempo y se recuerda en multitud de ocasiones. En la actualidad, Muriel sigue recurriendo a esa anécdota para conseguir que los alumnos se percaten de que todos son líderes y de que pueden aportar algo.

Otra historia que lleva años circulando habla de una de las profesoras de párvulos, Pam Almond. Su historia es bien conocida por todos los profesores y les resulta completamente familiar. Un día, Pam recibió una llamada en mitad de la noche, comunicándole que su marido, oficial de policía, había recibido un disparo en la cabeza mientras hacía un control de tráfico rutinario. Ella lo describe de la siguiente manera:

> Mientras me llevaban a toda velocidad al hospital, sin saber si iba a volver a ver vivo a mi marido o no, traté de mantener la calma para no perder la pista de otros detalles importantes, como por ejemplo qué iba a hacer con mis hijos, que todavía estaban dormidos en casa, y con mis alumnos, que yo sabía que llegarían al colegio temprano y despiertos. Enseguida me di cuenta de que mi familia de la policía ya se había ocupado de mis hijos y cuando llegué al colegio a la mañana siguiente, descubrí que allí todo estaba en perfecto orden. Lo único que me dijeron fue: «Lo primero que debes hacer es preocuparte por ti y por tu familia. Nosotros nos ocuparemos de los alumnos».

Establecer *primero lo primero*, incluso en la familia, es una parte importante de la cultura cotidiana del colegio A. B. Combs,

Los profesores como Pam Almond se divierten mucho enseñando liderazgo, pero además es algo muy positivo para su vida personal.

no sólo en casos de emergencia. Siempre he tenido esa sensación, pero desde que pusimos en marcha el tema del liderazgo esa sensación es más intensa. Afortunadamente, mi marido sobrevivió al tiroteo y hemos utilizado muchas veces los 7 hábitos en nuestra casa para adaptarnos a esta situación y superarla juntos. En eso consiste el método del liderazgo que aplica mi colegio.

De hecho, hay multitud de historias relacionadas con el centro A. B. Combs. Todas ellas forman parte de la cultura del colegio; todas ellas refuerzan esa cultura. Muriel es consciente de lo mucho que vale una buena historia y quizá por ello se ha convertido en una experta en contar relatos. Las historias positivas son las que mantienen vivas y en constante progresión las grandes culturas. Y, teniendo en cuenta el ritmo al que avanza el colegio A. B. Combs, sin duda en los próximos años tendrá muchas más historias que contar.

LA CREACIÓN DE LA CULTURA: PREDICAR CON EL EJEMPLO

Una vez más, debemos insistir en que la cultura no se reduce a un montón de palabras, sino que hay que extenderla con el ejemplo.

En el colegio A. B. Combs, la cultura comienza con Susan y Karen. En el colegio Chestnut Grove Elementary, comienza con Angie. En el centro English Estates Elementary, comienza con Dolores y Karen. En el colegio Dewey Elementary, comienza con Kim. En el centro Crestwood Elementary, comienza con Barb.

¿Quiénes son todas estas personas?

Son ayudantes ejecutivos o recepcionistas. Son los primeros puntos de contacto, las primeras impresiones que los visitantes reciben cuando acuden a conocer los colegios en los que se enseña el liderazgo. En muchos sentidos, son el rostro de la cultura del colegio.

Pero estas personas nos dirán que son los directores, y no ellas, los que tienen todo el mérito de la cultura. Después de todo, los directores son los encargados de dirigir las reuniones, de aprobar los planes y de aceptar las actividades que reforzarán dicha cultura.

Pero, a su vez, los directores negarán rotundamente ser merecedores de semejante mérito y lo canalizarán hacia los profesores. Al fin y al cabo, ellos son los que están en la primera línea haciendo que pasen cosas.

Pero los profesores afirmarán: «¡De ninguna manera!», y señalarán a los alumnos y a los padres, afirmando que son ellos los que tienen todo el mérito. Después de todo, no podrían conseguir nada sin los alumnos y gran parte de la cultura procede de los hogares. Pero si preguntamos a cualquier padre rechazará esa afirmación y enseguida adjudicará el mérito de la creación de una cultura específica a los directores o a los profesores. Y así sucede una y otra vez en los diversos colegios que enseñan el liderazgo: todo el mundo considera que el mérito es de los demás.

Y así es como debería ser. La cultura de un colegio no puede recaer sobre los hombros de una sola persona si ha de tener éxito y mantenerse a lo largo de los años. Por tanto, los méritos recaen directamente sobre todas las personas que participan en el proyecto.

Pero, dicho esto, pienso que casi todas las personas que participan en el proyecto coincidirán conmigo en que el verdadero mérito de los éxitos de las escuelas que enseñan el liderazgo no reside en las personas, sino en los principios. Los 7 hábitos y las herramientas Baldrige se basan en una serie de principios universales e intemporales, que se aplican a todos los aspectos de la vida. Tal y como han señalado multitud de padres, los 7 hábitos son unos principios que los alumnos pueden aplicar con independencia de la etapa de la vida en la que se encuentren o de cuál será su futuro profesional. Esos mismos principios pueden servir de guía a un colegio y llevarle a crear una cultura basada en tales premisas. Los «directores» pueden cambiar de un año para otro, pero los «principios» permanecen inalterables.

Por encima de todo, los principios del liderazgo han creado una cultura de confianza en el centro A. B. Combs y en los colegios que han puesto en marcha el tema del liderazgo. De sus aulas y de esos hogares siguen saliendo infinidad de historias sobre lo que ha hecho el método del liderazgo para aumentar la confianza en sí mismos que tienen los alumnos. A continuación transcribimos la que cuentan Grey y Amy Jones, padres de tres alumnos del colegio A. B. Combs:

> Nuestro hijo Michael era una persona muy reservada cuando llegó al Combs. Le habían dado muchas oportunidades de hablar delante de la clase, pero siempre se había resistido a hacerlo. Finalmente consiguió presentar un proyecto gracias a las técnicas de liderazgo que le habían enseñado. Un día oímos ruidos que procedían de su habitación. Estaba ensayando su discurso y asegurándose de que estaba vestido adecuadamente para su presentación. Desde entonces ha destacado por su capacidad para contar historias y hablar en público. De hecho, ganó un concurso de cuentacuentos y gracias a él su clase pudo participar en un concurso nacional de cuentacuentos. Ahora dice que quiere ser un líder.

Una de mis historias preferidas guarda relación con el modo en el que los alumnos trasladan los principios y la cultura a sus hogares, como este relato enviado en un correo electrónico a Muriel por Amy Dressel, la madre de una niña llamada Emma:

¡El pasado año Emma tuvo un curso magnífico! No podemos quitarle los libros de las manos. Por encima de todo, vemos a un líder en ella. Este verano, cuando estábamos en casa con ella, no sabría decir cuántas veces la oí decir «seamos proactivos» o «papá, ¿podemos subirnos a los *jet-skis*? Tenemos que divertirnos y afilar la sierra». Pero lo mejor de todo fue cuando mi hijo Sam, de 3 años, dijo a Emma: «¡Actuemos con sinergia! Podemos recoger la habitación y luego ver la tele. ¡Así aplicamos la estrategia del ganar/ganar!». Le oí decirlo a las siete menos cuarto de la mañana de un sábado, hace dos semanas. ¡Muchas gracias por el mejor año que una niña de párvulos (y sus padres) han tenido jamás!

Personalmente disfruto mucho escuchando cómo los alumnos enseñan a sus padres los principios del liderazgo, proporcionándoles de este modo un poco de escolarización en el hogar. Un padre, por ejemplo, confesó recientemente que iba conduciendo de vuelta a casa después de ver un espectáculo deportivo cuando alguien le cortó el paso, haciendo que perdiera los nervios. Su hija pequeña le preguntó dulcemente: «Papá, me pregunto si podemos ser un poco más proactivos en esta situación». (Para encontrar algunas ideas sobre cómo incorporar los hábitos a su hogar, véase el capítulo 10: «Aplicación en casa».) Créame, han sido tantos los padres que han relatado historias parecidas sobre lo que la cultura del colegio ha hecho por su hijo y por sus hogares, que si las contara todas, no tardaría en pensar exactamente lo que los Patel pensaron en un primer momento: «Esto parece demasiado bueno como para ser verdad».

Por tanto, me abstendré de escribir más comentarios de los padres, aunque para finalizar este capítulo y pasar a relatar la tarea que están llevando a cabo otros colegios, creo que al menos le gustará leer lo que los Patel afirman ahora que llevan unos años formando parte del colegio A. B. Combs:

SEÑORA PATEL: Nuestra hija mayor acudió a un colegio privado durante el parvulario y el primer curso. Era una pequeña muy brillante, pero tremendamente tímida. En clase solía sentarse en el último asiento y dejar que los demás llevaran la iniciativa. ¡Pero eso se acabó! El colegio A. B. Combs le ha dado multitud de oportunidades para brillar. Le han dado puestos de liderazgo, al igual que hacen con todos los alumnos. Cuando el colegio recibe visitas de otros dirigentes, ella es una de las personas encargadas de recibirlos y eso le ha ayudado a salir del cascarón.

SEÑOR PATEL: Los 7 hábitos proporcionan un modelo que nos sirve para establcer el método y organizar nuestra vida. Por esa razón me gustan tanto. No se trata de algo académico, sino que es algo que se puede aplicar a la vida cotidiana. Contar con esos principios hará que los alumnos triunfen en todos los aspectos de la vida.

SEÑORA PATEL: Con este modelo de liderazgo los niños tienen múltiples oportunidades de prestar un servicio a la comunidad e, incluso, de llevar la iniciativa de esos proyectos. Los 7 hábitos proporcionan a los niños una serie de líneas directivas para la vida, no sólo para hacer los deberes. Incluso cuando discuten hacen una pausa, retroceden un paso y afirman: «Calmémonos durante un segundo y pensemos en ganar/ganar». He escuchado esa expresión multitud de veces. Ellos mismos se encargan de solucionar cualquier conflicto sin que yo tenga que intervenir.

El principal comentario que hacen las personas que visitan el colegio A. B. Combs versa sobre la confianza en sí mismos que muestran los alumnos, especialmente cuando se colocan delante de un público formado por adultos y se dirigen a ellos.

Desde que se establecieron en Raleigh, los Patel han vuelto a cambiar de residencia. Aunque podría inscribir a sus hijos en un centro más próximo, cada día la señora Patel conduce durante cuarenta y cinco minutos para que puedan seguir acudiendo al colegio A. B. Combs, porque, según dice, «merece la pena».

Aunque el mérito de lo que está sucediendo en el colegio A. B. Combs, y en otros colegios de los que pronto oirá hablar, en realidad pertenece a los directores, quisiera citar también a todas las personas que han participado en el proyecto de ese colegio por su extraordinaria implicación para conseguir que el tema del liderazgo fuera el epicentro. Buena parte de su genialidad reside en que tuvieron la visión de que este proyecto se podía llevar a cabo con alumnos de enseñanza primaria. Con toda seguridad, muchos adultos habrían empezado a enseñar esas lecciones básicas de la vida en los niveles medios o superiores en lugar de hacerlo en la enseñanza elemental, pero el colegio A. B. Combs no sólo ha demostrado que se puede llevar a cabo en el nivel elemental, sino que ha probado que puede ser el punto de partida más lógico por el que empezar. Los alumnos de primaria se muestran más receptivos y parecen aceptar muy bien los principios del liderazgo. La flexibilidad de las estructuras y de los programas de estudios de los colegios de enseñanza elemental también es un factor importante a la hora de utilizar los principios de liderazgo con el fin de poner en marcha una intervención cultural general.

> Todo parece imposible hasta que se consigue.[3]
>
> NELSON MANDELA

Por tanto, aplaudo sinceramente todo lo que el colegio A. B. Combs ha hecho y continúa haciendo. Admiro el modo en que se preocupan de los jóvenes y el modo en que tratan de encontrar todo lo positivo que hay en ellos. Este mundo necesita más modelos y menos críticos; necesita concentrarse menos en lo que está mal en la juventud actual. Por ello quisiera rendir homenaje desde estas páginas a Muriel, a los administradores, a los increíbles profesores, a los trabajadores, a los alumnos, a los padres y a toda la comunidad de líderes del colegio A. B. Combs.

# 6
## SU DIFUSIÓN POR TODO EL MUNDO

> Todos intentábamos encontrar las mismas cosas cuando adoptamos este proceso, pero nuestros caminos son un poco distintos, debido a la singularidad de nuestros terrenos.
>
> GAILYA WINTERS, ayudante de dirección del centro A. B. Combs

Hasta ahora hemos centrado nuestra atención exclusivamente en el colegio A. B. Combs. De vez en cuando he hecho alguna referencia a otros colegios, pero sin duda he prestado toda mi atención al centro A. B. Combs. He actuado así intencionadamente para que usted pueda concentrarse en la lectura de una sola historia y no confundirse con la aparición de múltiples escenarios. Pero si el colegio A. B. Combs fuera el único centro que tuviera éxito en la aplicación del tema del liderazgo, este libro sería mucho menos interesante y valioso de lo que es. De modo que estoy ansioso por mostrarle algunos de los éxitos que presentan otros colegios de enseñanza elemental que hay en Estados Unidos y en otras partes del mundo. Pero primero déjeme que le ponga en antecedentes.

Cuando el colegio A. B. Combs puso en marcha el método del liderazgo, lo hizo de forma muy discreta. Incluso cuando comenzaron a ver los primeros frutos de su trabajo, siguieron manteniendo sus éxitos en la reserva. Fueron principalmente los padres quienes comenzaron a correr la voz sobre el tema del liderazgo y a contárselo a otros padres. Pero esa noticia al final llegó a otros educadores y el colegio A. B. Combs no tardó mucho en recibir llamadas de otros colegas educadores y de padres curiosos que tenían la esperanza de poder visitarlo, tal y como hicieron los Patel.

En poco tiempo, Muriel comenzó a recibir invitaciones para que expusiera el método del liderazgo que estaba aplicando su colegio en diversas conferencias profesionales. A partir de esas presentaciones empezó a formarse una multitud cada vez más numerosa de visitantes, y algunos de ellos regresaron a sus colegios decididos a aplicar el tema del liderazgo en su totalidad o en alguna medida.

Cuando en 2004 apareció mi libro *El 8º hábito: de la efectividad a la grandeza,*\* incluí una breve sinopsis de la historia del colegio A. B. Combs que generó una nueva oleada de visitantes interesados en él. Aunque el centro A. B. Combs estaba encantado por toda la atención que había suscitado, la sonrisa colectiva que generó en los rostros de sus trabajadores llevaba aparejada una mueca, como si dijeran: «Gracias por los cumplidos, Stephen, pero ¿sabes cuántas llamadas de teléfono hemos recibido y cuántos visitantes han venido al colegio?». Supongo que cuando pedí a Muriel en Washington D. C. que me mantuviera al corriente de lo que sucedía en el colegio si decidía enseñar los 7 hábitos a sus alumnos más pequeños, debí haberla advertido de que divulgaría la noticia a cientos de miles de personas. Con esa información había provocado un efecto dominó.

Cuando en 2006 el colegio A. B. Combs fue elegido *magnet school* número uno de Estados Unidos, se corrió definitivamente la voz sobre su trabajo y pronto otros centros educativos y otros profesores aplicaron su método. Lo que actualmente está provocando un efecto dominó en la siguiente generación es que esos colegios han experimentado un éxito similar y los colegios vecinos han empezado a seguir su ejemplo. Por tanto, se puede decir que ha comenzado una segunda generación de efecto dominó.

Por supuesto, nadie sabe con seguridad hasta dónde se puede extender este efecto dominó o durante cuánto tiempo continuará. Pero, una vez más, me gustaría relatar algunas historias de esos otros colegios para que pueda hacerse una idea de lo que sucede en ellos. Al igual que sucediera en el colegio A. B. Combs, todos ellos utilizan los 7 hábitos como base, y la mayoría han adoptado alguna parte de las herramientas de calidad. Desde luego, cada centro tiene su propia perspectiva y sus sensaciones singulares. En las siguientes páginas no entraré en los detalles de la historia particular de cada uno de los colegios, sino que me limitaré a mostrar la tarea que están llevando a cabo a la hora de

---

\* Barcelona, Paidós, 2005. (*N. del e.*)

poner su sello personal en el método del liderazgo. Mientras lee la historia de cada colegio, le ruego que, una vez más, trate de fijarse en la naturaleza universal de los principios y de los niños. Confío en que se sentirá impresionado por el trabajo que están realizando, pero también por la velocidad con la que han logrado sus éxitos.

## ENGLISH ESTATES

Comenzaré por el colegio English Estates Elementary de Fern Park, Florida. Es el centro de la doctora Beth Sharpe, que como directora es una persona apasionada, visionaria y profundamente interesada en ver qué les depara la vida a sus alumnos.

La historia del English Estates en realidad comienza con Leslie Reilly, coordinadora del Programa de Opciones de los Colegios Públicos del Condado de Seminole. Reilly había oído hablar a Muriel en una conferencia sobre los colegios modelo y lo que escuchó despertó suficientemente su interés como para que poco después acudiera a uno de los días del liderazgo del centro A. B. Combs. Reilly afirma que en cuanto pasó unos segundos dentro del colegio supo que quería crear una escuela así en el condado de Seminole. Admiraba la amabilidad que mostraban los alumnos y se sorprendió al ver su confianza, sus sonrisas y su flexibilidad, especialmente desde que conoció lo que alguno de ellos tenía que soportar en casa.

En aquel momento, el colegio English Estates era un centro de grado K-5 construido hace cuarenta años, que antes había sido uno de los más importantes, pero que actualmente había perdido gran parte de su lustre. Durante un tiempo, los padres habían sacado a sus hijos del English Estates y los habían matriculado en otros colegios, casi de forma masiva. El director general del distrito, el doctor Bill Vogel, intentaba encontrar una manera de conseguir que el colegio se «refrescara» y pensó que lo que Leslie Reilly había observado en el colegio A. B. Combs podría ser el impulsor adecuado. De modo que al día siguiente de que Beth asumiera el cargo de directora, Leslie la «sorprendió» sugiriéndole que fuera al centro A. B. Combs a investigar si era factible convertir el English Estates en un colegio que enseñara liderazgo.

Beth es una persona muy inquisitiva a la que le gusta aprender y siempre está dispuesta a explorar. Así que, en cuanto asumió su nuevo cargo, se dirigió al colegio A. B. Combs acompañada de unos cuantos profesores. Aquello sucedió durante el año escolar 2004-2005 y, tras la visita, regresaron ilusionados con el tema del liderazgo, aunque Beth sabía que no sería sencillo reproducir ese modelo en el English Estates.

Después de ejercer como directora durante siete años en un colegio que brillaba por sus aspectos positivos, para Beth había sido toda una conmoción entrar en el English Estates y encontrarse con que muchos de sus 750 alumnos y algunos de los profesores se estaban dejando llevar por la corriente. Era evidente que carecían de entusiasmo. Más del 50 % de los alumnos disfrutaban de un almuerzo gratuito o con descuento. Había una amplia mezcla racial entre los alumnos, muchos de los cuales vivían en bloques de apartamentos, lo que suponía que tenían que cambiar de hogar con frecuencia. El colegio llevaba un tiempo sin conseguir un progreso anual adecuado (PAA) y estaba considerado como un «colegio que necesitaba mejorar». Beth afirma que en sus primeros tres meses redactó más informes disciplinarios en el English Estates que en los siete años que había pasado en el colegio anterior. Éstos y otros factores dejaron claro que iba a necesitar algo más que un efecto dominó para intentar dar un giro a las cosas.

Beth no se precipitó. Invitó a Muriel a visitar el English Estates y contar su historia a todo su equipo de trabajo. Aquello despertó la energía y la motivación del personal hasta el punto de que, a principios del otoño de 2005, Beth formó un equipo y comenzó a planificar una estrategia con la intención de poner en marcha el tema del liderazgo. Todos juntos planificaron con esmero quién se ocuparía de cada tarea, cuándo lo haría y cómo. Una de las primeras tareas fue preparar a todas las personas que trabajaban en el centro en los 7 hábitos, algo que Beth describe no sólo como una experiencia estimulante para ella desde el punto de vista personal, sino como una ocasión para que todo el equipo se uniera más y encontrara un objetivo común.

«El liderazgo es elemental». Este es el nuevo tema con el que se encontraron los alumnos del English Estates cuando el colegio abrió sus puertas para comenzar un año completamente nuevo y una forma completamente distinta de enseñar.

El tema del liderazgo comenzó su andadura en agosto de 2005. Cuando los alumnos llegaron al colegio el primer día, supieron inmediatamente que algo estaba en marcha. Se había pintado un nuevo logotipo con un correcaminos delante del colegio que contenía la frase: «El liderazgo es elemental». Los profesores dedicaron un importante porcentaje de las primeras dos semanas a enseñar a sus alumnos los 7 hábitos y a trabajar en el establecimiento de una serie de objetivos y expectativas para ese año. A partir de entonces, los profesores y los trabajadores del centro mantuvieron vivos los 7 hábitos integrándolos en las asignaturas, en los programas del colegio y en los debates diarios, tal y como había hecho el colegio A. B. Combs.

¿Cómo lo consiguieron? O dicho de otro modo, ¿qué resultados obtuvieron? Al término de aquel primer año, el colegio English Estates recibió el premio del distrito por su extraordinaria mejora en las calificaciones académicas, ya que las notas de los exámenes habían mejorado hasta un 35 % en algunas asignaturas. El Estado de Florida, que clasifica los centros educativos en las clases A, B, C, D o F, pasó al English Estates de la clase B a la clase A. Además, el colegio consiguió por primera vez en su historia el PAA.

Por supuesto, los profesores, el distrito y, especialmente, los padres estaban encantados con el aumento experimentado en los logros académicos. Pero al igual que sucedió con el colegio A. B. Combs, había muchas cosas que celebrar —más frutos— aparte de las calificaciones de los exámenes. Merece la pena destacar que los problemas de disciplina cayeron de los 225 incidentes registrados el año anterior a los 74 del curso siguiente. Y, según la encuesta anual sobre el ambiente que impera en el centro, la aprobación de los padres aumentó en un 98 %. Laura Carroll, madre de un estudiante del English States, explica por qué:

> Llegó un momento en el que los padres literalmente decían: «No permitiremos que nuestros hijos vayan al English Estates». Una de mis amigas incluso se llegó a mudar a una casa que costaba cien mil dólares más, sólo para poder marcharse a otro colegio. Yo no tenía todo ese dinero, así que me tuve que quedar aquí y ahora me alegro de haberlo hecho. Una noche llegué a casa y mis hijas estaban ocupadas recogiendo sus habitaciones, algo que no era muy frecuente que hicieran por voluntad propia. Yo les pregunté: «¿Qué sucede aquí?». «Estamos siendo proactivas —me contestaron—. Empleamos la sinergia y aplicamos el ganar/ganar». Y todo lo estaban haciendo por sí mismas. Ahora hemos integrado los 7 hábitos a muchas de las actividades que realizamos en casa. Nos preguntamos «¿qué es lo primero?» y luego nos concentramos en ello. Eso ha hecho que se redujera en gran medida la tensión en nuestro hogar. Después de la universidad, tuve que aprender ciertos conceptos en mi trabajo como directora. Ojalá los hubiera aprendido cuando era niña.*

Los profesores también realizan entusiastas revisiones del liderazgo. Sandi Johnson, una profesora de tercer curso que fue nombrada coordinadora de los 7 hábitos e instructora certificada del colegio, afirma: «Cuando fui al colegio A. B. Combs

---

* Para encontrar algunas ideas sobre cómo trasladar este concepto al hogar, véase el capítulo 10.

y vi la labor que estaban llevando a cabo allí, no pude evitar pensar: "Esto es lo que siempre he querido hacer como profesora". Vi la música, el arte y a los alumnos manejando su propia información. Ahora me tocaba a mí hacerlo en mi clase. Y la verdad, me encanta enseñar a los alumnos unas aptitudes tan valiosas».

Una de las claves que explican el triunfo del tema del liderazgo es que los profesores disfrutan enseñando las materias a sus alumnos. Es algo que se refleja en los ojos de los profesores y en su creatividad a la hora de aplicar el método. Por tanto, es algo que no sólo beneficia a los alumnos. De hecho, al obtener la calificación A el centro había recibido un fondo «extra» de unos ochenta mil dólares que se podía dividir del modo que la junta de padres considerara más adecuado. Los padres votaron unánimemente por conceder todo el dinero (menos un 10 %) a los profesores, ya que pensaban que eran los que más se lo merecían. A continuación, los profesores votaron que había que dividir el dinero a partes iguales entre todos los trabajadores del centro, incluido el personal de seguridad, pues de ese modo harían saber a todos que formaban parte del mismo proyecto. Los profesores afirmaron que los 7 hábitos incluso entraron en juego a la hora de dividir los fondos, ya que durante sus conversaciones hablaban de ganar/ganar y de tener una mentalidad de abundancia.

> En una época en la que tanto se oye hablar de los abusos escolares en los colegios, es de gran importancia ver que los niños se respetan mutuamente.
>
> DEDE SCHAFFNER, junta escolar del condado de Seminole

A partir de ese primer año, el colegio English Estates ha seguido en la misma línea, aunque cada año trata de «aumentar un poco el nivel», tal y como afirma Beth. Siempre encuentran la manera de renovarse y de compartir los mejores métodos y los éxitos con los demás. Cuando se añade una nueva idea o actividad a su modelo, esa idea normalmente es una propuesta de un profesor que ha sido probada por los demás. Algunas de las nuevas ideas que se han incorporado al tema del liderazgo son las siguientes:

- Las *Noticias de la mañana* se retransmiten cada día por televisión a todas las aulas, de una manera parecida a como lo hace el colegio A. B. Combs. Pero en lugar de que haya un pequeño equipo responsable de su realización, las diversas clases de quinto curso asumen la responsabilidad de preparar las noticias durante seis semanas. Escriben los guiones como parte de los deberes de redacción e incluyen conceptos relacionados con el liderazgo. Los alumnos que no se colocan ante las cámaras asumen otras responsabilidades de liderazgo.
- Uno de los temas que ha adoptado el colegio es «Los lectores son líderes». Esto les hace recordar que los colegios que adoptan el tema del liderazgo no lo hacen a expensas de los alumnos que no destacan en las asignaturas esenciales.
- Cada clase diseña una bandera que representa la declaración de intenciones de su clase.
- Cada clase cuenta con un «bastón para hablar» que se utiliza durante las reuniones y las discusiones. Se trata de una herramienta para escuchar que permite solamente al alumno que lo sostiene seguir hablando hasta que termine de exponer lo que tenga que decir y todos le hayan comprendido.
- Los alumnos se divierten creando un «cóctel de aperitivos de los 7 hábitos» que consta de siete sabrosos ingredientes, en el que cada uno de ellos representa a un hábito. De este modo, se hace hincapié en cómo los hábitos se complementan sinérgicamente entre sí y en cómo el talento de los alumnos también se puede complementar.
- Algunas clases realizan ejercicios de redacción llamados «Actos aleatorios de liderazgo». Los alumnos registran el modo en el que han visto a sus compañeros mostrar el liderazgo.
- La asistencia a las conferencias entre padres y profesores era, por lo general, baja. Algunos padres no querían escuchar qué es lo que ellos o sus hijos estaban haciendo mal. Por ello, el colegio English Estates puso en marcha una noche de «cena-información-debate», en la que se ofrece una cena a un precio módico a aquellas personas que lo deseen y luego se visita el aula donde los alumnos exponen

a sus padres cuáles son sus objetivos y los datos que tienen registrados en sus cuadernos, concentrándose principalmente en lo que están haciendo bien. Algunas clases cuentan ahora con un nivel de asistencia de los padres del cien por cien.

- El Rotary Club es un gran amigo del English Estates y patrocina algunas de sus actividades, como el «Día del "Lleva a un niño a pescar"», que se utiliza como un incentivo para mejorar la asistencia, la buena conducta y la lectura. El Rotary Club también patrocina un concurso de redacciones en el que participan varios colegios, pero una de las juezas advirtió que casi podía decir con seguridad qué redacciones procedían del centro English Estates, porque solían ser más profundas y, a menudo, contenían el lenguaje de los 7 hábitos. Además, cuando los alumnos presentaban su redacción se sentían más cómodos con los adultos que los estudiantes de otros colegios.

Los profesores supervisan los progresos que hacen en lectura, escritura y matemáticas en los «cuadernos de datos de clase» y, a continuación, revisan los cuadernos para identificar cuáles son los «problemas comunes» en los que el colegio puede trabajar de manera conjunta. También han creado un «tablero de puntuación obligatoria» de todos los datos del colegio, titulado «Liderar con los datos».

Pronto plantearon a Beth la siguiente cuestión: «Teniendo en cuenta todas las presiones que existen para rendir adecuadamente desde el punto de vista académico, ¿cómo te decidiste a trabajar primero en cambiar la cultura?». Su respuesta fue sencilla: «Porque pensé que era lo que debía hacer», a lo que añadió: «Lo más importante en nuestro colegio son las relaciones y la cultura. Los 7 hábitos son el catalizador que impulsó tanto nuestras relaciones como la nueva cultura».

Según los profesores, la mayor influencia que han tenido los 7 hábitos en su cultura es haberles dado un lenguaje común que pueden compartir incluso con los alumnos. Un profesor de primer curso, cuando ve a un alumno de quinto en el vestíbulo, puede decir: «No es hora de afilar la sierra... lo que tienes que hacer es...», y el alumno sabe exactamente a qué se refiere.

**We Love to Sharpen The Saw!**

En todos los colegios, uno de los hábitos preferidos de los alumnos es afilar la sierra y les encanta compartir el modo en el que lo hacen.

Sin duda, uno de los sellos de identidad del colegio English Estates es la implicación del distrito en todo el proceso. Tanto el doctor Vogel como Leslie Reilly fueron de gran ayuda, pero también lo fue la junta escolar del distrito. Dede Schaffner, por ejemplo, es, además de miembro de la junta, una coordinadora voluntaria del distrito ya jubilada y afirma que se dio cuenta de que aquel proyecto era algo muy bueno desde el momento en que lo conoció. Gracias a su insistencia, toda la junta aprobó la concesión de fondos para cubrir a los ochenta trabajadores del colegio English Estates y así poder formarlos en los 7 hábitos, y ayudar a subvencionar un lavado de cara para el colegio.

Otro rasgo característico de este centro que no debemos pasar por alto es la celeridad con la que alcanzó el éxito. Si fueron capaces de mejorar su cultura y aumentar sus calificaciones académicas de forma tan rápida es porque, en buena medida, lo aprendieron del colegio A. B. Combs. Pero gran parte del mérito también es de la directora del English Estates, que mostró una mezcla de paciencia y determinación a la hora de ponerse en marcha. Beth se tomó su tiempo para, en primer lugar, conseguir que su gente se embarcara en el proyecto y luego para desarrollar un plan estratégico que fuera viable. Sólo entonces pudo perseguir su objetivo de forma agresiva. Una vez que se pusieron en marcha, no hubo en ella ninguna vacilación, y ésta es una de las razones principales por las que consiguieron tantas cosas en tan poco tiempo.

## CHESTNUT GROVE

Sin lugar a dudas, uno de los sellos característicos del colegio Chestnut Grove Elementary de Decatur, Alabama, es su asociación con un exitoso líder empresarial de la localidad, Donnie Lane. Cuando Lane se enteró de lo que estaba sucediendo en el colegio A. B. Combs, sentía tanto interés que acudió al centro Chestnut Grove Elementary y convenció a su directora, Lauretta Teague, para que reuniera a unos cuantos profesores y lo acompañaran a Carolina del Norte con el fin de comprobar de primera mano lo que estaba sucediendo allí.

Lauretta es una líder que siempre parece decidida y serena, y cuando se pone en movimiento para conseguir algo, todo el mundo sabe que su intención es hacer lo correcto para los alumnos. En los siguientes párrafos describe su visita al centro A. B. Combs con Donnie Lane y cómo comenzó a poner en marcha el tema del liderazgo en su colegio:

Durante el otoño de 2004, Donnie Lane, el director general de Enersolv Corporation, me llamó por teléfono para hablar de un asunto que guardaba relación con mi colegio. Me dijo que, para conseguir el éxito de nuestro colegio, debíamos contar con el apoyo de los padres y de la comunidad y que había algunos miembros de nuestra comunidad que querían ayudar notablemente.

Unos días más tarde nos reunimos en mi oficina y me enseñó un vídeo del colegio A. B. Combs extraído de *El 8º hábito*. Pensaba que nuestros alumnos se podrían beneficiar del aprendizaje de los 7 hábitos y que deberíamos visitar el colegio A. B. Combs. Contrató un vuelo chárter y algunos de los miembros de la plantilla del colegio fuimos con él, junto con alguno de nuestros padres voluntarios. Después de ver el centro, todos los profesores acudieron a mí y me dijeron: «Señorita T, podemos hacer esto». Yo tenía un objetivo, ellos tenían un objetivo y el resto es historia.

Después de regresar a Decatur, los profesores que habían viajado al colegio A. B. Combs hicieron una presentación a los trabajadores del centro sobre cómo pensaban que los 7 hábitos beneficiarían a los alumnos, lo que incluía también cómo ayudaría a que los alumnos fueran más responsables de su propio aprendizaje. Los profesores convencieron a los demás docentes. Todos los trabajadores estaban muy ilusionados por embarcarse en algo que resultaría beneficioso para los alumnos y que sería un empujón para ellos como profesores. La cuestión que flotaba en el ambiente era «¿cómo?».

Una vez más, Donnie Lane ofreció su apoyo de forma voluntaria. Se ocupó de los gastos que acarrearía la preparación de todos los trabajadores en los 7 hábitos. Quería que se hiciera de una manera específica, así que en el verano de 2005 sufragó su estancia en un centro de descanso donde completarían su formación. También se unieron a ellos dos padres. Durante los descansos y por las noches, ponían en común sus ideas con el fin de encontrar el mejor modo de transferir los hábitos a los alumnos. Lauretta insiste en que «ese retiro proporcionó a los trabajadores una oportunidad de estrechar lazos y desarrollar un nuevo objetivo para el colegio». Y luego añade: «Toda la plantilla regresó al colegio como un equipo unificado que tenía la actitud adecuada. No hubo ninguna oposición por parte de los profesores». Y cuando se volvieron a abrir las puertas del colegio para el comienzo del nuevo año escolar, los profesores estaban preparados para ponerse en marcha.

El colegio Chestnut Grove hace muchas de las mismas cosas que se llevan a cabo en el A. B. Combs y el English Estates. Comparten los principios del liderazgo cada mañana como parte de sus noticias televisadas (SNEWS). Los pasillos están completamente decorados con elementos que recuerdan los 7 hábitos, así como la declaración de intenciones y el código de conducta del colegio. El Departamento de Obras Públicas de Decatur diseñó carteles de calles para ellos, de modo que pudieron poner a cada pasillo el nombre de uno de los hábitos. Un padre con unas mag-

Los líderes-alumnos del colegio Chestnut Grove están preparados para hablar a las visitas de los 7 hábitos, ya sea a través de un relato o de una canción.

níficas dotes artísticas añadió su toque personal a todos los edificios con una serie de murales. Los hábitos también se refuerzan de muchas formas divertidas durante las asambleas, donde se entona una canción sobre los 7 hábitos compuesta por el profesor de música.

Es importante destacar que en el colegio Chestnut Grove los profesores no tratan de crear planes de estudios especiales. Conocen tan bien los 7 hábitos que cuando se les presenta una oportunidad no tienen más que plantear una serie de cuestiones y principios que encajan con la misma, con independencia de cuál sea la asignatura o el momento del día en el que estén. Es algo que para ellos resulta completamente natural. Según afirma Lauretta:

Aplicar *Los 7 hábitos de la gente altamente efectiva* en nuestro colegio ha supuesto un cambio notable en el modo en el que nos respondemos y en el modo en el que enseñamos a los niños a asumir la responsabilidad de sus propios actos y de su propia conducta. También estamos orgullosos de nuestros alumnos y de los papeles de liderazgo que actualmente desempeñan dentro del colegio, así como del sentido de la personalidad que se está desarrollando dentro de cada niño. Los 7 hábitos ejercen un notable impacto en los niños y en la cultura del colegio. Los alumnos se están haciendo cargo de su propia educación. Ahora los profesores y los alumnos hablan del rendimiento. Todos siguen la trayectoria de su propio progreso. ¡Esto es realmente un ganar/ganar! No he escuchado un solo comentario negativo de los padres. Lo único que me llega de ellos es cómo aplican sus hijos los 7 hábitos en casa. Y, sinceramente, este método también me ha ayudado en mis relaciones personales.

Una parte importante de la historia de Chestnut Grove es que otros colegios de enseñanza elemental del distrito actualmente también están desarrollando el tema del liderazgo. Uno de ellos está dirigido por uno de los antiguos ayudantes de dirección de Lauretta. Donnie Lane ejerce de presidente de la Cámara de Comercio local y prepara a varios colegas sobre cómo pueden patrocinar y ayudar a un colegio. También se ha comprometido a llevar los 7 hábitos al instituto en el que estudian los alumnos de los colegios de la zona y ha diseñado varios planes para llevar el tema del liderazgo a todos los colegios que se encuentran en el distrito de Decatur.

La única recompensa que recibe Donnie Lane por su generosidad es contemplar las sonrisas que se reflejan en el rostro de los alumnos y la confianza que transmiten sus miradas. Donnie considera que todo el mérito de lo que está pasando en el colegio Chestnut Grove es de Lauretta y de sus cualificados profesores, y se abstiene de interferir en las decisiones que toma el colegio. Pero a pesar de su humildad, no cabe duda de que la participación de Donnie es uno de los elementos principales en el viaje que ha emprendido el colegio Chestnut Grove, un viaje que está ejerciendo una influencia muy positiva en la vida de muchos jóvenes. Muchas gracias, Donnie.

CONDADO DE ADAMS, ILLINOIS

El condado de Adams se encuentra asentado sobre las llanuras del oeste de Illinois y enclavado junto al río Misisipi. Allí el sol se eleva cada mañana sobre el horizonte para indicar que está sucediendo algo emocionante.

En este caso la historia comenzó con el doctor George Meyer. George ascendió por el escalafón educativo primero como profesor, luego como administrador y, por último, como director general del distrito. Cuando se jubiló, se unió a la plantilla de la Universidad de Quincy, donde fue nombrado decano de la Facultad de Educación. Aproximadamente en la misma época, se publicó un libro que incluía una serie de principios que, según sus palabras, desearía haber podido enseñar cuando daba clases en los colegios públicos. Ese libro era *Los 7 hábitos de la gente altamente efectiva*.

George comenzó a enseñar los 7 hábitos a los estudiantes universitarios que estudiaban magisterio. Sabiendo que la mejor manera de aprender un concepto es enseñarlo, comenzó a hacer que sus alumnos enseñaran esos hábitos a los alumnos del colegio Dewey Elementary de Quincy. Dewey es un colegio K-3 que cuenta aproximadamente con 220 alumnos, el 63 % de los cuales reciben el almuerzo de forma gratuita o con descuento. Al principio, solamente los estudiantes universitarios enseñaban los 7 hábitos una vez por semana a los alumnos, pero a medida que los profesores se fueron enterando de que estaban enseñando los hábitos, comenzaron a utilizar con mayor frecuencia ese nuevo lenguaje en sus clases. Poco a poco, los *7 hábitos* se fueron convirtiendo en un lenguaje común en todo el colegio.

Christie Dickens era entonces la directora del colegio Dewey y un día decidió visitar A. B. Combs durante el Día del Liderazgo acompañada de otras personas del centro. Todo les impresionó mucho pero, según Christie, lo más importante fue lo que observaron en los ojos y los rostros de los alumnos: en ellos pudieron ver los ojos y los rostros de sus propios alumnos de Dewey. En otras palabras, pudieron imaginarse a sus propios alumnos adoptando los mismos tipos de conducta del liderazgo. Y, aunque fuera un colegio más pequeño y con muchos menos recursos, sabían que podían adoptar el método del liderazgo, principal-

Como las fotografías del colegio no salieron bien, Christie Dickens colaboró con el fotógrafo para encontrar una solución proactiva basada en ganar/ganar.

mente porque estaban convencidos de que los alumnos podrían conseguirlo. Sólo tenían que encontrar la forma de hacerlo a su propia manera, a la manera de Dewey.

Mientras tanto, George recibió el certificado de instructor de los 7 hábitos y fue capaz de adiestrar a todos los profesores y trabajadores en los 7 hábitos. En poco tiempo, todo tipo de pinturas, poemas y canciones nuevas con la letra de los 7 hábitos salieron de las aulas y los alumnos comenzaron a adoptar una nueva aptitud respecto al colegio. De hecho, hasta llegaban temprano a clase —veinte minutos antes— para acudir a la asamblea diaria que se celebraba antes de las clases, una de sus actividades favoritas, que, por cierto, comenzó de una manera completamente casual. Todo comenzó porque más de la mitad de los alumnos solían llegar pronto al colegio para recibir un desayuno que ofrecía el centro, después del cual podían salir al patio. Pero cuando hacía mal tiempo, muchos de ellos acudían al gimnasio. Durante esos días, el gimnasio podía ser un lugar bastante estridente, así que los profesores comenzaron a realizar actividades divertidas relacionadas con los 7 hábitos como una manera de mantener cierto orden. Cuando los demás alumnos se enteraron de la existencia de esas actividades, también empezaron a llegar pronto al colegio. Muy pronto, los padres empezaron a llamar al colegio para preguntar: «¿Por qué mi hijo insiste en llegar veinte minutos antes a clase?». De hecho, no tienen obligación de acudir a la asamblea, ya que el colegio no comienza oficialmente hasta las 8.05 y, sin embargo, a las 7.45 más del 90 % de los alumnos ya se encuentran allí. Los alumnos encargados de recibir a las visitas dan la bienvenida a sus compañeros en la puerta. Los estudiantes cantan las canciones de los 7 hábitos, representan pequeñas obras teatrales, celebran cumpleaños, recitan el juramento de lealtad y comparten sus éxitos. También acuden algunos padres, incluso uno que lleva a sus hijos al colegio cada mañana antes de ir a trabajar y se queda durante el tiempo suficiente para ver la asamblea, y que ha declarado: «Es la mejor manera de comenzar el día».

Un día, el fotógrafo del colegio acudió a Christie con una mirada de espanto reflejada en el rostro. Algo había salido mal, tenía que volver a hacer todas las fotografías que había tomado en el centro. En lugar de molestarse, Christie tuvo una idea. Preguntó si, además de las imágenes habituales de medio cuerpo, el fotógrafo podía tomar fotos de los alumnos realizando las actividades de los 7 hábitos. El fotógrafo asintió y esas imágenes se convirtieron en carteles que se distribuyeron por todo el colegio para iluminar el rostro de los alumnos y recordarles los principios de los 7 hábitos.

Los profesores y los trabajadores del centro se sorprendieron al ver la rapidez con la que había influido el tema del liderazgo en su cultura. Uno de los objetivos que se habían marcado en la aplicación del proceso fue incrementar la participación de los padres y eso es precisamente lo que hicieron. Se duplicó el número de padres que acudía a las reuniones de la Asociación de Padres y Maestros, al igual que la asistencia de los padres a las sesiones mensuales de actividades entre padres y alumnos. Mientras tanto, las demoras se redujeron en un 35 %, los problemas de disciplina disminuyeron en un 75 % y los problemas de los alumnos en la finalización del trabajo descendieron un 68 %. Pero el verdadero motivo de alegría llegó en el transcurso de ese año, cuando observaron el impacto que el programa estaba teniendo en las puntuaciones de la prueba de calificaciones de Illinois en lo que respecta a lectura y matemáticas, tal y como indica la siguiente tabla:

| | Antes de los 7 hábitos (2005) | Después de tres meses de los 7 hábitos (2006) | Después de un año y tres meses de los 7 hábitos (2007) |
|---|---|---|---|
| Lectura | 57,4 % | 72,2 % | 89,7 % |
| Matemáticas | 77,4 % | 90,3 % | 100 % |

Aunque la puntuación de los exámenes reflejaba una notable mejoría, una vez más me gustaría advertir que en todas las entrevistas a administradores, profesores, padres y alumnos que he realizado para elaborar este libro, ninguno de ellos mencionó nunca la mejora en las calificaciones de los exámenes. Todos ellos se concentraron en la actitud, en la conducta y en la confianza que demostraban los alumnos. La profesora de tercer curso Lori Post me comentó: «El primer año aumentó notablemente la confianza en sí mismos que tenían los alumnos de tercer curso. Todo el mundo quería ser un líder. Eso les hacía disfrutar mucho. Muchos de ellos al principio se mostraban muy tímidos, pero al final de ese año todos los alumnos pronunciaron un discurso. La mirada que se reflejaba en sus ojos indicaba que sentían que no había nada que no pudieran hacer».

Como directora, Christie afirma que observó un cambio importante en los alumnos durante el primer año. Gran parte de ello se puso de manifiesto cuando sacaban a los alumnos del patio para que resolvieran sus disputas. En una ocasión llevaron a dos niños a su despacho y, en lugar de pretender resolver sus problemas, Christie se limitó a dejarles que hablaran entre ellos. Sin necesidad de asesoramiento, uno de los chicos acusó al otro de «no ser muy proactivo» con su actitud anterior. Pero, a continuación, hizo una pausa y admitió: «Yo tampoco pensaba en ganar/ganar». En otra ocasión, un muchacho que tenía dificultades para controlar sus emociones, pese a que los demás alumnos le consideraban un líder, se acercó a Christie antes de realizar una presentación y le dijo: «Tengo que elaborar un plan. Los muchachos cuentan conmigo». En cada caso, lo que Christie señala es que fueron los propios alumnos los que se ocuparon de solucionar el problema.

Denise Poland es la trabajadora social del colegio y observa los 7 hábitos desde una perspectiva privilegiada, ya que trabaja con alumnos que se enfrentan a algunas de las dificultades más complicadas que presenta la vida. Trabajó en el colegio Dewey durante nueve días y hace notar que era un buen colegio, incluso antes de enseñar los 7 hábitos. Sin embargo, cuando le pregunté si los 7 hábitos habían provocado algún cambio en el colegio, su respuesta no pudo ser más clara: «¡Enorme! ¡Enorme!». Lo primero que señala es que los 7 hábitos proporcionan un lenguaje común. «Todos hablamos el mismo idioma —afirma—. Los alumnos escuchan el mismo lenguaje de una clase a otra en todo el colegio.» Esto supone que ella puede utilizar el lenguaje de los 7 hábitos tanto si trabaja con un alumno de párvulos como si se trata de uno de tercer curso. De hecho, afirma, antes «solía aconsejar a los alumnos sobre lo que debían hacer pero ahora, en muchos casos, me limito a recostarme en mi asiento y a escuchar sorprendida cómo los alumnos utilizan los 7 hábitos para encontrar sus propias soluciones».

Denise considera que el primer hábito, «Sea proactivo», le proporciona el lenguaje necesario para ayudar a los alumnos a comprender que, aunque no pueden controlar todo lo que hacen los adultos y que no todo lo que les sucede es culpa de ellos, en muchos casos pueden controlar sus reacciones, incluyendo, si fuera necesario, la expresión: «Sé proactivo y llama al 911». Además, señala que algunos alumnos proceden de hogares problemáticos o formados por personas que odiaban el colegio cuando eran niños y que todavía les desagrada tener algo que ver con él. Por ello decidió enseñar los 7 hábitos a los padres en clases mensuales, que han registrado una asistencia de por lo menos el 75 %. «De ese modo tienen las herramientas necesarias para afrontar los problemas», afirma.

Y, sin lugar a dudas, los alumnos y los padres no son los únicos que se benefician de ello. Tal y como apunta Christie: «Desde el principio nos concentramos en descubrir cómo los hábitos podrían ayudar a los niños. Pero enseguida nos dimos cuenta de que algunos de los verdaderos cambios que se estaban produciendo no tenían que ver con los alumnos, ni con los padres, sino con los trabajadores del centro. Vimos que demostraban un talento que nunca antes habíamos percibido. Los momentos en los que más disfruto son aquellos en los que comparten con los demás la influencia que estos hábitos han tenido en sus interacciones y la influencia positiva que están teniendo en su vida personal y familiar».

El colegio Dewey lleva a cabo muchas de las tareas que describimos en el centro A. B. Combs y en los demás colegios que hablan del liderazgo. Hasta ahora hemos visto de modo somero algunos aspectos de su historia. Sin embargo, me gustaría destacar los dos elementos que considero esenciales en la historia del colegio Dewey. El primero es que Christie Dickens ya no es la directora del centro. El director deneral del distrito, Thomas Leahy, le pidió que se convirtiera en ayudante del director general, en gran medida porque así podría enseñar a otros directores a poner en marcha el tema del liderazgo. Christie tuvo serias dudas antes de aceptar el puesto, ya que los 7 hábitos sólo llevaban un año impartiéndose en el colegio Dewey y no quería que la iniciativa perdiera fuerza. Por tanto, cuando entregó el bastón de mando a Jerry Ellerman, se produjo cierto revuelo. Jerry, cuya experiencia docente había sido principalmente en la educación secundaria, también tenía dudas acerca del nuevo papel que debía desempeñar y se preguntaba en qué consistía todo aquello de los 7 hábitos. Pero en la actualidad, después de un año en su nuevo cargo, se le humedecen los ojos cada vez que habla de todo lo que está sucediendo con los alumnos. Ellerman señala a un estudiante en particular que tenía importantes problemas emocionales y que con toda probabilidad debería estar en un centro de autocontrol. «Lo único que le mantiene atento son los 7 hábitos —afirma Jerry—. Cuando su clase realiza actividades relacionadas con los 7 hábitos o utiliza su lenguaje, siente algo y se mantiene atento y concentrado.»

En todos los colegios mencionados anteriormente, los directores siempre han dicho lo mismo: no ha habido cambio de guardia. Lo último que la señorita Dickens quería escuchar cuando regresó al colegio Dewey para realizar una visita era «las cosas ya no son como antes». Pero, un año después, está encantada de manifestar que si se ha producido cualquier cambio en el colegio, seguramente ha sido para mejor, ya que los profesores han progresado hasta llevar la enseñanza de los principios del liderazgo a un nivel todavía superior. Esto me sugiere que el tema del liderazgo no depende exclusivamente del estilo que tenga el director o de la pasión que ponga una sola persona.

El segundo rasgo característico es que el colegio Dewey es sólo uno de los ocho centros de enseñanza elemental que se encuentran dentro del Distrito de Colegios Públicos de Quincy que han adoptado el tema del liderazgo. Desde el primer momento, George Meyer tenía la esperanza de crear una comunidad centrada en los principios, y ahora puede que su deseo se haya hecho realidad. El United Way del condado de Adams ha estudiado durante varios meses de qué modo podría realizar una mayor contribución a la comunidad, y después de estudiar varias opciones y de visitar el colegio Dewey, decidió encontrar la manera de subvencionar los 7 hábitos a los más de diez mil alumnos que están matriculados en colegios de grado anterior al K-12 en un periodo de tres años. Comenzó en el nivel elemental y ahora intenta encontrar el modo de llevarlo a los centros de enseñanza secundaria, de hecho ya tiene bastante avanzado su programa. En la actualidad, más de trescientos profesores han sido preparados para enseñar los hábitos. Cada colegio tiene alumnos de orígenes demográficos diversos y profesores con una personalidad singular, así que en todos sus proyectos se intenta que sean lo más cómodo para ellos, aunque también añade su propio toque personal. El colegio Washington Elementary, por ejemplo, celebra el Día de los Abuelos para que los alumnos enseñen a sus abuelos los 7 hábitos. No hace falta decir que todo esto suena a música celestial en los oídos de los abuelos.

Mientras cada uno de los colegios encuentra su propia seña de identidad, United Way está detrás de ellos en todo momento. Incluso ha unido a otros socios empresariales para proporcionar fondos no sólo a los colegios de Quincy, sino también a los de todo el país, incluidos los colegios de preescolar y los parroquiales. No encuentro palabras para expresar lo emocionado y lo agradecido que me siento por las posibilidades que encierra todo esto, pues un nuevo rayo de esperanza extiende su luz por todo el condado de Adams.

El United Way del condado de Adams intenta adoptar una postura sobre un problema al que se enfrenta la comunidad y, al mismo tiempo, se esfuerza en comprometer a toda la comunidad en algo que realmente podría causar un verdadero impacto. Hemos examinado algunos de los problemas que azotan a nuestra comunidad, como por ejemplo la pobreza, y ahora estamos analizando de qué modo conduce a la aparición de otros problemas, como los embarazos en adolescentes, el consumo de drogas y el desempleo. Sabíamos que si los niños conseguían triunfar en el colegio y en la vida, tendrían más probabilidades de esquivar muchos de esos problemas, así que, después de llevar a cabo nuestra investigación y de ver el colegio Dewey Elementary, decidimos llevar los 7 hábitos a todos los alumnos del condado. Una vez que dimos el paso adelante y firmamos un compromiso de tres años para hacer esto, fue sólo cuestión de tiempo ver cómo las empresas locales estaban dispuestas a participar y a ayudarnos con más fondos, o a proporcionar un lugar de formación, o a hacer cualquier otra cosa.

CHERYL WATERMAN, directora ejecutiva de United Way del condado de
Adams, Illinois

Hay algunas historias más que reflejan cómo el tema del liderazgo se está extendiendo por todo Estados Unidos. Podría hablar de más colegios, como el Rowlett Elementary de Florida, que lleva más de ocho años combinando los 7 hábitos con el tema imán del colegio de las artes y la música. Aunque no desarrollan plenamente el tema del liderazgo, los profesores de ese centro son extraordinariamente creativos a la hora de encajar los hábitos en los estándares de Florida en materia de educación del carácter. También podría hablar de la Academia Summit, una escuela pública experimental de Draper, Utah, donde cuarenta padres se presentan voluntariamente cada semana para enseñar a los alumnos los 7 hábitos. Podría hablar de varios colegios de Texas, Arizona, Virginia Occidental, California, Nueva Jersey y otros Estados donde se aplica el método del liderazgo. De hecho, en Estados Unidos hay infinidad de historias emocionantes que contar. Pero el título de este capítulo es «Su difusión por todo el mundo» y, por tanto, ha llegado la hora de ver algunos ejemplos de lo que está sucediendo más allá de las fronteras de Estados Unidos.

CANADÁ

El tema del liderazgo está comenzando a extenderse a lo largo de todo el planeta, aunque no deseo exagerar este hecho porque, a nivel internacional, todavía se encuentra en las primeras etapas. Pero deje que le muestre algunos ejemplos, empezando por Alberta, Canadá.

En Medicine Hat, los 7 hábitos comenzaron a aplicarse como una iniciativa del distrito para profesores y administradores que empezó hace casi una década, cuando David George, director del colegio Crestwood Elementary, recibió el certificado para ser uno de los dos instructores en los 7 hábitos del distrito. La consiguiente formación en los 7 hábitos fue tan bien recibida por los diversos participantes que el distrito decidió expandir la oferta añadiendo tres instructores más. Ese equipo ha preparado a más de 250 miembros del personal del distrito, incluyendo a todos los trabajadores de la oficina central y a los directores de los colegios.

Durante una de las sesiones a las que acudió David, alguien planteó una idea que echó raíces en su interior. Afirmaba que sería magnífico que los trabajadores de todo un colegio acudieran a aprender los 7 hábitos, porque así todos los profesores y administradores podrían utilizar los hábitos como un lenguaje común. Como director, David tenía interés en esa idea, pero no estaba seguro de cómo reaccionaría su personal. Esperaba contar con el apoyo del 80 % de los docentes, pero, para su deleite, todos menos uno votaron a favor de la continuación del proyecto. «¡Estamos en ello!», dijeron.

Treinta profesores y veinte miembros del personal de apoyo fueron formados en el tema de los hábitos durante un periodo de unas seis semanas. Pronto los hábitos se convirtieron en una parte importante de la manera en la que los trabajadores hacían las cosas, especialmente a medida que el lenguaje de los 7 hábitos se fue utilizando en las reuniones y en otras actividades comunes. De hecho, las cosas marchaban bastante bien cuando David leyó el breve escrito acerca del colegio A. B. Combs que se encuentra en *El 8º hábito*. Enseguida se sintió atraído por la idea de llevar los hábitos a los alumnos. Poco después, él y otras dos personas hicieron una visita al centro A. B. Combs. Regresaron a casa inspirados y con algunos consejos que les había dado Muriel. En primer lugar: «No adulteréis los 7 hábitos. Debéis confiar en que los estudiantes los acabarán entendiendo». Y, en segundo lugar: «No hirváis el agua de los demás», o dicho en otras palabras: «Haced las cosas a vuestra manera».

Cuando llegó el momento de llevar el tema del liderazgo a los alumnos, lo hicieron de forma más gradual que los colegios mencionados anteriormente. Dedicaron el primer año únicamente a familiarizar poco a poco a los alumnos en los hábitos. Por ejemplo, a comienzos de año fue un mago al colegio e hizo algunos trucos de magia que representaban los 7 hábitos, un espectáculo que resultó memorable para los alumnos. Más adelante, en el mes de septiembre, enseñaron los principios fundamentales durante algunas asambleas y, de vez en cuando, los introducían en los debates que se celebraban en las aulas. Cuando llegó el mes de octubre, se concentraron en el primer hábito, seguido por el segundo en noviembre, y así sucesivamente a lo largo de todo el año. En junio hicieron una revisión de todos los hábitos y ensalzaron las formas en las que los habían aplicado los alumnos durante ese año.

Durante el segundo año comenzaron a integrar y a mezclar los hábitos en todas las asignaturas, en gran medida tal y como lo habían hecho los demás colegios que enseñaban liderazgo. A los alumnos de sexto curso, por ejemplo, se les encomendó la tarea de leer una novela. Como parte de la tarea de redacción subsiguiente, les entregaron algunas secciones de la novela y les preguntaron: «Si tuvierais que escribir ese párrafo, ¿qué haríais para que esa persona fuera proactiva en lugar de reactiva?». A continuación, hablaron en clase sobre cómo el desenlace del libro habría sido diferente si los personajes del mismo hubieran manejado las situaciones siguiendo los hábitos.

A medida que los 7 hábitos fueron calando en los alumnos, los profesores también empezaron a participar en ellos. Un profesor compuso una canción llamada «Coloréame de Covey», en donde se asocia cada hábito con uno de los colores del arco iris. David George también reservó unos minutos en cada una de las reuniones con los trabajadores para que los profesores presentaran ideas y compartieran sus éxitos. Una de las ideas que todos los profesores decidieron adoptar fue crear una sección dedicada a los informes de los estudiantes para dar a los alumnos información de apoyo sobre cómo estaban progresando respecto a cada uno de los hábitos.

A lo largo de cada día, se anima a los alumnos a que «sorprendan a alguien haciendo algo de Covey». Entonces pueden escribir el nombre de ese alumno en una etiqueta y colocarla dentro de una urna, y entre los participantes se sortea un dibujo y un premio. Durante las asambleas, los profesores reconocen a los alumnos que son «héroes en los 7 hábitos».

Cuando le pidieron que identificara lo que los 7 hábitos habían hecho por el colegio Crestwood, la primera respuesta que dio David fue idéntica a lo que los directores de los otros colegios habían dicho: «Nos proporciona un lenguaje común que nos ha unido». Pero su principal interés reside en todo lo que han hecho por los alumnos. Afirma que antes de adoptar los 7 hábitos, cuando enviaban a varios alumnos a su oficina por un problema de disciplina, solían llegar señalándose con el dedo los unos a los otros. Ahora llegan a su despacho asumiendo la responsabilidad de sus propios actos y David puede hablar con ellos de las «retiradas de la cuenta del banco emocional» y de cómo pueden «realizar ingresos en ella», ya que todo el mundo le entiende en el acto. También cita algunas experiencias similares en su trabajo con padres que parecen molestos por algo. Además, puede utilizar los hábitos como lenguaje común para solucionar multitud de problemas.

Los trabajadores del colegio Crestwood se han dado cuenta de que lo que Muriel les dijo acerca de no adulterar los hábitos era cierto. Alumnos de todas las edades comprenden el lenguaje de los 7 hábitos. Por ejemplo, la profesora de preescolar estaba leyendo una historia a sus alumnos y pidió que alguien describiera lo que había sucedido en el relato. Ni siquiera estaban hablando de los hábitos, pero una niña levantó la mano y, refiriéndose al personaje que aparecía en la historia, dijo: «Tiene un cambio de paradigma», y acto seguido comenzó a explicar por qué.

Los padres se han mostrado muy favorables a todo lo que está pasando. David George invitó a los padres a responder a un cuestionario sobre el colegio y, mientras que antes sólo unos treinta padres solían rellenarlo y entregarlo, ahora respondieron ochenta y calificaron la parte referente a los 7 hábitos como «muy favorable». Mientras tanto, el condado se sumó al proyecto y preparó un curso de formación de los 7 hábitos para familias. Más de sesenta familias se han aprovechado de esa oferta.

Otro ejemplo del elevado grado de aprobación de los padres pudo apreciarse en el verano de 2007. David estaba muy preocupado, porque había previsto que el colegio perdiera aproximadamente a cincuenta alumnos, teniendo en cuenta la base de población en etapa de madurez que tenía el centro. Eso suponía que el colegio también perdería a dos profesores, algo que David no quería que ocurriera. Pero, según cuenta, entonces comenzó a recibir llamadas de padres que no había visto nunca. Estos padres llegaban de lugares situados fuera de los límites del colegio afirmando que habían oído que el centro estaba enseñando los 7 hábitos y que deseaban matricular a sus hijos en él. Aquello sucedía con tanta frecuencia que cuando comenzó el nuevo año escolar, tenía una extensa tropa de alumnos que le permitió mantener a todos los profesores.

Cuando los empresarios locales se enteraron de que el colegio Crestwood estaba enseñando los 7 hábitos, sus empleados se dirigieron al colegio y preguntaron: «¿Cómo podemos ayudar?».

Los padres no fueron los únicos que llamaron a la puerta de David George. Un día recibió una llamada de una empresa local, Criterion Catalysts and Technologies, que había oído que el colegio estaba enseñando los 7 hábitos. Ellos también estaban desarrollando ese tema en su compañía y se preguntaban si podrían ayudar al centro de alguna manera. Cuando se enteraron de que el colegio Crestwood celebraba un año de actividades lúdicas como anticipación de los Juegos Olímpicos de 2008 y que habría una «ceremonia de apertura» en la que se realizarían actividades acerca de los 7 hábitos, la compañía se ofreció a comprar camisetas para todos los alumnos. Las camisetas llegaron pintadas con los siete colores del arco iris para que encajaran con la canción sobre «los colores de Covey». David deja asomar una pequeña sonrisa cuando admite que no estaba seguro de qué era ni a qué se dedicaba la compañía que le había llamado. «Sólo querían formar parte del juego», afirma. Esta asociación se ha convertido en una valiosa sociedad empresa-colegio.

> El mundo empresarial de hoy es muy competitivo y la mayoría de los negocios operan a escala global. Para ser competitivo tienes que disfrutar de una sólida base de aptitudes personales. Si somos capaces de desarrollar los hábitos a edad tan temprana, estos niños serán en el futuro verdaderos líderes y buenos empleados. Por tanto, es realmente una gran inversión de futuro.
>
> RICK REDMOND, vicepresidente de Criterion Catalysts and Technologies, Canadá

En la actualidad, David George y su personal pueden enseñar a otros colegios de Alberta. Tres o cuatro colegios públicos y una escuela privada para estudiantes sijs se encuentran en las primeras etapas de ejecución y están encantados de tener al colegio Crestwood como apoyo. David también se sintió muy contento cuando descubrió que otro centro ubicado en Red Deer, Alberta, se había puesto en marcha y había iniciado el tema del liderazgo sin saber lo que estaba haciendo el colegio Crestwood.

No entraré en detalles acerca del centro de Red Deer, pero lo que encuentro interesante en este colegio es que ya era un centro «de primer orden» antes de que comenzara a enseñar el tema del liderazgo. Mike Frizt es el director del colegio Joseph Welsh Elementary de Red Deer. Según señala, su colegio ya contaba con unas buenas calificaciones, unos buenos alumnos, mucho apoyo por parte de los padres y muchos otros aspectos positivos. Si acaso, afirma Mike, «éramos un colegio que estábamos decidiendo si queríamos convertirnos en un colegio todavía mejor».

Por tanto, Mike se dirigió con cierta curiosidad a todos sus trabajadores para ver si alguno de ellos podía estar interesado en desarrollar el tema del liderazgo. La respuesta de los trabajadores fue abrumadora. Tal y como lo describe él mismo: «Vibraban de energía». Invitaron a Muriel a su colegio para que les relatara su historia y se quedaron prendados de ella. Ocho padres procedentes del consejo escolar se unieron a ellos en su formación sobre los 7 hábitos, así como algunos trabajadores de otros centros de enseñanza media y secundaria que se alimentan de su colegio. A continuación, pusieron en marcha muchas de las mismas actividades que ya habían desarrollado los demás colegios que enseñan el tema del liderazgo.

El colegio se encuentra en un distrito y en una provincia que son muy rigurosos respecto a la recopilación de información. Sus datos son compilados por profesionales externos y los resultados del primer año del colegio, recopilados por la Alberta Education, parecen confirmar que lo que los padres quieren de un colegio es:

| Encuesta | Antes de los 7 hábitos | Después de un año con los 7 hábitos |
|---|---|---|
| Padres que aceptan que a los alumnos se les enseñen las actitudes y conductas que harán que tengan éxito en el trabajo cuando acaben sus estudios. | 69,4 % | 92,3 % |
| Trabajadores que aceptan que a los alumnos se les enseñen las actitudes y conductas que harán que tengan éxito en el trabajo cuando acaben el colegio. | 77,8 % | 100 % |
| Padres que están satisfechos de que los alumnos muestren las características de los ciudadanos activos. | 81,4 % | 90,7 % |
| Padres que aceptan que en el colegio fomenten que sus hijos se impliquen en actividades que ayudan a la comunidad. | 65 % | 100 % |
| Padres que aceptan que los alumnos se respeten entre sí. | 84 % | 98 % |
| Incidentes disciplinarios remitidos a la administración del colegio para su seguimiento. | descenso del 67 % | |

Además, año y medio después de la puesta en marcha de los 7 hábitos, la empresa Schollie Research and Consulting, que proporciona encuestas a aproximadamente quinientos colegios de Alberta para que participen padres, alumnos y profesores, descubrió lo siguiente en el colegio Joseph Welsh Elementary:

| Encuesta | En desacuerdo | De acuerdo |
|---|---|---|
| **Alumnos:** Pienso que tengo oportunidades de ser un líder de mi clase o de mi colegio. | 5 % | 95 % |
| **Padres:** El Programa de Educación de la Personalidad basado en *Los 7 hábitos de la gente altamente efectiva* tiene un impacto positivo en el ambiente del colegio de mi hijo. | 1 % | 99 % |
| **Padres:** Me gustaría ver que el Programa de Educación de la Personalidad basado en *Los 7 hábitos de la gente altamente efectiva* sigue adelante en el colegio de mi hijo. | 3 % | 97 % |
| **Profesores:** El Programa de Educación de la Personalidad me ayuda a enseñar a los alumnos los principios necesarios para la vida cotidiana. | | 100 % |
| **Todos los trabajadores:** El Programa de Educación de la Personalidad ha proporcionado a este colegio un lenguaje muy útil de comunicación entre alumnos, trabajadores y padres. | | 100 % |
| **Todos los trabajadores:** El Programa de Educación de la Personalidad ha tenido un impacto positivo en este colegio. | | 100 % |
| **Todos los trabajadores:** Me gustaría ver que el Programa de Educación de la Personalidad se sigue impartiendo en este colegio. | | 100 % |

Aunque los porcentajes son impresionantes, Mike afirma que el cambio más notable se observa en la forma en la que los alumnos solucionan sus diferencias. Antes los alumnos solían llegar a su despacho mostrando una actitud defensiva. Lo que había comenzado como un problema menor se había convertido en un gran problema cuando llegaba a él. Pero ahora ha descubierto que los alumnos resuelven sus conflictos por sí mismos o bien lo hacen con la ayuda de los profesores utilizando el lenguaje del ganar/ganar. «Lo que estamos creando —afirma— son personas capaces de solucionar problemas.»

Mike Fritz se echa a reír cuando describe cómo al principio se preguntaba si algún profesor estaría interesado en formar parte de un colegio donde se impartieran los 7 hábitos. Ahora afirma que, en todo caso, él es el único que afirma: «Bueno, pensemos un poco en ello», y los profesores le responden: «¡Adelante! ¡Vamos! Hagamos algo más».

SINGAPUR

El colegio de educación primaria Chua Chu Kang de Singapur tiene 2.200 alumnos, con una media de cuarenta niños por clase. Afortunadamente, su enorme tamaño se compensa con la energía que demuestran los profesores a la hora de enseñar los 7 hábitos.

Singapur tiene un potencial educativo y una filosofía nacional que encaja perfectamente con los 7 hábitos. En 1995, por ejemplo, el Ministerio de Educación aprobó la enseñanza de los 7 hábitos a todos los profesores y la mitad de los veinte mil educadores aceptaron la oferta. El ministerio también exige que los alumnos de todos los cursos aprendan educación del carácter como parte de una sección de educación cívica y moral. La mayoría de los alumnos siguen un programa de estudios estándar para todo el país, pero recientemente algunos colegios de la escala K-12 (enseñanza primaria a secundaria) han dado algunos pasos creativos para insertar los 7 hábitos en el programa de estudios nacional. El más destacado de esos centros es el colegio de primaria Chua Chu Kang, cuyo director es el señor Francis Foo.

El señor Foo estaba ansioso por llevar los 7 hábitos a los alumnos, pero no quería imponer su voluntad a los trabajadores. Por tanto, primero tanteó el terreno, invitando a los profesores que enseñaban en los cursos quinto y sexto (niños de 11 años) a ponderar la idea de llevar los 7 hábitos a los alumnos. La única cuestión que planteó a esos profesores fue: «¿Se comprometerán a hacer esto?». La respuesta de los profesores fue tan estimulante que decidieron dar una oportunidad al nuevo método.

Algunos profesores y ciertos padres ya conocían los 7 hábitos, pero en realidad nadie había pensado demasiado acerca de

El nombre que aparece en la fachada del colegio de Singapur refleja la rica diversidad del colegio y de la población en edad escolar del país.

cómo enseñar los hábitos a los alumnos, y, además, entonces nadie había oído hablar del colegio A. B. Combs. Por tanto, en 2006, bajo el liderazgo de la señorita Ho Siow Chun y de la señora Ng Boon In, y con el apoyo y la supervisión del señor Foo, el personal del colegio trabajó con los representantes de FranklinCovey de Singapur en la preparación de una serie de guías para el profesor y para el alumno.

La primera tarea que se llevó a cabo fue preparar al centenar de profesores del colegio en los 7 hábitos. Una vez terminada, se elaboró un plan sobre cómo se podrían enseñar los hábitos a los alumnos. Decidieron enseñar los hábitos primero, segundo y tercero (la victoria privada) en cuarto de primaria (niños de 10 años), mientras que a los alumnos de quinto (11 años) se les enseñaría del hábito cuarto al séptimo (la victoria pública). A los alumnos de sexto de primaria se les enseñaría a utilizar los 7 hábitos en su preparación para su importante examen nacional.

Aunque la enseñanza de los hábitos principalmente se reservó a los cursos superiores, todos los cursos estuvieron de una u otra manera en contacto con ellos. Por ejemplo, carteles acerca de los 7 hábitos decoran los pasillos del colegio, incluyendo varias fotos ampliadas de alumnos que hacen gala de los diversos hábitos. También hay unos carteles enormes sobre cada uno de los hábitos que están colgados en la zona de reuniones. Como parte de una semana especial, los alumnos de primero diseñaron algunos marcapáginas sobre los 7 hábitos, mientras que los alumnos de segundo crearon insignias, los de tercero compusieron canciones de *rap* sobre los 7 hábitos, los de cuarto dibujaron tiras cómicas y los de quinto escribieron relatos; actividades todas ellas destinadas a reforzar los 7 hábitos. Pero el verdadero regalo fue la obra de teatro del colegio. Tenía un título muy conocido, *Blancanieves y los siete enanitos*, pero en esta versión los siete enanitos (que representaban a los hábitos) tenían que enseñar a Blancanieves a organizar su vida.

El método que emplea este colegio es distinto del que utilizan los centros de los que hemos hablado anteriormente, ya que sólo se hace hincapié en los hábitos de los niveles superiores y, además, se enseñan como un programa de estudios predeterminado, no como un método omnipresente. Sin embargo, el colegio está encantado con los resultados. Como reconocimiento a su labor, recientemente fue galardonado con el Premio Nacional de Desarrollo de la Personalidad por el ministro de Educación. Y, por lo que respecta a los exámenes nacionales, el señor Foo afirma que el colegio ha dejado de estar en un nivel «medio» y ha pasado a engrosar la lista de los colegios más cualificados.

Todas estas aplicaciones de los 7 hábitos a escala internacional me llenan de emoción. También hay otros colegios que se han puesto en marcha, como el Timboon Elementary de Australia, que lleva varios años reproduciendo el modelo del colegio A. B. Combs. En Europa y en otras partes de Asia hay más colegios que se encuentran en su etapa inicial. Y, aunque el tema del liderazgo no ha hecho más que empezar a desarrollarse a escala internacional, considero que aquí se advierte lo que puede llegar a conseguir en todo el mundo. Tal y como descubrió Franklin-Covey en sus acuerdos corporativos, merced a los cuales los 7 hábitos se están expandiendo fuera de Estados Unidos a un ritmo más rápido que el que se observa en nuestro país, estos principios son universales. Abarcan a todas las culturas, todos los credos y todos los estratos socioeconómicos. De ahí que, dada mi ferviente creencia en las posibilidades y el valor que tienen los niños —todos los niños—, me complazca comprobar que el tema del liderazgo puede llegar a extenderse a todo el mundo.

## La importancia de una seña de identidad

Mientras resumía este capítulo, recordé la letra de la canción *I Did It My Way*. En cierto sentido, eso es lo que todos estos colegios están cantando. Cada uno de ellos añade sus propias señas de identidad al método del liderazgo.

En un capítulo anterior, insistí en que los profesores no sólo tienen un manual de propiedad sobre la educación, sino que deben tener esa propiedad. No se trata de un programa listo para usar al que los profesores se ciñen y repiten al pie de la letra. Primero deben vivir y amar los 7 hábitos y otros conceptos del liderazgo. De lo contrario, los alumnos percibirán la duplicidad. Pero, por encima de todo, deben añadir su propia personalidad —su propia voz— a lo que están enseñando. Deben hacerlo suyo. Cuando lo consiguen, eso se refleja en sus ojos, en su lenguaje y en el modo en el que manejan los problemas de disciplina. En ese momento, los alumnos comienzan a sentirlo y a creer en ese nuevo método.

> En los próximos años, es posible que vuestros alumnos olviden todo lo que les habéis enseñado. Pero siempre recordarán lo que les hicisteis sentir.
>
> Cartel de autor desconocido que aparece en la sala de profesores del colegio A. B. Combs

Y eso es lo que hace que esos colegios y cada uno de esos profesores sean tan extraordinarios. Todos ellos han añadido sus singulares señas de identidad a lo que está sucediendo en el centro. Sus modelos escolares son, por regla general, parecidos al modelo del colegio A. B. Combs, aunque, en última instancia, todos son distintos. No todos los colegios, por ejemplo, se concentran tanto en los principios Baldrige, aunque la mayoría de ellos manejan herramientas de calidad, incluidos los cuadernos de datos. No todos utilizan las ventanas que integran el colegio A. B. Combs. A cambio, tienen sus propios modelos, su propia filosofía, basada en sus necesidades y en sus virtudes particulares. Y eso no es algo que simplemente esté bien, sino que, además, es muy importante.

En cada aula se respira un ambiente distinto. Sean cuales sean los planes de lecciones que comparten los diversos profesores, ninguno de ellos los aplica de la misma manera. Al final, lo más importante es lo que *sienten* los alumnos. Cuando ellos *sienten* que el tema del liderazgo está enfocado en su beneficio y que su profesor tiene en cuenta sus cualidades, entonces los alumnos dan un gigantesco paso hacia delante y son capaces de conducir con éxito sus propias vidas en el transcurso del siglo XXI.

# 7
## ASCENDER E IR MÁS ALLÁ

La base de todo Estado es la educación de sus jóvenes.

DIÓGENES LAERCIO, cita encontrada en el techo del auditorio del Instituto Municipal Central de Joliet

Después de participar en una clase sobre los 7 hábitos impartida en su instituto, dos hermanas decidieron que ya contaban con todo lo necesario para abrir un negocio, así que su recién descubierta proactividad les llevó a convertirse en empresarias adolescentes de éxito.

Un joven estudiante de instituto estaba dominado por un intenso deseo de venganza después de que su hermano mayor fuera apuñalado hasta morir durante una pelea en el colegio. Pero un día se sintió conmovido por un pasaje extraído de *Los 7 hábitos de los adolescentes altamente efectivos* que leyó en una clase para estudiantes de primer año. Se fue a casa y escribió un texto de tres páginas, al que llamó su declaración de principios, y se comprometió a dedicar su vida a hacer el bien en honor a su hermano.

En el centro de Chicago, una estudiante latina de enseñanza secundaria comenzó a recibir lecciones sobre los 7 hábitos en su clase de literatura. Esta estudiante afirma que las tres palabras de las que consta su declaración de principios son «no rendirse jamás» y que eso la llevó a convertirse no sólo en el primer miembro de su familia en ir a la universidad, sino también en la primera de sus ancestros en graduarse.

En Singapur, un joven estudiante chino tenía muchos problemas para continuar sus estudios, especialmente porque adolecía de falta de concentración. Pero un día se aprendió de memoria todas las páginas de *Los 7 hábitos de los adolescentes altamente efectivos* que le habían entregado en el colegio. Sus calificaciones mejoraron vertiginosamente y ahora tiene una vocación profesional y todo el mundo le considera un líder en su colegio.

Como ya se habrá percatado, este libro subraya la importancia del tema del liderazgo en los colegios de enseñanza elemental. Pero, como ya habrá deducido de los párrafos anteriores, en este capítulo trataré de llevarle hasta los colegios de enseñanza media y secundaria para que pueda hacerse una idea de lo que está aconteciendo a esos niveles y para que vea que están sucediendo algunas cosas importantes. También han ocurrido cosas importantes en el ámbito del distrito y del gobierno, que explicaré brevemente al final del capítulo.

Posiblemente recuerde que, según expuse en el prefacio, la presentación inicial de los 7 hábitos en los colegios se concentraba en los adultos, y no en los estudiantes. De hecho, la idea de llevar los hábitos a los alumnos no cobró fuerza hasta que mi hijo Sean escribió en 1998 la versión para adolescentes de *Los 7 hábitos*. Pero ni el enfoque inicial en los adultos ni la espera del libro de Sean impidieron que unos cuantos profesores entusiastas de enseñanza secundaria tomaran la iniciativa, incluidos algunos educadores del instituto Joliet.

## EL INSTITUTO MUNICIPAL CENTRAL DE JOLIET

En la época en la que se publicó el libro original sobre los 7 hábitos, Tony Contos era consejero en el Instituto Municipal Central de Joliet, Illinois. Pero Tony no sabía absolutamente nada de los 7 hábitos hasta que un padre se acercó a uno de sus compañeros y le dijo: «Tienes que leer este libro». Después de leerlo, ese compañero planteó el mismo reto a Tony: «Tienes que leer esto».

Al principio, Tony se mostró reacio. Ya tenía una pila de material de lectura en su montón de libros pendientes y, por otra parte, la lectura no era la tarea más acuciante que tenía en mente. Estaba pensando en abandonar su carrera como educador. Había entrado en ese mundo con la idea de causar un gran impacto, pero al final se encontró librando constantes batallas burocráticas, imponiendo normas y colocando parches a los problemas que tenían los alumnos.

Sólo el respeto que sentía por su colega hizo que Tony echara un vistazo a ese libro. Encontró una versión en audio y comenzó a escucharla en el coche mientras se desplazaba al colegio. Muy pronto comenzó a salir para almorzar y a dar un largo rodeo de vuelta a casa o conduciendo sin destino fijo por las noches para poder escuchar otro capítulo entero. Cada uno de esos hábitos parecía asociado a una decisión en particular con la que estaba lidiando en la oficina o con un problema que planteaba alguno de sus alumnos.

Tony y su compañero llamaron a FranklinCovey para saber si alguno de los elementos relacionados con los 7 hábitos se podía aplicar a sus alumnos. El libro de *Los 7 hábitos* acababa de publicarse, así que en aquel momento la respuesta fue negativa. Pero FranklinCovey acababa de contratar a Chuck Farnsworth para que iniciara su división de educación y Chuck aceptó trabajar con Tony en la creación de algunos planes de estudios y de ciertas actividades para los estudiantes. Tony describe esos días como «toda una aventura y un entrenamiento». Pero disfrutó mucho. Aquello hizo que recobrara su entusiasmo por educar. Después de haber intentado aplicar diversas lecciones durante varias semanas, una madre se acercó al colegio y le preguntó: «¿Qué demonios está sucediendo?». Aquella madre había visto las cosas extraordinarias que le estaban pasando a su hija y quería saber el motivo.

Tony elaboró muchos juegos de rol utilizando ejemplos extraídos de la vida real y preguntó a los alumnos de qué modo utilizarían los hábitos para encontrar soluciones a las diversas situaciones que había planteado. Al final de una de las clases, un alumno se acercó a él y le dijo: «Esta es la primera vez que tengo la oportunidad de hablar de las cosas de las que quiero hablar. Procedo de una familia de rufianes, pero sé que puedo cambiar todo eso, al menos por lo que concierne a mi propia vida». Por esa misma época, Tony mantuvo una discusión con una monja que le dijo: «Tony, los niños quieren conocer el camino. Les gustan las directrices y las reglas firmes más de lo que creen los adultos». Tony descubrió que, efectivamente, eso era lo que estaba sucediendo en sus clases. No tenía la menor intención de convertir los debates en sesiones de terapia, ni nada parecido, pero se dio cuenta de que los alumnos deseaban tener la oportunidad de hablar con adultos de su confianza sobre los problemas que tenían en mente.

Tony además obtuvo el certificado para preparar a los trabajadores del colegio y eso, afirma, también supuso un soplo de aire fresco en su carrera. Recuerda cómo un día retó a una serie de profesores a encontrar la manera de aplicar el concepto de «cuenta bancaria emocional» a lo largo de la semana siguiente. Una de las trabajadoras del colegio informó de que su tarea consistía en quedarse vigilando cada mañana en una de las trece entradas que tenía el colegio. Decidió realizar un «depósito» en la cuenta bancaria emocional de cada alumno que entrara por la entrada que le habían asignado. El primer día, llegó un grupo de muchachos que utilizaban muy malos modos. Uno de ellos solía emplear un lenguaje inadecuado, pero ella se resistió a recriminarle y los chicos lo agradecieron. Al día siguiente, cuando lle-

Desde su publicación, de *Los 7 hábitos de los adolescentes altamente efectivos* se han vendido más de tres millones de ejemplares y se ha llevado a los colegios de todo el mundo, como en esta clase de Corea, donde los alumnos están aprendiendo una canción sobre los 7 hábitos con movimientos.

garon los mismos chicos, ella les habló con educación. Al cuarto día, los muchachos se mostraron muy respetuosos y la saludaron. A la semana siguiente le asignaron otra entrada y, para su sorpresa, algunos de los alumnos que normalmente entraban por la puerta donde antes se encontraba ella, advirtieron que faltaba y la estuvieron buscando. Querían saludarla y decirle que la echaban de menos.

Uno de los problemas más importantes fue encontrar los fondos necesarios para comprar materiales. Pero a medida que los miembros de la comunidad comenzaron a enterarse de la tarea que estaba llevando a cabo el colegio, algunos ofrecieron su colaboración. Una de esas personas trabajaba como abogado en la Oficina del Fiscal del condado. Dijo a Tony que cuando su departamento vendiera los bienes incautados de las redadas antidroga, una parte del dinero recaudado sería destinada al colegio para que pudiera enseñar los 7 hábitos. Justificaba esa donación alegando que cuando el condado investigaba un asesinato o una venta de drogas, cuando perseguía y arrestaba al autor de un delito, y luego lo juzgaba y encarcelaba, muchas veces ese proceso costaba un millón de dólares. «Salvad a un niño —dijo—, y habréis ahorrado al condado un millón de dólares.»

Tony ya se ha jubilado, pero hoy sigue recordando los años que dedicó a la educación y afirma que la enseñanza de los 7 hábitos supuso la cima de su carrera. Me siento muy agradecido a Tony y a otros educadores como él que, durante esos primeros años, encontraron con tanta habilidad la forma de ayudar a FranklinCovey a enseñar el contenido de los 7 hábitos a los adolescentes de una manera práctica y significativa.


INSTITUTO NOBLE STREET CHARTER

Como consecuencia de sus exigentes programas de estudios y de la naturaleza de su estructura, muchos centros de enseñanza media y secundaria no introducen los 7 hábitos en la cultura del colegio tal y como lo hacen otros centros. A cambio, enseñan los 7 hábitos como una clase optativa, los imparten como pueden en un curso ya preparado o los convierten en un acontecimiento escolar, más bien como orientación para los alumnos de primer año. Una de las excepciones más brillantes se encuentra en el Instituto Noble Street Charter de Chicago.

Este instituto abrió sus puertas en 1999. Fue fundado por dos antiguos profesores de colegio público, Michael y Tonya Milkie, junto con la Northwestern University Settlement Association, una organización de servicios sociales asentada en Chicago. Lo que había empezado como un colegio acabó convirtiéndose en siete campus, todos ellos situados en el centro de la ciudad de Chicago. Los colegios no son selectivos, lo que significa que tienen la matriculación abierta y que no se exige ningún requisito especial (a diferencia de la mayoría de los colegios privados). El 80 % de los aproximadamente quinientos alumnos que estudian en cada centro proceden de hogares con ingresos bajos. La mayoría de ellos son descendientes de latinos o de afroamericanos.

Desde el primer momento, Michael y Tonya concibieron el colegio como un centro que tenía que ser diferente. Se fijaron unas expectativas elevadas, incluyendo la insistencia en que los alumnos se metieran la camiseta por dentro y vistieran de manera conservadora. Si no se seguían las normas les quitaban puntos, lo que podía provocar que tuvieran que repetir curso o que peligrara su paso al curso siguiente. Esto puede parecer algo «estricto», pero los Milkie y los profesores de este centro quieren que los alumnos estén preparados para ponerse a trabajar cuando se gradúen, tanto si abandonan sus estudios en el instituto como si siguen estudiando hasta la universidad, y la correcta higiene y la forma de vestir adecuada forman parte de ese objetivo.

Pese a sus elevadas expectativas, no da la sensación de que el colegio sea excesivamente estricto. Las personas que lo visitan se encuentran con alumnos que están contentos y que se llevan bien con los demás. En las paredes hay cuadros de alumnos del instituto Noble que se divierten y se implican en proyectos importantes. Aunque se exige que los alumnos participen en una serie de horas dedicadas a la comunidad, normalmente lo hacen de forma voluntaria porque los proyectos en los que participan son muy divertidos y se llevan a cabo con los profesores y los compañeros de clase. Los líderes estudiantes participan en las decisiones que toma el colegio y son una parte fundamental del mantenimiento de esa optimista cultura del centro.

Cuando se les pregunta qué es lo que hace que tengan una cultura tan rica en sus campus, los profesores declaran que todo el mérito es de los 7 hábitos y del método que adoptó el colegio para infundir personalidad y disciplina. Cada uno de los campus es libre de determinar el modo de enseñar los hábitos, siempre que tomen como base lo que funciona mejor para su situación en particular. En el campus inicial, por ejemplo, los 7 hábitos se enseñaban como parte de la clase de literatura del primer año. Los alumnos leen *Los 7 hábitos de los adolescentes altamente efectivos* al comienzo del primer semestre y, durante el resto del año, leen una serie de libros que son una especie de «viaje personal» donde se fomenta la idea de que uno debe hacerse cargo de su propia vida y superar las dificultades. Entre ellos se incluyen títulos como *We Beat the Streets, Chinese Cinderella, Martes con mi viejo profesor* y *El guardián entre el centeno*. (Los tradicionalistas no tienen por qué asustarse: Shakesperare tiene su lugar en los cursos superiores.) En los debates literarios se refuerzan los principios de los 7 hábitos. Muchas tareas de redacción también contienen conceptos que se encuentran en los 7 hábitos, como la redacción de una declaración de principios personal y de un diario. Los alumnos también escriben el guión de una obra de teatro divertida en la que ponen los hábitos en acción y, al final del año, la representan para todo el colegio.

En el campus Pritzker del instituto Noble, los hábitos se enseñan como parte de la clase de estudios sociales de la señorita DeGuia que reciben todos los alumnos de primer curso. También leen juntos *Los 7 hábitos de los adolescentes altamente efectivos* y aplican los hábitos a diversos problemas sociales. Los alumnos están más que dispuestos a expresar sus opiniones sobre los problemas más controvertidos y se pueden llegar a poner muy serios cuando hablan del modo en el que podrían utilizar los hábitos para solucionar los dilemas sociales o para afrontar retos personales tales como la manera de tratar el problema de las drogas, el sexo o el alcohol. La clave está en que confían en la señorita DeGuia y saben que ella se interesa por su vida, tanto la presente como la futura.

Lo que hace que los diversos centros del Instituto Noble

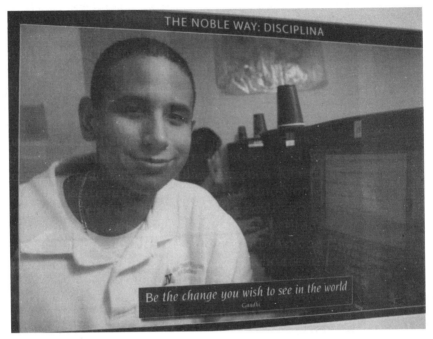

THE NOBLE WAY: DISCIPLINA

*Be the change you wish to see in the world*
Gandhi

Los carteles de los pasillos donde aparecen estudiantes del pasado y del presente recuerdan a los alumnos del instituto Noble el tipo de personas en las que pueden llegar a convertirse.

Street Charter destaquen entre los demás institutos que enseñan los 7 hábitos es que su enseñanza de los hábitos no se detiene en el primer año, ni se restringe a una sola clase. Todos los profesores son expertos en los 7 *hábitos* y los utilizan de manera regular como parte de sus clases de asesoramiento. Las clases de asesoramiento se crearon para que los alumnos tuvieran un solo profesor asesor desde el primer año, de manera que ese profesor y su grupo de alumnos permanecieran juntos durante los cuatro años. Se reúnen cada día y, a veces, debaten sobre uno o varios hábitos. En este sentido, el profesor asesor hace las veces de mentor.

Una de las entrenadoras de gimnasia del instituto afirmó que no podía evitar echarse a reír cuando su equipo iba por detrás en un partido de baloncesto y algunas de las jugadoras comenzaban a enfadarse y a perder la compostura. En esas situaciones, escuchaba a los alumnos que había entre el público gritar cosas como: «Cálmate. Sé proactivo. Toma el control». Pero, por supuesto, no todo va como la seda en el instituto. Por ejemplo, una alumna se quejaba de que su padre le había cogido su ejemplar de *Los 7 hábitos de los adolescentes* y no se lo había devuelto hasta que había acabado de leerlo, así que no tenía ningún ejemplar para su clase.

De lo que se siente más orgulloso el Instituto Noble Street Charter es de su índice de asistencia a clase. ¡Y tiene razones para ello! Su índice de asistencia es notablemente superior al de los institutos vecinos. Una de sus graduadas, Angélica Alfaro, perteneció a la primera clase que se graduó en el Instituto Noble Street. Después se licenció en Psicología y en Estudios Latinos en la Universidad de Illinois y actualmente ha vuelto al Instituto Noble para trabajar como coordinadora de alumnos. Afirma que cuando estudiaba en el Noble, siempre le costaba mucho recordar los 7 hábitos en el orden correcto, pero que constantemente se encontraba utilizándolos mientras estaba en la universidad. Es la primera persona de su familia que ha estudiado en la universidad y confiesa que muchas veces tuvo deseos de arrojar la toalla, pero insiste en que la declaración de principios que escribió cuando era alumna de primer año, «no rendirse jamás», es lo que la mantuvo firme.

Así pues, ¿cómo se pueden medir estas impactantes calificaciones en los exámenes, así como otros éxitos clave? Obviamente, no todo se puede atribuir a los 7 hábitos, pero las puntuaciones en el examen final siempre se encuentran entre las más altas de todos los colegios no selectivos de Chicago, entre los que se incluyen todos los centros públicos. Los índices de asistencia diaria a clase también son elevados. Y, lo que es todavía mejor, los alumnos hablan mucho más de la universidad en la que tienen pensado estudiar que en las posibilidades que tienen de matricularse algún día en una universidad.

Y eso no es todo. En cuatro años sólo se ha producido una pelea. Los cuartos de baño están sorprendentemente limpios de pintadas. Los alumnos se tratan entre sí con respeto. También tratan a los adultos con respeto, en parte porque a *ellos* también se les trata de ese modo. La lista de espera de los alumnos que desean acudir a uno de estos centros ha aumentado hasta superar los dos mil candidatos. Además, varios padres conducen largas distancias para llevar a sus hijos al colegio, mientras que otros alumnos tienen que coger a primera hora algún tipo de transporte público. En mi opinión, todo esto refleja en gran medida no sólo qué es lo que los padres y los alumnos piensan de los centros Noble Street Charter, sino también qué es lo que quieren conseguir de un colegio.

INSTITUTO MAR VISTA

Como ya mencioné anteriormente, muchos centros de enseñanza media y secundaria no integran los 7 hábitos plenamente en sus culturas tal y como lo hace el Instituto Noble. En cambio, muchos de ellos encuentran la manera de introducir los hábitos en ciertos acontecimientos especiales que se celebran una vez al año o los deslizan en los cursos ya existentes. Uno de estos ejemplos es el Instituto Mar Vista de Imperial Beach, California.

La doctora Louise Phipps es una directora y educadora muy innovadora. Fue nombrada Directora del Año por la Asociación de Administradores de Colegios de California y posee un amplio currículum de éxitos en colegios que presentaban muchos problemas. Ha dedicado más de una década a su nueva aventura en el Instituto Mar Vista y, bajo su tutela, el colegio ha experimentado una notable mejoría académica y, según los profesores, un cambio «extraordinario» en su cultura.

Poco después de llegar al Instituto Mar Vista, la doctora Phipps llevó a los profesores y a los trabajadores del centro a Coronado Island, al lado de la costa. Allí experimentaron los 7 hábitos como equipo. La doctora Phipps consideró que era una manera muy positiva de hacer saber a los profesores que se preocupaba por ellos como personas y que quería lo mejor para ellos desde el punto de vista personal. Una de las consecuencias de esa experiencia fue que la doctora Phipps y algunos de los profesores comenzaron a buscar la forma de trasladar los hábitos a los alumnos.

Su primer intento fue enseñar los hábitos como parte de la clase de lengua de noveno curso. Era una tarea difícil, ya que pensaban que abarcaba muchísima materia, dado que había que sumar los 7 hábitos al contenido de la asignatura. Pero al ver lo que los alumnos habían obtenido de aquel experimento, la doctora Phipps animó a trabajar a dos de sus profesores, Mary y David Holden, para que diseñaran un curso independiente que se impartiría a todos los alumnos durante su primer año en el instituto.

Durante más de siete años, los Holden y algunos otros profesores han estado enseñando los 7 hábitos dentro de un curso innovador diseñado por ellos mismos y llamado «Cruce de caminos». Este curso contiene una mezcla de capacidades para la vida y para el mundo laboral y utiliza los 7 hábitos como la base sobre la que se cimenta y desarrolla el curso. Se enseñan en siete aulas de primer año, con aproximadamente treinta y cinco alumnos por clase. Los alumnos pueden llevar a clase un ejemplar de *Los 7 hábitos de los adolescentes altamente efectivos*, así como su «Guía de actividades para el alumno».

Los Holden declaran que los alumnos disfrutan mucho de la clase y del aprendizaje de los hábitos. Les gusta preparar proyectos divertidos, como realizar vídeos de pequeñas obras de teatro que han escrito acerca de los hábitos. Los Holden afirman que los pocos alumnos que se resisten a los 7 hábitos son los que suelen necesitarlos más, pero varios de esos alumnos han regresado varios cursos después y les han dado las gracias. Los alumnos finalmente se han dado cuenta de que los hábitos les han ayudado a salir adelante no sólo en el instituto, sino también en la vida.

Aunque sus esfuerzos no son una iniciativa de la cultura del instituto en sí, Mary insiste en que han influido enormemente en la cultura del centro. El instituto ha experimentado un descenso en el número de problemas de disciplina desde que se puso en marcha el curso «Cruce de caminos» y, además, el número de alumnos que finalizan el instituto ha aumentado considerablemente. Mary también declara que en sus clases se ha registrado un notable descenso en el uso de lenguaje inadecuado. Pero lo que más le agrada es que los alumnos expresan abiertamente sus problemas en el «Cruce de caminos», porque saben que es un lugar seguro para hablar de las cosas que les importan. «Los alumnos necesitan un marco donde poder afrontar sus problemas de una manera natural —afirma Mary—, y los 7 hábitos les proporcionan ese marco.»

## ESCUELA SECUNDARIA ROOSEVELT

Ahora veamos un ejemplo de una escuela de enseñanza secundaria.

Según un viejo dicho, no se puede comprender del todo a otra persona hasta que no se ha caminado a su lado durante un kilómetro. En el caso de Marilyn Vrooman se podría decir que uno no la aprecia del todo hasta que no ha caminado con ella a lo largo de un kilómetro de su escuela, que es aproximadamente la distancia que hay en sus pasillos y sus patios. Lo que hace que ese paseo merezca la pena es que su escuela es también una estación de bomberos, una heladería, una sala de baile de la década de 1970 y un oasis completo con peces, conejos y cascadas.

Cuando Marilyn recibió una llamada telefónica en la que se le comunicaba que había sido seleccionada para dirigir la Escuela Secundaria Roosevelt, un colegio de grados 6-8 de Oklahoma City, prácticamente se echó a llorar, y no precisamente de alegría. Deseaba de todo corazón ocupar un cargo en un instituto, aunque no estaba segura de que una escuela secundaria fuera el mejor lugar para ella. Además, sabía que la escuela sufría importantes problemas de indisciplina debido a su ubicación en un viejo edificio situado en el centro de un barrio tomado por las bandas. Tal y como ella lo describe: «Sus vestíbulos estaban llenos de jóvenes alumnos cuyas vidas académicas se estaban ahogando en problemas sociales para cuya resolución no estaban equipados». Sabía que no tenía por qué aceptar ese puesto y estaba segura de que aparecerían otras opciones. Sin embargo, por su cabeza pasó el siguiente pensamiento: «Si eso es lo que Dios quiere que haga, lo haré».

La escuela Roosevelt cuenta con ochocientos alumnos, donde el cien por cien de ellos disfrutan de almuerzo gratuito. Aproximadamente el 15 % de los jóvenes tienen algún tipo de vinculación con una banda. Por tanto, cuando Marilyn aceptó el cargo hace siete años, la cuestión que tuvo que plantearse fue: «¿Por dónde empiezo?». Los dos primeros aspectos por donde decidió emprender su cruzada fueron las instalaciones y, seguidamente, los profesores.

Los pasillos de la escuela eran tan sombríos como las calificaciones de los exámenes. A sus lados había unos cuchitriles mal iluminados llenos de pintadas y las consignas rotas de los alumnos. Las consignas eran los escondrijos perfectos para que los alumnos ocultaran drogas y material de contrabando. De manera que Marilyn consiguió la ayuda de algunos líderes estudiantiles y durante el verano las retiraron. Quitaron el pestillo a las casillas de acero y vaciaron todo su contenido en el patio del colegio, donde se utilizaron como chatarra. Las consignas se habían amontonado sobre unas losas de cemento, así que Marilyn hizo traer un martillo perforador para que fueran destruidas mientras los alumnos cargaban los residuos en carretillas. Supongo que ver a la nueva directora rondando por los pasillos con un martillo perforador en la mano fue suficiente para reducir al menos una parte de los problemas de disciplina que había en el colegio.

Mientras trabajaba con los alumnos, Marilyn estableció una relación de amistad con ellos y se ganó su respeto. Muy pronto se corrió la voz: «A la nueva directora le importamos». Marilyn reconoció que muchos alumnos eran muy poco hábiles con las relaciones sociales. Durante el día estaban enganchados a los videojuegos y por las noches tenían miedo de salir a la calle. Muchos de ellos apenas tenían oportunidad de desarrollar las aptitudes interpersonales más básicas. Por tanto, allá donde antes había consignas, ella y los líderes estudiantiles establecieron unas áreas donde los alumnos pudieran reunirse y hablar. El sur de Oklahoma City es una importante zona de reclutamiento de bomberos, así que convirtieron un área del centro en una estación de bomberos artificial, adornada con una barra, una boca de riego y algunas fotografías. A otros alumnos les gustaban los coches clásicos, así que otra zona se diseñó en torno al tema de los coches, mientras que una tercera área se convirtió en una heladería de la década de 1970. Otra zona se preparó para que los profesores la transformaran en un auténtico refugio de la ciencia con un enorme tanque de peces y una cascada, que se utilizaron para realizar los proyectos de clase. Marilyn escuchó más de una vez la palabra «loca» cuando comenzó a diseñar esas áreas: «Los alumnos las van a destrozar en dos días», decía la gente. Pero ella confió plenamente en los muchachos y siete años después no se ha estropeado nada. Los alumnos se sienten orgullosos de esas áreas. Son de su propiedad.

El segundo aspecto en el que se concentró Marilyn fue en el de los profesores. Varios de ellos llevaban en el centro mucho tiempo y aplicaban métodos arcaicos a su instrucción académica. En lugar de lanzarse a arreglar lo que fuera preciso o a «limpiar la casa», Marilyn siguió los consejos que encontró en un libro que acababa de leer, *If You Don't Feed the Teachers They Eat the Students!* [*Si no alimentas a los profesores, se comen a los estudiantes*]. Algunos profesores querían contar con un área donde poder hacer ejercicios, así que Marilyn transformó una zona desocupada en una sala de ejercicios para los profesores. También trajo a expertos en contenidos para que disertaran sobre temas relacionados con la educación. Y así fue como los 7 hábitos entraron en escena. Marilyn y los profesores decidieron sacar adelante un curso sobre los 7 hábitos. El motivo de tal decisión reside en la filosofía de Marilyn de que «si los profesores no consideran que algo es bueno o efectivo para ellos, no serán capaces de relacionarse adecuadamente con los alumnos y, sin esas relaciones, los alumnos no podrán aprender».

Marilyn utiliza los 7 hábitos en su papel cotidiano de directora. Se le da muy bien crear el «fin en mente» y luego capacitar a las personas para que persigan ese fin de la forma que consideren más oportuna. «Los profesores saben cuáles son mis "piedras angulares" a la hora de tomar decisiones sobre las aulas —afirma—, pero más allá de eso, están completamente capacitados para utilizar su propio juicio crítico.»

A medida que los 7 hábitos fueron arraigando en los profesores, parecía algo natural que buscaran la forma de trasladar esos hábitos a los alumnos. Para algunos profesores era una tarea sencilla, independientemente de la asignatura que enseñaran. En cuanto a Marilyn, estaba decidida a crear un curso sobre el liderazgo de un año de duración que podría enseñar junto con uno de los profesores. En ese curso, a los alumnos se les enseñan conceptos básicos sobre el liderazgo procedentes de diversas fuentes, aunque los 7 hábitos son el núcleo central. Además los alumnos participan en proyectos sobre el liderazgo que benefician a la escuela y Marilyn también los utiliza como mediadores que ayudan a otros alumnos a solucionar las disputas de poca importancia. Ese curso ahora se ha expandido a seis aulas.

Durante uno de los primeros años, Marilyn tenía algunos alumnos que ella consideraba de alto riesgo. Muchos directores, por no decir la mayoría, se habrían limitado a encontrar la manera de expulsarlos de la escuela, pero Marilyn pensaba que simplemente necesitaban tiempo para madurar. Recibió una donación de diez mil dólares para financiar la creación de unos circuitos de cuerdas que le servirían para enseñar las técnicas del liderazgo y se puso en contacto con un contratista para que trabajara con quince niños de alto riesgo con el fin de que diseñaran, construyeran e instalaran ocho cuerdas a baja altura. Esa experiencia permitió a los jóvenes obtener una confianza en sí mismos que luego fueron capaces de trasladar a su trabajo en el colegio. Un equipo de alumnos formado por algunos de los que presentaban mayor riesgo fue preparado y recibió el certificado para ser monitores de ejercicios de cuerdas. Uno de los chicos declaró un tiempo después: «Nunca hubiera pensado que podía actuar como un líder delante de un grupo».

Marilyn está claramente a favor de encontrar maneras de capacitar a los alumnos para ser líderes y sonríe abiertamente cuando declara: «Creo en el trabajo de los niños». Si llega una importante remesa de material para los alumnos, los niños son los únicos que los van a utilizar, así que ella les obliga a desempaquetarlos y a montarlos, especialmente si están relacionados con la tecnología, algo que ella considera que es la «lengua nativa» de muchos alumnos. Cuando el colegio se encontró con que no disponía de espacio suficiente, Marilyn decidió reformar una antigua zona de almacenamiento en cuatro nuevas aulas. Pero, como era de esperar, pidió a los alumnos que le ayudaran en el diseño y en la construcción de la nueva área. Los alumnos tuvieron que calcular los metros cuadrados, determinar cómo iban a dividir las diversas zonas, investigar sobre las normas de construcción y calcular los materiales que iban a necesitar. Algunos profesores incluso enseñaron a los alumnos a levantar paredes y a colocar letreros. Naturalmente, el personal de administración de las instalaciones del distrito supervisó el trabajo; podrían haberlo hecho por sí solos, pero ¿qué habría enseñado eso a los alumnos sobre matemáticas, arquitectura, construcción, trabajo en equipo o liderazgo?

Ahora bien, si se imagina que la Escuela Secundaria Roosevelt es una especie de Jardín del Edén donde sólo hay cascadas, lagunas de peces y flores en cada esquina, siento decepcionarle. Los alumnos todavía entran cada mañana en la escuela a través de un detector de metales. Cuando conduce hasta su oficina, Marilyn tiene que atravesar los bloques de apartamentos para ver si la noche anterior las bandas han dejado alguna pintada que pueda suponer algún problema para sus alumnos. Por tanto, no, la escuela Roosevelt todavía no es un paraíso. Pero la vida de los alumnos está cambiando en cada uno de ellos. Y aunque Marilyn sabe que nunca va a recibir los deslumbrantes elogios que prodigan a los colegios de su distrito que tienen altas calificaciones, ya había aceptado ese hecho antes de que eligiera, de manera proactiva, asumir el puesto de directora. Se encuentra conforme con el rumbo que ha tomado la escuela, aunque concede todo el mérito a los demás: «Las personas que trabajan muy duro quieren trabajar con personas que trabajan duro —afirma—. Y ésta es una de las razones por las que me gusta trabajar aquí.»

SINGAPUR

Como ya comenté en el capítulo anterior, a finales de la década de 1990 el Ministerio de Educación de Singapur puso en marcha un curso de formación para profesores basado en los 7 hábitos. Aunque aproximadamente la mitad de los veinte mil profesores que imparten clases en Singapur fueron preparados para enseñarlos, hasta el año 2000, los hábitos no comenzaron a enseñarse a los alumnos, debido a las reiteradas peticiones presentadas por los padres y los profesores.

Uno de los primeros centros que apoyó la iniciativa de que los alumnos fueran educados en los 7 hábitos fue la Escuela Secundaria Clementi Town, dirigida por la señora Tan. Cuando decidió adoptar los 7 hábitos, la escuela tenía un objetivo muy claro: ayudar a los alumnos de primer año a realizar la transición de la escuela secundaria inferior al nivel secundario superior (es decir, de la escuela secundaria al instituto). Se dieron cuenta de que los alumnos necesitaban tener más autodisciplina y más capacidad de aprendizaje independiente en el nivel superior y pensaron que los 7 hábitos podrían ayudarles en este aspecto. También consideraron que los hábitos ayudarían a los alumnos en su preparación de los exámenes de ingreso a la universidad y en su aprendizaje de los conceptos básicos de la creatividad, el trabajo en equipo y la aptitud interpersonal.

Por tanto, en colaboración con la oficina FranklinCovey de Singapur y con los educadores de algunos colegios vecinos, se desarrolló un curso llamado JAE, que significa Juventud Altamente Efectiva. El curso JAE es similar a la tarea que están realizando otros institutos en cuanto a la enseñanza de los hábitos como parte de una clase independiente. Sin embargo, uno de los elementos que hace que el método impartido en el Clementi Town sea tan particular es el modo en el que extienden los conceptos por la escuela y por el programa de estudios. Todos los profesores han recibido preparación en los 7 hábitos y cada semana, durante la reunión que celebran todos los profesores del colegio, los docentes que imparten el JAE anuncian en qué concepto de los 7 hábitos se concentrarán los alumnos durante esa semana. A continuación, los demás profesores plantean algunas formas prácticas de utilizar y reforzar ese mismo concepto en las lecciones que imparten durante la semana, independientemente de la materia que aborden. Por ejemplo, si esa semana se concentran en el segundo hábito, el profesor de ciencias puede preguntar mientras realizan un experimento: «¿Qué fin tenemos en mente cuando realizamos este experimento?». De este modo, los hábitos se convierten en una parte viva de la cultura de la escuela y los principios cobran vida tanto para los estudiantes como para los profesores en todas las materias.

Como colofón de la enseñanza en las aulas, los pasillos de la escuela están decorados con carteles sobre los 7 hábitos y de los muros exteriores cuelgan grandes banderas sobre el mismo tema. Durante las asambleas semanales se expresan ideas sobre los 7 hábitos y, además, se han preparado clases nocturnas para padres con el fin de enseñarles los conceptos básicos de los 7 hábitos. Pero también hay otros métodos novedosos —*señas de identidad*— que la escuela Clementi Town ha integrado en su trabajo y que me gustaría mencionar aquí. Uno de ellos es que han dedicado varias salas al desarrollo del programa JAE que están decoradas con los temas de los 7 hábitos. De este modo, se crea un entorno adecuado para que los alumnos aprendan y para que todos los profesores certificados tengan un rápido acceso a los materiales comunes.

Cobijada bajo unos enormes edificios residenciales se encuentra la Escuela Secundaria Clementi Town, una de las pioneras en programas para adolescentes del sudeste asiático.

En segundo lugar, han creado lo que llaman un «día JAE». Durante ese día, los alumnos que realizan los cursos JAE dirigen un taller durante toda la jornada para los estudiantes que se encuentran uno o dos niveles por debajo de ellos. Los alumnos del JAE enseñan los hábitos por bloques, de modo que los alumnos más jóvenes cambian de una sesión a otra —de un hábito a otro— a lo largo de todo el día. La escuela Clementi Town considera esto no sólo como una forma extraordinaria de introducir los hábitos en los futuros alumnos, sino también como una manera de que los alumnos que están haciendo el curso JAE repasen y consoliden su conocimiento de los hábitos.

Después de haber introducido en los 7 hábitos a doscientos alumnos, la escuela Clementi Town está ahora tratando de encontrar la manera de aplicarlos como centro pedagógico y de utilizarlos para evaluar su rendimiento, lo que constituye su tercera seña de identidad. Recientemente, por ejemplo, la escuela llevó a cabo un examen interno de su cultura donde los miembros de la plantilla calificaban en qué medida consideraban que el colegio ejemplificaba cada uno de los hábitos, por ejemplo: lo proactivo que pensaban que era el colegio, hasta qué punto empezaban con un fin en mente, y en qué medida establecían primero lo primero y pensaban en ganar/ganar. Consideran este enfoque como una manera de afrontar su responsabilidad y de liderar con el ejemplo, y de hecho, la primera ronda de resultados fue extraordinariamente reveladora y positiva.

## GUATEMALA

Esta es una historia que he tenido la oportunidad de vivir personalmente, y estoy convencido de que el método del liderazgo tiene un enorme potencial, no sólo en Guatemala sino también en otros países.

En 2003, María del Carmen Aceña, la recién nombrada ministra de Educación de Guatemala, comenzó a visitar algunos colegios. Entrevistó a profesores, alumnos y padres, y se alarmó muchísimo al ver que nadie hablaba del futuro, ni de su propio futuro ni del futuro de Guatemala.

Durante treinta y seis años, Guatemala ha padecido una terrible guerra civil que ha dejado miles de muertos y la economía bastante dañada. En 1996, cuando las facciones en guerra finalmente depusieron las armas, algo de inestimable valor se había desvanecido en el país: principalmente la esperanza y el optimismo de su juventud. Sólo dos de cada diez jóvenes conseguían finalizar su escolarización. María los describió como personas «dormidas, desconectadas y con muy poco interés por ayudar a su país».

Teniendo en cuenta que la media de edad de los guatemaltecos es de tan sólo 18 años y que más del 40 % de su población se encuentra por debajo de los 14, María sabía que si estos jóvenes no tenían esperanza, entonces Guatemala tampoco podía tenerla. Por tanto, ayudó a formar a un grupo que estaba decidido a hacer que Guatemala fuera un lugar mejor, y uno de los primeros objetivos que se planteó fue la reforma educativa. Ya habían hecho algunos trabajos con resultados poco aceptables cuando, durante un viaje a Finlandia, María conoció la existencia de un programa innovador en el que los alumnos de instituto aprendían a soñar en un país mejor y en una vida mejor. María quería aplicar algo parecido en su país, ¿pero cómo?

En junio de 2005, María acudió a una conferencia que impartí en Guatemala. Después de oír aquel discurso, María dedicó varios días a ponderar el futuro de su país. A raíz de ello se comprometió a sacar adelante un nuevo programa para estudiantes llamado «Camino de sueños». Leyó *Los 7 hábitos de la gente altamente efectiva* y se convenció de que los hábitos proporcionaban una base segura que ayudaba a los jóvenes a supe-

Tras varias décadas de tumultos sociales y académicos, los adolescentes guatemaltecos están haciendo realidad sus sueños gracias al programa del gobierno «Camino de sueños», basado en los 7 hábitos.

rar sus dudas. Cuanto más utilizaban la sinergia María y su equipo, mayor era su creencia en que los hábitos capacitarían tanto a los profesores como a los alumnos a «aprender a soñar» y que les proporcionarían las herramientas necesarias para hacer realidad su sueño.

Se formó un equipo, encabezado por la doctora Angélica Sátiro y apoyado por los asesores de FranklinCovey. Casi de la noche a la mañana, se les proporcionaron manuales, juegos, música y otros recursos. En otoño de 2006, más de 2.500 profesores de instituto, procedentes de centros públicos y privados de todo el país, habían sido adiestrados en los 7 hábitos, y esos profesores comenzaron a sentirse motivados para sacar adelante el programa «Camino de sueños» destinado a estudiantes de instituto de último año. Y aunque al principio se encontraron con una firme oposición por parte de algunos profesionales y políticos, los resultados de los primeros cursos fueron tan positivos que la oposición no tardó en desaparecer.

Sorprendentemente, a finales del año escolar 2006-2007, un total de 175.000 alumnos de instituto se habían sometido al pro-

Los alumnos de último año del instituto de Guatemala disfrutan de una ceremonia donde se ensalza su proyecto «Camino de sueños».

grama «Camino de sueños» y habían desarrollado importantes «planes para la vida». Un componente crucial del programa exige que los alumnos trabajen por equipos para desarrollar planes de acción que estén dirigidos a paliar problemas sociales como el abuso de menores y el sida. Algunos equipos elaboraron una serie de planes para ayudar a los ancianos, mientras que otros desarrollaron planes para mejorar las bibliotecas escolares, restaurar tierras deforestadas y mantener empresas en comunidades desfavorecidas. «Soñar con una Guatemala mejor» fue el tema común. Un recién graduado declaró: «Ahora que sabemos con exactitud lo que queremos hacer con nuestras vidas, nada puede detenernos».

Durante el año 2007, se introdujo a otros cuatro mil profesores en los 7 hábitos y en el programa «Camino de sueños». Tal y como nos comentó María: «De este modo, el programa logró tener mucho éxito. Jóvenes, profesores y padres han llevado a cabo un proceso de cambio. En la actualidad, los jóvenes abandonan el colegio con una serie de capacidades que les permiten salir adelante en la vida y plenamente comprometidos con cambiar Guatemala. Son agentes para el cambio y líderes de sus comunidades, con objetivos y planes específicos. Se sienten inspirados y convencidos de que son los propietarios de sus propias vidas y de que el éxito y la felicidad sólo depende de ellos».

El objetivo es que, en los próximos diez años, un millón de estudiantes sean conscientes de los valores que se recogen en los 7 hábitos. Los programas también están a punto de llevar los hábitos a los alumnos de menor edad. Muy pronto, todos los alumnos de décimo curso recibirán un ejemplar de *Los 7 hábitos* como parte de su programa de estudios obligatorio. No tengo palabras para explicar lo impresionado que estoy con María, a la que he visitado en multitud de ocasiones. Es una verdadera líder que tiene en mente un objetivo muy claro.

Cuando comenzamos a trabajar en este proyecto, los profesores tuvimos que empezar por labrar nuestro propio futuro antes de poder enseñar a los jóvenes a tener sueños. Cuando comenzamos con la formación en los 7 hábitos, descubrimos que en nuestro interior albergábamos un tesoro que habíamos dejado que permaneciera latente durante años. Eso afectó a nuestro rendimiento, así como al rendimiento de nuestros alumnos.

Me siento muy agradecido porque los 7 hábitos han tenido una enorme influencia en mi vida. Me convencí de que había llegado al límite de mi capacidad y de que realmente no me quedaba nada más que dar. Estaba convencido de que no era una persona creativa. Actualmente, no soy la misma persona que hace dos años. Creo en mí mismo y creo que eso ha beneficiado directamente a mis alumnos. Actúo con una nueva convicción, pues pienso que todavía puedo mejorar y que puedo hacer algo por mi país. Y me doy cuenta de que esto se refleja en mis alumnos, porque ellos se desarrollan a medida que lo voy haciendo yo.

PROFESOR GUATEMALTECO

JAPÓN

Cada año, más de trece mil adolescentes japoneses aprenden los 7 hábitos. Este multitudinario fenómeno tiene un doble origen. En Funabashi, Chiba, el señor Takahisa Watanabe daba clases a alumnos de enseñanza primaria en la Escuela Elemental Gyoda-nishi. Al señor Watanabe le habían impactado mucho los 7 hábitos, y por ello comenzó a enseñar algunos elementos de los hábitos a sus alumnos. Los resultados fueron suficientemente positivos como para atraer la atención de los demás profesores, hasta el punto de que se escribió un libro muy popular acerca de sus éxitos.

Mientras tanto, en Tokio, una importante compañía, llamada Venture Link, estaba preparando agresivamente a sus asesores en conocimientos generales empresariales. Sin embargo, cuanto más trabajaban en preparar a sus asesores, más pensaban que lo que realmente necesitaban esos asesores eran capacidades básicas de la vida, como las aptitudes interpersonales, las técnicas de gestión del tiempo y las aptitudes para manejar los conflictos. ¿Todo esto le resulta conocido? Uno de los miembros de la junta ejecutiva de la compañía, el señor Ishikawa, sugirió que se sometieran a un curso sobre los 7 hábitos. Así lo hicieron, y aquel curso resultó tener mucho éxito. Pero la cuestión que el señor Ishikawa y su jefe de formación, el señor

Suzuki, se seguían planteando era: «¿Por qué necesitamos prepararlos en esas capacidades?». En otras palabras: «¿Por qué a nuestros asesores no se les ha enseñado esas aptitudes hace años?».

Para resumir un poco esta historia tan larga, diremos que el señor Ishikawa y el señor Suzuki decidieron observar la clase que impartía el señor Watanabe. Quedaron tan impresionados que se fueron convencidos de que todos los estudiantes de Japón debían dominar los 7 hábitos. Conocían perfectamente las particularidades del sistema educativo público de Japón y pensaban que sería poco realista tratar de convencer a todos los colegios del país de que debían enseñar los hábitos. Sin embargo, en lo más profundo de su interior, ambos preveían lo que eso podría significar no sólo para Japón, sino también para cada uno de los estudiantes. Esa previsión estaba tan arraigada en su mente que, al final, se dirigieron a la oficina de Franklin-Covey de Japón y les pidieron que se sumaran a su empresa. Aunque la oficina de FranklinCovey de Japón compartía el mismo interés por trasladar los hábitos a los alumnos, estaban tan desbordados por su clientela corporativa que lo poco que podían dedicar a la educación se empleaba en los adultos. Sin embargo, afortunadamente, la pasión combinada de las dos compañías por ayudar a los adolescentes al final resultó ser lo bastante intensa como para acordar crear una compañía independiente que se concentrara de forma exclusiva en los estudiantes. El señor Suzuki estaría al frente del proyecto.

La competencia por entrar en los mejores colegios de Japón es fiera. Algunos padres sacrifican prácticamente todo lo que tienen por conseguir que su hijo o hija entre en un colegio de categoría. Por ello, previo pago de cifras desorbitadas, muchos padres matriculan a sus hijos en lo que se denominan colegios «abarrotados». Estos colegios son programas extraescolares que facilitan a los alumnos tutorías avanzadas en asignaturas como matemáticas y lectura. En ellos se hace hincapié en una cosa: conseguir la mejor puntuación posible para que los alumnos puedan ir a los colegios de mayor categoría.

Sabiendo lo difícil que es conseguir insertar nuevos contenidos en el sistema escolar público de Japón, el señor Suzuki decidió concentrarse estratégicamente en llevar los 7 hábitos a los colegios abarrotados. Al principio, le costó mucho vender su producto. Después de todo, los 7 hábitos no son exactamente asignaturas para el examen nacional. Pero, a medida que algunos colegios fueron asumiendo los hábitos, los estudios revelaron que los alumnos que habían hecho el curso sobre los 7 hábitos sacaban mejores puntuaciones en sus exámenes. Este hecho atrajo la atención de muchas personas, pero sobre todo de los padres. En la actualidad, más de diez mil alumnos son formados en los 7 hábitos a través de esos colegios, mientras que otros tres mil reciben formación en los hábitos en escuelas privadas. Como los padres tienen que pagar de su propio bolsillo los cursos que se imparten en los colegios abarrotados y en las escuelas privadas, creo que esto revela en cierta medida qué es lo que quieren los padres de un colegio.

Líderes empresariales de todo el mundo, como el señor Suzuki de Japón, se preguntan por qué a los alumnos no se les enseña esas capacidades básicas de la vida en sus primeras etapas de educación.

LOS VÍNCULOS ENTRE LAS EMPRESAS Y LA COMUNIDAD

Muchos otros colegios de todo el planeta están trasladando los 7 hábitos a los alumnos de enseñanza secundaria de diversas maneras. Por ejemplo, el Instituto de Arab, Alabama, advirtió que, en cuanto terminaban el instituto, muchos estudiantes se endeudaban para comprar un coche nuevo o para pagar la matrícula de la universidad, sin completar después sus estudios superiores. Por ello, decidieron poner en marcha un curso sobre administración financiera con el fin de proporcionar a sus alumnos capacidades básicas de la vida a la hora de manejar sus finanzas. Las tres primeras semanas del curso se dedicaban a enseñarles los 7 hábitos. El Instituto Lemon Bay de Englewood, Florida, reserva la primera semana de colegio para enseñar a todos los alumnos de primer año los 7 hábitos, como un curso de transición para ayudar a que los alumnos se adapten al instituto. De hecho, podría relatarle multitud de maneras en las que los institutos aplican los 7 hábitos, entre ellos centros de Corea, Países Bajos, Reino Unido, Malasia, Costa Rica y muchos otros lugares. Y no he hecho más que repasar brevemente algunos puntos del planeta. Pero, en cambio, quisiera relatarle un par de historias que también están relacionadas con los institutos, pero de una manera distinta: tratan de los vínculos existentes entre la comunidad y los empresarios.

La primera de ellas se desarrolla en Louisville, Kentucky. A primera vista, la historia de Louisville parece muy similar a todas las que he descrito con anterioridad. Dos institutos, Central e Iroquois, están enseñando los 7 hábitos, aunque lo hacen adoptando dos métodos ligeramente distintos. En el caso del Instituto Central, *alma máter* del famoso boxeador Muhamad Alí, los alumnos aprenden los hábitos en un programa sobre leyes y gobierno impartido por Joe Gutmann. Al otro lado de la ciudad, en el Instituto Iroquois, Sara Sutton enseña los 7 hábitos como materia de apoyo de una clase de sociología para estudiantes de primer y segundo año. En ambos centros se proporciona cierto seguimiento sobre los 7 hábitos.

Pero lo que hace que la historia de Louisville sea tan especial es el modo en el que empezó y la persona que se encuentra detrás de ella. El doctor Tom Crawford conoce muy bien esta historia. Tom es un profesor de química jubilado, antiguo rector y miembro del Salón de la Fama de la Universidad de Louisville. Cuando Tom estaba a punto de jubilarse, conoció los 7 hábitos mientras participaba en un club de lectura. Lo que pensaba en su interior era: «Ojalá hubiera conocido esto cuando era un adolescente».

En esa misma época, Tom recopilaba estadísticas de los institutos locales y comprobó que los casos de violencia grave habían aumentado notablemente en los últimos años y que aproximadamente un tercio de esos casos estaban relacionados con adolescentes. Muchos jubilados que estuvieran en la misma situación que Tom se habrían limitado a mirar esas cifras con desagrado y luego se habrían ido a jugar al golf o se habrían dedicado a cualquier otra afición que les relajara; de hecho, Tom confiesa que primero probó con el golf. Pero su esposa afirma que eso no va con él, ya que, según sus propias palabras, «no para de pensar en los demás». Por tanto, Tom abandonó los campos de golf y comenzó a trabajar con la Universidad de Louisville para desarrollar iniciativas de liderazgo para jóvenes.

Esos esfuerzos hicieron que Tom se pusiera en contacto con otros «camaradas de espíritu», entre ellos William McKinley Blackford, IV. William es una antigua y carismática estrella del fútbol de la Universidad de Louisville; pero sus experiencias pasadas —fue mendigo y vivió en un camión— le proporcionan una perspectiva «a pie de calle» sobre la vida de los adolescentes y le permiten hacer entender a los chicos que él les comprende. Dedica mucho tiempo a aconsejar a los jóvenes, muchos de los cuales proceden de hogares con un solo padre, o que nunca llegaron a conocer a sus padres o fueron abandonados por ellos cuando eran niños. Tom estaba encantado de que William se uniera a él para convertirse en instructor de los 7 hábitos, ya que eso le proporcionaba un modelo vivo de la influencia que ejercían los principios de los 7 hábitos en los jóvenes.

Otra persona con la que Tom se puso en contacto fue Joe Gutmann, el profesor del Instituto Central. Durante años, Joe ejerció de fiscal del distrito de la comunidad de Kentucky. En otras palabras, su trayectoria profesional se centraba en colocar a los jóvenes entre rejas. Pero en cuanto cumplía con su deber de poner a salvo las calles, no podía dejar de pensar que habría sido mucho mejor que se hubieran tomado más medidas preventivas. Eso es lo que le llevó a abandonar su cargo de fiscal y a convertirse en profesor en el Instituto Central.

Paralelamente, Tom, William y Joe conocieron a otros adultos que estaban interesados en los jóvenes de la comunidad, como Barbara Sexton Smith, una empresaria de considerable éxito que también experimentó los reveses que depara la vida. Juntos formaron un equipo y unieron sus fuerzas con algunos bancos locales, con el alcalde de la ciudad y con algunos grupos locales de la comunidad, como Hispanic Achievers, Urban League, Black Achievers, Youth Alive, Canaan Community Development Corporation, Lincoln Foundation y Visions of Hope. El objetivo principal de sus esfuerzos era encontrar la manera de llevar los 7 hábitos a los adolescentes de Louisville. Hasta la fecha, han recaudado 30.000 dólares, con los que han dado el certificado de instructor a dieciséis docentes, han trasladado los 7 hábitos a más de 2.600 adolescentes y han distribuido más de dos mil ejemplares de *Los 7 hábitos de los adolescentes altamente efectivos*.

Por supuesto, la prueba de la influencia que tendrá esa formación en los jóvenes y en la comunidad radica principalmente en el futuro. Pero Joe, por un lado, piensa que está teniendo un impacto directo. Cita un ejemplo en el que el primer día de clase un alumno se acercó a él y le preguntó dónde podía coger el autobús que lo llevara de vuelta a su centro de acogida de indigentes. Cuando unas semanas después ese mismo alumno recibió un ejemplar de *Los 7 hábitos de los adolescentes*, no lo rechazó. Se quedó pegado a sus páginas hasta que lo leyó de cabo a rabo. Joe había sido testigo de cómo ese joven adquirió más confianza y le satisface enormemente escucharle hablar de ir a la universidad y de labrarse una importante carrera profesional. Sabe que al menos hay un joven que nunca verá el interior de una sala del juzgado, salvo que se convierta en abogado.

William y Barbara están recibiendo recompensas similares mientras trabajan con jóvenes en varios eventos organizados en la comunidad a lo largo de todo Louisville. En cuanto a Tom, en lugar de embocar pelotas de golf, se deleita a sus 77 años con sus viajes por toda la región para llevar los 7 hábitos en forma de experimentos de ciencias a públicos formados por adolescentes. Sí, lo ha adivinado. Cada experimento representa un hábito. A los jóvenes les gusta especialmente su versión de la «botella descorchada», y si alguna vez quiere hacer el experimento, le aconsejo que lleve protectores para los oídos. A juzgar por el fuego que desprenden los ojos de Tom, parece que su nueva carrera profesional no ha hecho más que comenzar.

Veamos ahora la segunda historia. No muy lejos de Louisville, en Indianápolis, Indiana, dos ejecutivos empresariales, Mike Melichar y Bill Campbell, tratan de alcanzar objetivos similares dirigidos a los adolescentes con la ayuda de su empresa, Dow AgroSciences. La compañía se fundó en 1990, formando una sociedad conjunta con Dow Chemical Company y Eli Lilly. Ambas compañías disfrutaban de una importante herencia y de unas profundas raíces culturales, y todo el mundo sabe que esas sociedades de riesgos compartidos muchas veces no salen adelante, generalmente porque los propietarios no pueden despojarse de su manera tradicional de hacer las cosas. Por tanto, poco después de que se formara la sociedad conjunta, Dow AgroSciences comenzó a buscar algo que les permitiera unir las dos culturas y acabaron por aferrarse a los 7 hábitos y a formar a tres mil de sus empleados repartidos por todo el mundo.

Mike y Bill eran dos de los instructores originales que había en la compañía. El ritmo al que enseñaban los 7 hábitos por toda la corporación consumía demasiado tiempo y resultaba agotador. Así que les sorprendió gratamente que uno de sus compañeros instructores, Tom Wright, dedicara los sábados por la mañana a reunirse con los administradores de los institutos locales para encontrar entre todos la manera de llevar los hábitos a los colegios. Mike y Bill no podían imaginar de dónde sacaba Tom la energía, pero se dieron cuenta de que se había marcado el objetivo de que todos los adolescentes del Estado de Indiana conocieran los 7 hábitos.

Todos los esfuerzos de Tom acabaron trágicamente con su fallecimiento en un accidente de aviación. Sin embargo, algunos de sus amigos de Dow AgroSciences, entre ellos Bill y Mike, sabían cuál era su objetivo y decidieron alcanzar al menos una parte de él. Durante más de una década han llevado cada año a cuarenta y nueve alumnos procedentes de diversos institutos locales (siete alumnos por cada instituto) al centro de formación corporativa de Dow AgroSciences, junto a un profesor que ejerce de mentor y a un trabajador de Dow AgroSciences que ejerce de patrocinador corporativo. Allí someten a los alumnos a una intensiva —aunque divertida— inmersión de un día en los 7 hábitos. El programa hace hincapié en los conceptos que más pueden ayudar a los alumnos a ser eficaces en sus relaciones con los demás y a crear oportunidades profesionales en el futuro. Al final del día, los alumnos son recompensados por su participación.

Aunque actualmente Bill lleva varios años jubilado, cada mes de octubre regresa entusiasmado después de ejercer como instructor del curso. Michael es el coordinador principal del programa, que ha adoptado el nombre de «Iniciativa de liderazgo de la comunidad». La pasión que ambos demuestran por ayudar a los alumnos y sus primeros recuerdos sobre lo que los hábitos hicieron por ellos desde el punto de vista personal es lo que les permite seguir adelante. Y, quién sabe, quizás algún día todos los adolescentes de Indiana tengan la oportunidad de experimentar los hábitos.

Alumnos de Malasia posan con sus certificados de asistencia a un programa sobre *Los 7 hábitos de los adolescentes altamente efectivos.*

He contado las historias de Louisville y Dow AgroSciences —y señalado las actividades que llevan a cabo— para hacer hincapié en el profundo interés que muestran los grupos empresariales y la comunidad por el bienestar de los jóvenes de hoy y para resaltar lo importantes que son para ellos esos principios y esas capacidades básicas de la vida. ¿Se ha dado cuenta de que los líderes empresariales y de la comunidad no se contentaban con ser simples espectadores que permanecen sentados y esperan a que los colegios hagan algo por ellos? Tal y como sucedió en algunos colegios de enseñanza elemental de Japón, cada vez un mayor número de empresas y organizaciones sin ánimo de lucro están adoptando un papel más activo en todo lo relativo a los jóvenes de hoy y a su educación, independientemente de su edad y de la cultura de la que procedan.

### ... Y MÁS ALLÁ

Este capítulo se titula «Ascender e ir más allá». *Ascender* nos ha llevado a avanzar del nivel elemental al nivel secundario. También podría relatar lo que está sucediendo en las universidades, pero ése será un tema para otro libro. Por tanto, ciñéndonos al objetivo que me he planteado en este libro, el *más allá* se limitará a abarcar todo lo que está sucediendo con los 7 hábitos en la educación de escala K-12, concentrándonos específicamente en la tarea que se lleva a cabo en los diversos distritos.

Muchos distritos utilizan los hábitos como una opción de formación para expandir las aptitudes individuales de los profesores y los administradores. Según la doctora Susan M. Baile, esta tarea se está llevando a cabo con notable éxito. La doctora Baile dirigió una serie de extensas entrevistas a educadores adultos en seis localidades de Georgia, Pensilvania, Indiana y California.[1] Todos ellos participaron en la formación de los 7 hábitos. Sus descubrimientos indican que se produjeron mejoras en cuanto a la satisfacción en el trabajo, la comunicación entre los trabajadores, el trabajo en equipo y la concentración en el objetivo final, así como una mayor capacidad para manejar los conflictos. Pero, aunque la formación de los educadores de forma individual ha dado lugar a algunas mejoras generales en el plano organizativo, los mejores resultados se han logrado cuando se ha añadido una iniciativa cultural intencionada, tal y como está sucediendo en Texarkana, Texas.

El Distrito de Colegios Independientes Texarkana cuenta con un instituto, una escuela de enseñanza secundaria y ocho escuelas de grado K-5 de enseñanza elemental. En total, tiene 1.800 alumnos que estudian en centros de enseñanza secundaria e institutos y aproximadamente otros 500 que estudian en colegios de enseñanza elemental. Casi la mitad de los estudiantes procede de familias con bajos ingresos económicos.

Cuando Larry Sullivan fue nombrado director general del distrito, Texarkana estaba a punto de entrar en bancarrota, tanto desde el punto de vista económico como desde el académico. Larry es un educador experimentado que atribuye gran parte de su filosofía didáctica a William Glasser, con el que estudió y trabajó durante los primeros años de su carrera. También es un firme creyente en los 7 hábitos y cuando fue nombrado superintendente enseguida se dio cuenta de la necesidad de aplicarlos. Larry describe la situación en la que estaban como «una necesidad urgente de detener la hemorragia».

Pero según la valoración del propio Larry, «sólo porque un distrito esté sangrando, no significa que sea el momento adecuado para enseñar a alguien los 7 hábitos». Dado que el distrito no tenía fondos, consideró que la primera tarea que debía llevar a cabo era ocuparse de los asuntos económicos. Por ejemplo, algunos profesores y alumnos prácticamente se asfixiaban porque no había aire acondicionado en las aulas y consideró que sería prudente ocuparse de algunos aspectos importantes antes de destinar el presupuesto a los 7 hábitos. También quería esperar lo bastante como para formar un equipo de liderazgo que sabía que podría hacer el trabajo mientras preparaba los hábitos.

Fue durante el segundo año cuando Larry introdujo los 7 hábitos. La necesidad más acuciante que encontró fue que la gente trabajaba de manera aislada. No pensaban como un equipo ni hacían las cosas como un equipo. Cada uno de ellos tenía su propia lista de prioridades y estaba enfrascado en disputas personales cargadas de hostilidad. Un hombre, a quien Larry describe como un «francotirador», trató de echar por tierra cualquier intento de cambio y se dedicó a «lanzar obstáculos sobre cualquier cosa» que requiriera un cambio. Algunos de los directores de los colegios de enseñanza elemental se enzarzaban en disputas con los profesores y se sentían tremendamente ofendidos si un profesor se trasladaba a otro colegio del mismo distrito.

Larry quería que todo el mundo adoptara un enfoque innovador, aplicara la sinergia y se concentrara en el futuro de los alumnos, en lugar de enzarzarse en disputas personales. Comenzó llevándose a su equipo de liderazgo fuera del distrito, una medida que recomienda fervientemente. Allí les explicó lo que los 7 hábitos significaban para él desde el punto de vista personal y que estaba convencido de que los hábitos beneficiarían a todo el distrito y a ellos mismos como equipo. Pero, por encima de todo, quería que ellos los vieran como un regalo que se les hacía de forma personal. Y por eso muchos trabajadores consideran esa experiencia como un giro clave, no sólo para la cultura del distrito, sino también para ellos como personas. Durante esos días se experimentó mucha sinergia.

Pero, según los miembros del equipo, lo que desplegó el poder de los 7 hábitos todavía más fue el hecho de que Larry fuera todo un modelo de esos hábitos. Es un firme creyente en el quinto hábito: «Procure primero comprender, y después ser comprendido». Por tanto, durante los primeros meses dedicó mucho tiempo a escuchar atentamente a los profesores y a los padres. Se dio cuenta de que algunos de los contribuyentes de más valía no eran los vociferantes que hacían mucho ruido, sino los trabajadores silenciosos que se ocupaban de sus propios asuntos y hacían su trabajo, así que trató de recabar su opinión. También era un gran creyente en el cuarto hábito: «Piense en ganar/ganar». Los padres llegaron a pensar que Larry los veía y los valoraba como clientes. Si no era capaz de satisfacer las necesidades de los padres, ellos sabían que al menos ésa era su intención y trabajaron con él para encontrar terceras alternativas que les permitieran solucionar los problemas.

El sexto hábito, «La sinergia», y la idea de valorar las diferencias también fueron una parte importante de su formación.

210 EL LÍDER INTERIOR

Larry no intentaba hacer el trabajo de los demás, sino que valoraba enormemente sus aptitudes. Se dio cuenta de que Brenda, su ayudante, tenía un don especial para tranquilizar a las personas. Cuando le llamaban padres iracundos, Brenda tenía mucho talento para escuchar, sin acusarlos de nada: se ajustaba a la realidad y resolvía los problemas, de manera que, antes de pasar la llamada a Larry, el padre ya estaba calmado. Larry advirtió enseguida ese don, así que, en lugar de decir a Brenda que pasara inmediatamente las llamadas, la animó a utilizar primero su extraordinario talento.

Autumn Thomas, el jefe de personal del distrito, cuenta con un máster en Gestión Empresarial y es una de las personas que contrató Larry procedentes de un ámbito que no estaba relacionado con el mundo de la educación. Según sus propias palabras: «Estamos en la industria de las personas, en la industria de crear personas. En esta industria, tienes que contar con una importante capacidad para relacionarte con los demás y ésa es una de las cosas que nos han aportado los 7 hábitos». Thomas afirma que «antes de los 7 hábitos, todo el mundo vivía en su propia isla. Los directores estaban enfadados entre ellos. Ahora trabajan juntos». Luego añade: «Una parte de la nueva estructura salarial que tenemos se basa en el trabajar juntos, en cómo actúa el distrito como un todo. Por eso la gente está mucho más dispuesta a tratar de comprender una situación y a ayudarse mutuamente». También advierte que el número de quejas de los empleados ha descendido notablemente.

James Henry Russell, el subdirector general del distrito y mano derecha de Larry, señala todo lo que los hábitos han hecho por él desde el punto de vista personal. «Para mí —afirma— la formación en los 7 hábitos fue como un despertar. Personalmente me concentré en el séptimo hábito: "Afile la sierra". Pesaba 57 kilos, trabajaba noventa horas a la semana y mis índices de colesterol estaba por encima de las notas de los exámenes de los mejores alumnos. El séptimo hábito hizo que me convenciera de que tenía que dedicar una hora al día a hacer ejercicio». En la actualidad, la delgada silueta de James delata cuál es su grado de disciplina. Pero cuando habla de los 7 hábitos, sus comentarios se dirigen principalmente hacia lo que ha sucedido en su distrito. Describe la época anterior a los 7 hábitos afirmando:

«Muchas veces, cuando organizábamos una cena de jubilación, el invitado se paraba a despedirse de todo el mundo. Ahora entras y se te rompe el corazón al ver que todos se marchan. Hace diez años, todo era una cuestión de vencer o perder. Pero el distrito ha pasado de ser varias islas a convertirse en un equipo que piensa en ganar/ganar. Somos como una familia».

El éxito del distrito se ha trasladado a los alumnos: desde hace tiempo, los chicos reciben los 7 hábitos como parte de una clase optativa del instituto, pero ahora la junta escolar del distrito ha ordenado que todos los alumnos de enseñanza secundaria reciban un curso sobre el liderazgo como requisito previo para graduarse. Los 7 hábitos se incluyen en esa oferta y los estudiantes suelen decir lo siguiente de ellos: «Eh, esta clase trata sobre mí, sobre mi vida». Y después de ver los resultados de lo que está sucediendo en el distrito y de escuchar a los alumnos expresarse en su propio lenguaje, los ciento cincuenta profesores y administradores de institutos también aprobaron por votación someterse a esa formación. Tal y como lo describe el director Paul Norton: «Ahora tenemos un campus de *liderazgo*». Mientras tanto, Bertie Norton, que dejó la jubilación para liderar el centro Nash Elementary, ha llevado a un equipo al colegio A. B. Combs y ha pedido a Muriel Summers que les haga una visita. Desde entonces, han finalizado su primer año con el método del liderazgo.

Así pues, los 7 hábitos se están convirtiendo en un esfuerzo desarrollado a escala de distrito. De hecho, se están convirtiendo en un esfuerzo desplegado en la comunidad, ya que Larry dirige un proceso de transición para Texarkana hacia su nuevo papel como comisionado de la ciudad. La idea no fue suya, sino que varios líderes empresariales y cívicos le convencieron para que aceptara el puesto porque vieron todo lo que había hecho por el distrito y por los alumnos. El interés de Larry a la hora de aceptar el puesto fue que pensó que ese papel le implicaría más con la comunidad empresarial y universitaria, y eso para él suponía más oportunidades de poder ayudar a los demás. Ahora James Henry Russell es la persona responsable de dirigir el distrito y los 7 hábitos siguen siendo un elemento importante de su filosofía del liderazgo.

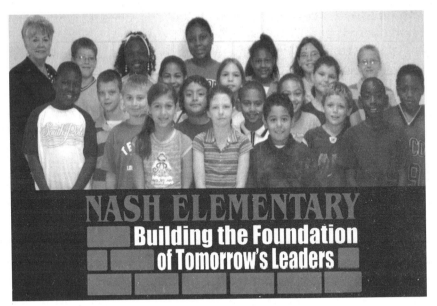

La directora Bertie Norton postergó su jubilación para dirigir la iniciativa de liderazgo que se estaba llevando a cabo en el colegio Nash Elementary. Los educadores como ella consideran que merece la pena dedicar el corazón y la creatividad que el proyecto precisa.

> Los 7 hábitos proporcionan un marco ideal para el cambio. Como director general de colegios, supe que si conseguía contagiar el espíritu del primer y segundo hábitos, conseguiría encaminar el distrito en la dirección en la que queremos que avance.
>
> PEDRO GARCÍA, profesor de la Universidad de California del Sur

En el caso de Texarkana, se había producido una hemorragia en su cultura. Había una clara urgencia, una necesidad de realizar un cambio y todo el mundo lo sabía. Pero no quiero darle la impresión de que ese trabajo por mejorar la cultura sólo se debe llevar a cabo cuando ésta se halla en grave peligro. Hay otros distritos que utilizan los hábitos como parte de una serie de iniciativas culturales planificadas y estratégicas que no tienen esa necedad, como el Distrito de Colegios del Condado de Charlotte en Florida. En ese distrito no se ha producido ningún giro drástico porque ya era lo suficientemente sólido antes de que se introdujeran los hábitos. No obstante, el doctor Dave Gayler, director general del distrito, afirma que los 7 hábitos son una parte importante de la cultura de su distrito. Su método consiste más en «atraer» que en «obligar», ya que no quiere que nadie se sienta obligado a participar en los 7 hábitos. Sin embargo, en la actualidad, más de quinientos trabajadores del distrito han sido adiestrados en los hábitos. Las sesiones son impartidas por el personal del distrito, así como por dos miembros de la junta escolar que son instructores certificados. «Es raro ver un asiento libre en un curso —afirma Chuck Bradley, coordinador de formación del distrito—. Y llegamos a celebrar hasta dieciséis sesiones por año.»

La esperanza del doctor Gayler es que, al menos, uno de cada dos empleados acepte la oferta. Si eso sucediera, los 7 hábitos quedarían fijados en la cultura del distrito mucho después de que él se hubiera ido. Advierte que los 7 hábitos son la base, la piedra angular que indica cómo funciona el distrito. «Forman parte de la cultura, están empapados de ella —afirma—. En las reuniones de la junta, en las conversaciones con los sindicatos y en los pasillos se escucha ese lenguaje. El lenguaje de los 7 hábitos y sus coloquialismos están por todas partes.» Incluso una buena parte de la estimación del rendimiento de los directores está relacionada con los hábitos. Por tanto, una vez más, un distrito no tiene que estar en grave peligro para adoptar los 7 hábitos como parte de su cultura.

CONCLUSIÓN

Aunque su interés se centre en los colegios de enseñanza elemental, es importante conocer, ni que sea de modo somero, lo que está sucediendo «hacia arriba y más allá». Una de las razones de ello es que los padres de los alumnos de instituto acuden a Muriel y a otros colegios de educación elemental que tratan el liderazgo y afirman: «Deseo fervientemente que este tema se siga desarrollando en la educación secundaria». O: «¿Qué va a suceder cuando lleguen al instituto? ¿Recordarán todo lo que han aprendido?». De hecho, algunos alumnos se sienten desilusionados cuando llegan a la enseñanza secundaria y encuentran que a los alumnos que proceden de otros colegios de enseñanza elemental no les han enseñado los 7 hábitos o las técnicas de liderazgo. Sienten casi una conmoción al ver que los demás alumnos no saben lo que significa tratar primero de comprender, o cómo no ser reactivo, o por qué es importante respetar las diferencias.

> Trabajo con los profesores de ciencias de la escuela de enseñanza secundaria a la que se dirigen los alumnos del colegio A. B. Combs. Los profesores pueden decir si un alumno ha estudiado en el A. B. Combs casi en cuanto lo ven, y cuando los niños acuden a su nuevo colegio de enseñanza secundaria, echan mucho de menos el tema del liderazgo con el que tanto habían disfrutado en el colegio A. B. Combs.
>
> Doctora LAURA BOTTOMLEY, madre de un niño que estudia en el colegio A. B. Combs y profesora de la Universidad Estatal de Carolina del Norte

Puede que usted ocupe un puesto relevante en un centro de educación secundaria o en un instituto, o en un distrito escolar, o que muy pronto tenga que ocupar ese puesto. Por ello espero que, aunque no he entrado en detalles acerca de cómo esos colegios, institutos y distritos han aplicado los 7 hábitos, lo que haya leído al menos haya despertado su interés. También deseo que haya observado cómo esos principios del liderazgo se aplican en todas las escalas educativas y en todas las culturas, ya que son intemporales y universales.

> Correo electrónico no solicitado de una adolescente de la Yorkshire Forward Presentation de Rotherham, Inglaterra:
>
> 13 de febrero de 2008
>
> Querido señor L. Moore:
>
> Fui una de las alumnas de Instituto Castleford que acudieron a su apasionante conferencia sobre *Los 7 hábitos de los adolescentes altamente efectivos*. Entré en el aula con la sensación de que era una quinceañera invisible, como un ladrillo al que no se suele hacer caso y que no era necesario que estuviera en esa pared. Pero mi vida ha cambiado para siempre y ahora sé cómo debe funcionar, cómo ser una persona proactiva, cómo planificar mi vida y cómo he de levantarme de nuevo cuando me caiga.
>
> Muchas gracias.
> Sinceramente,
>
> Stephanie

# 8
## CONSEGUIR APLICARLO PASO A PASO

> No tenga miedo a renunciar a algo bueno para conseguir algo grande.
>
> JIM COLLINS, *Empresas que sobresalen*

Cualquier persona que esté interesada en poner en marcha el tema del liderazgo debe de estar preguntándose: «¿Por dónde empiezo?». «¿Tiene nuestro colegio las personas adecuadas y la energía adecuada para ponerlo en marcha?» «¿*Tengo* yo todo lo que se precisa?»

Los cambios son algo difícil, incluso cuando afectan a una sola persona. A menudo los comparo con un número de trapecio en el que el artista se lanza de la seguridad de una plataforma más baja en un intento por alcanzar una plataforma más elevada. En cierto modo puede ser una hazaña peligrosa, pero si el artista se agarra a ella y realiza el esfuerzo, teniendo la coordinación y el impulso necesarios, siempre conseguirá alcanzar esa altura más elevada. Hay leyes intemporales de la física que avalan este principio.

Pero si realizar un cambio es una tarea difícil para una persona en solitario, pensemos en lo complicado que debe de ser para todo un colegio. Para responder a esa cuestión, tratemos de imaginar a cincuenta profesores y administradores intentando realizar el mismo número en el trapecio como un equipo. Imaginémoslos congregados en la plataforma más baja preparándose para lanzarse al vacío. Algunos se sentirán emocionados, otros nerviosos y otros se resistirán con todas sus fuerzas a dar el salto. El mero hecho de conseguir que todo el mundo se lance al mismo tiempo puede resultar una empresa sumamente complicada.

En efecto, aplicar un cambio en un colegio puede ser como un número circense. Pero por muy formidable que pueda parecer la tarea de aplicar el tema del liderazgo, es algo que puede realizarse y que se conseguirá cuando todo el mundo esté dispuesto a alcanzar el compromiso, la creatividad y la coordinación necesarios... y cuando se sigan unos principios intemporales y universales.

Posiblemente el principal reto sea que no existe un único proceso que encaje en todos los casos a los que cabe aplicar el tema del liderazgo. Cada colegio y cada aula debe diseñar y personalizar su propio método para que encaje con las necesidades particulares de sus alumnos y de su cultura. Sin embargo, hay cuatro pasos secuenciales basados en principios universales que pueden guiarle en ese esfuerzo. En este capítulo describiré brevemente esos cuatro pasos y proporcionaré una serie de cuestiones, ideas e indicios que debemos tener cuenta cuando nos pongamos en marcha. En nuestros cursos de preparación a organizaciones, estos pasos se llaman «Los cuatro imperativos del liderazgo». Si piensa adoptar estos cuatro pasos, en el caso de que sea padre, quiero que tenga en cuenta que como todos los procesos que he mencionado antes, se pueden aplicar también en casa.

## PRIMER PASO: INSPIRAR CONFIANZA

Mi hijo Stephen M. R. Covey señala en su libro *El factor confianza* que cuando en una organización hay poca confianza, los cambios avanzan muy lentamente.[1] Por supuesto, el tipo de cambio al que se refiere es el «cambio a mejor». «Cambiar a peor» es algo que puede suceder muy deprisa y sin necesidad de realizar ningún esfuerzo, como cuando crecen las malas hierbas.

La confianza debe estar siempre presente para que se pueda producir un cambio deseable en un colegio. Si la cultura de un colegio está llena de difamaciones, de compromisos rotos, de un personal que carece de mentalidad, de competencias débiles o de un patrón ritual basado en la microgestión, los cambios para bien se producirán lentamente —muy lentamente—, si es que llegan a producirse. Por tanto, antes de instituir el tema del liderazgo, un colegio debe considerar en primer lugar cuáles son los niveles de confianza que existen en dicho centro y tratar de encontrar la manera de resolver o eliminar los focos de desconfianza. Debemos recordar que cuando el colegio A. B. Combs puso en marcha el tema del liderazgo, comenzó a aplicar la iniciativa como una prueba piloto, ya que les preocupaba que algunos profesores no lo aceptaran. La prueba piloto proporcionó credibilidad y confianza. De igual modo, Larry Sullivan tuvo que inspirar confianza y contratar a las personas adecuadas antes de poder introducir los 7 hábitos en Texarkana. Por tanto, es importante asegurarse de antemano de que hay un sólido núcleo de confianza.

Uno de los modelos que más me gusta utilizar es lo que llamo «la pirámide de la influencia». La base de la pirámide es *ser un modelo* o un ejemplo. El ejemplo se *ve*. Un buen ejemplo es lo que da credibilidad al liderazgo. Un buen ejemplo es lo que permite a un profesor creer lo que dice un director o lo que hace que un profesor confíe en lo que le enseña un colega. De hecho, si algo me ha enseñado mi experiencia profesional a la hora de inspirar confianza en una organización es que los líderes deben

**La pirámide de la influencia**

Oído　Enseñar

Sentido　Relacionarse

Visto　Ser un modelo

ser, ante todo, dignos de confianza. Los cambios funcionan mejor y se articulan con mayor rapidez cuando se producen de dentro hacia fuera. Sólo cuando los líderes son personas dignas de confianza —para lo que es necesario tener personalidad y competencia, o grandeza primaria— se encuentran en una posición que puede inspirar confianza en los demás. Lo mismo se podría decir de los profesores que desean inspirar confianza en sus alumnos. Si un profesor o un administrador se limita a lanzar un discurso y no predica con el ejemplo, demostrando grandeza primaria, los demás lo tendrán calado enseguida, especialmente los niños.

El siguiente nivel de la pirámide, *relacionarse*, representa la calidad de las relaciones que tenemos con los demás. Relacionarse es algo que se *siente*. Está representado por la cantidad de preocupación, consideración y empatía que existe en una relación. Recuerde el viejo adagio que dice que los demás no se preocuparán demasiado por uno hasta que no sepan lo mucho que nos importan. Por tanto, un porcentaje importante del liderazgo y de la enseñanza guarda relación con las relaciones. Una vez más, debemos escuchar a Muriel: «Una de las razones por las que sabemos que nuestros alumnos van a hacer bien los exámenes principales es que están enormemente conectados con todas las personas del colegio. Los alumnos que suelen rendir mejor en el colegio son aquellos cuyos profesores no han olvidado que su tarea más importante es mantener una relación positiva con sus alumnos».

> Si un profesor mantiene una buena relación con sus alumnos, entonces éstos aceptarán sus normas, sus procedimientos y su disciplina.[2]
>
> ROBERT J. MARZANO, *What Works in Schools*

La cúspide de la pirámide de la influencia la ocupa *enseñar*. Una vez que los alumnos se sienten comprendidos y aceptados, están abiertos a las influencias, a escuchar lo que el profesor tiene que decir. De igual modo, una vez que los profesores ven un buen ejemplo en el director y mantienen una buena relación con él, además de sentirse valorados, se mostrarán más receptivos a las influencias externas. Por tanto, la enseñanza es la culminación de lo que se ve, de lo que se siente y de lo que se *escucha*.

La pirámide de la influencia se ha aplicado, por ejemplo, al sistema de prisiones para jóvenes de Singapur. Este sistema lleva un año empleando un programa para enseñar los 7 hábitos a cientos de delincuentes adolescentes, pero hasta ahora sólo han enseñado los hábitos al personal de seguridad adulto. Su razonamiento es el siguiente: «¿Cómo podemos esperar que los adolescentes acepten los hábitos si nosotros, los adultos, no los comprendemos o no los aplicamos en nuestra vida?». Su planteamiento tiene sentido. Cuando un asesor externo enseña los 7 hábitos en una empresa, normalmente traslada el contenido a los participantes y, a continuación, desaparece, sin que nunca se vuelva a saber de él. Pero en las prisiones, el personal de seguridad está formado por las únicas personas que enseñarán los 7 hábitos a los jóvenes delincuentes y, en lugar de salir corriendo, tendrán que interactuar con esos jóvenes cada día. Por tanto, sería de gran ayuda que aplicaran los 7 hábitos a su vida, y por esa razón han dedicado el primer año a aprender y a vivir con los hábitos.

Cuando los profesores son un ejemplo de los 7 hábitos y de los principios del liderazgo, los alumnos empiezan a incorporar esa manera de pensar a su repertorio cotidiano. Veamos este ejemplo extraído del colegio Rowlett Elementary de Bradenton, Florida:

A mitad del cuarto curso llegó un nuevo alumno de Ecuador que no hablaba una sola palabra de inglés. Tenía los ojos abiertos de par en par y se mostraba muy nervioso. Pero sus compañeros se dieron cuenta de su situación y se comprometieron a ayudarle. Las palabras que utilizaron eran afirmaciones como: «Hagamos de esto un ganar/ganar. Le ayudaremos a aprender inglés y él podrá enseñarnos cosas de su país y ayudarnos a mejorar nuestro español». O: «Podemos aplicar la sinergia y realizar esta tarea como un equipo». Prácticamente convirtieron la ayuda a este chico a aprender inglés en su misión como clase y en su objetivo para ese año.

Cuando llegó el momento de hacer los exámenes estatales al final de aquel año, el muchacho sacó una calificación «por encima de la media» en lectura. Al oírlo leer, uno nunca hubiera imaginado cuál era su situación sólo unos meses atrás. Tal y como lo describió Brian Flynn, el director del colegio: «Cuando lo veías de pie delante de la clase, hablando y leyendo, y veías cómo los alumnos lo animaban era toda una inspiración, una evidencia de cómo los hábitos pueden ejercer una influencia muy positiva».

Y lo mismo puede decirse de los profesores, que en muchos casos pasan más tiempo con los alumnos de lo que hace cualquier otro alumno o los propios padres. Es esencial que sean un modelo de todo lo que están enseñando. No, no es necesario alcanzar la perfección, pero es importante dar la impresión de que se está «realizando un notable esfuerzo». Todo ello ayuda a inspirar confianza, que es el núcleo vital de cualquier iniciativa de cambio.

## SEGUNDO PASO: ACLARAR EL PROPÓSITO

Una de las principales dificultades a las que nos enfrentamos cuando ponemos en marcha el tema del liderazgo es cómo bajarnos de la plataforma inicial, de ese cómodo pedestal del «así es como siempre hacemos las cosas». Cada vez que soplan los vientos del cambio, las dudas y el valor chocan entre sí. Para que el valor pueda vencer debe haber alguna razón convincente que nos impulse a salir adelante, a despegar. Y en este sentido nada funciona mejor que tener un firme propósito.

Para aclarar el propósito es necesario encontrar respuesta a cuatro cuestiones:

1. *¿Cuál es nuestra misión?* Una misión no es un destino, sino una razón que nos lleva a emprender un viaje. En todos los colegios que aparecen en este libro, la cuestión que les llevó a ponerse en marcha fue la misma que todos los niños plantean: *¿por qué? ¿Por qué* queremos hacer esto en nuestro colegio? *¿Por qué* va a ayudar el tema del liderazgo a los alumnos? *¿Por qué* me merece la pena como profesor o como administrador? *¿Por qué* van a apoyar eso los padres? El propósito inicial que se marcó el colegio A. B. Combs fue aumentar el número de matriculaciones, pero después de hablar con los participantes clave, declararon que su misión era «desarrollar líderes de manera individual». Su principal *porqué* se convirtió en ayudar a los alumnos a estar más preparados para la vida en el siglo XXI, de modo que pronto el tema de las matriculaciones se volvió intrascendente. Cuanto más se dirija la misión de un colegio hacia el objetivo de despertar la confianza en los alumnos y de prepa-

rarlos para la vida, más participantes apoyarán el trabajo que está realizando ese colegio. La clave está en concentrarse constantemente en tener el verdadero fin en mente.

Sin un claro sentido de propósito significativo —el de ayudar a los jóvenes a dirigir sus propias vidas— la iniciativa del liderazgo nunca podrá despegar ni perdurar durante mucho tiempo.

Un consejo: aunque al final desee resumir el propósito de su colegio exponiendo el tema del liderazgo en una concisa declaración de principios, le sugiero que comience creando una lista de las tres o cuatro razones principales por las que su colegio desea embarcarse en el tema del liderazgo. Considere esas razones desde la perspectiva de cada uno de los participantes.

2. *¿Cuál es nuestra visión?* Si la misión es el propósito, la visión es el destino final. Una de las maneras de pensar en ella es teniendo en cuenta los «resultados», los efectos específicos que su colegio desea conseguir en un periodo de tiempo específico. Por ejemplo, ¿qué es lo que su colegio quiere ver desarrollado dentro de dos o tres años en lo que respecta a la conducta de los alumnos, las medidas disciplinarias, el grado de satisfacción de los profesores, la participación de los padres y, natural-

mente, a las calificaciones en los exámenes? Cuanto más claramente puedan ver todos lo que está incluido en su visión, más se podrán concentrar en su planificación, su consecución de objetivos, sus planes de lecciones y su método para gestionar la clase.

Un consejo: las visiones que carecen de cierto grado de premura o de una fecha de finalización concreta suelen ser poco más que ensoñaciones, así que sería conveniente traducir su objetivo a una breve lista de objetivos realistas y de hitos específicos en el tiempo.

> Si todos hablan de lo mucho que disfrutan cuando están en este edificio y de la felicidad que sentimos, es porque somos un equipo que comparte un objetivo y una misión.
>
> MARTHA BASSETT, profesora de Arte del centro A. B. Combs

3. *¿Cuál es nuestra estrategia?* Si la visión es el destino final, la estrategia es el camino que nos conduce hasta él. Independientemente de lo apremiantes o prometedoras que puedan ser una misión o una visión, no tiene sentido que un grupo de profesores y administradores se baje del pedestal en el que se encuentra sin contar con un plan. Un plan estratégico equivale al «cómo».

Hay dos tipos generales de estrategia: 1) la estrategia *difícil* y 2) la estrategia *sencilla*. La estrategia difícil consta de todos los elementos básicos que explican cómo un colegio va a alcanzar su misión y su visión y cómo va a poner en marcha el tema del liderazgo. En ella se incluye establecer una serie de pasos e itinerarios lógicos, metódicos y manejables. Supone establecer respuestas rigurosas a cuestiones tales como: «¿Qué prioridades debemos afrontar primero?», «¿Qué ritmo debemos seguir?», «¿Qué recursos vamos a necesitar?», «¿Qué personas estarán implicadas en ella?», y «¿Cómo la pondremos en marcha?». Y también: «¿Nuestro plan es razonable?, ¿podemos ejecutarlo?».

La estrategia sencilla está representada por los *valores* del colegio: «¿Cómo nos trataremos a lo largo de este viaje? y ¿cómo trataremos a los alumnos?». Algunos la llaman «el código de conducta» o «el código de cooperación». En cierto modo, la estrategia sencilla refleja la mezcla de *personalidades* de un colegio, mientras que la estrategia difícil debería reflejar y estar alineada con la mezcla de *competencias*.

Un consejo: las estrategias, sean sencillas o difíciles, pierden viabilidad si se vuelven demasiado detalladas o prolongadas. Para poner en marcha el tema del liderazgo, la estrategia se debería poder resumir en una o dos páginas. No olvide que, a veces, menos es más.

4. *¿Qué se espera de cada persona?* Las expectativas claras definen el papel que debe desempeñar cada persona a la hora de avanzar por la estrategia. ¿Van a ejercer de líderes? ¿Van a proporcionar apoyo? ¿Se encargarán de eliminar obstáculos? Las expectativas claras se clasifican en dos categorías: 1) expectativas generales que se supone que todos debemos asumir y 2) expectativas individuales, específicas. Por ejemplo, el colegio A. B. Combs tiene una expectativa general de que todo el mundo que vea desperdicios en el suelo es responsable de recogerlos. Es un problema de todos. Pero también tiene una serie de expectativas de rendimiento y de objetivos que son específicos de cada persona.

Un consejo: cuantas más personas sean capaces de ver que lo que se espera de ellas está directamente asociado con la misión, la visión y la estrategia, más podrán sentir que es algo que les pertenece y se sentirán plenamente comprometidas, y habrá menos posibilidades de que sigan participando en actividades que resultan irrelevantes para la misión, la visión y la estrategia del colegio.

Aunque las cuatro cuestiones que he planteado antes giraban en torno a la palabra *qué*, todas ellas ayudan a responder a la pregunta *por qué*. Y ésta es la razón: si una persona no sabe cuál es la misión, o la visión, o la estrategia, o cuál es el papel que debe desempeñar, esa persona nunca sabrá plenamente «por qué» se le está pidiendo que haga eso, ni tampoco sentirá pasión por llevar a cabo esa tarea.

Antes de pasar al siguiente paso, añadiré que, para que el tema del liderazgo sea completamente efectivo, todo lo que sucede dentro del colegio también debe suceder en el aula o entre los propios estudiantes. Cada clase debe desarrollar su propia declaración de principios, sus propios objetivos, estrategias y expectativas. De igual modo, cada persona, tal vez utilizando los cuadernos de datos, debe marcarse una serie de objetivos e identificar qué es lo que necesita para alcanzar esos objetivos.

## TERCER PASO: ALINEAR LOS SISTEMAS

No olvide que este es el paso donde muchos fracasan, a menudo porque se pasa completamente por alto.

Una vez que un colegio ha aclarado cuál es su propósito o propósitos en cuanto a su adopción del tema del liderazgo, la inclinación natural es dar un salto y comenzar a aplicarlo en las aulas, es decir, ponerlo en marcha. Pero una cosa que está aprendiendo incluso el mundo empresarial es que la *alineación* precede a la puesta en marcha en la consecución del éxito. Hay demasiados líderes que piensan, erróneamente, que pueden saltarse el paso de la alineación e ir directamente a la ejecución. De hecho, muchos lo hacen así y, como ya comenté antes, por esa razón hay tantas tentativas que fracasan.

Hay multitud de sistemas que se deben alinear con la misión, con la visión, con la estrategia y con las expectativas. Sin embargo, hay cuatro sistemas clave —todos ellos relacionados con las personas— que son esenciales para tener éxito en el tema del liderazgo. Estos sistemas tienen que ver con: 1) atraer, 2) posicionar, 3) recompensar, y 4) desarrollar a las personas.

1. *Atraer: ¿Quiénes son las personas y los participantes clave que pueden poner este proceso en marcha? ¿Cómo se puede conseguir su colaboración?* Cuando se pretende aplicar un cambio de esta magnitud, es necesario volver a reclutar a las personas, incluso a las que llevan mucho tiempo trabajando, por no decir que especialmente a ellas. Su corazón y su mente tienen que sentirse inspirados como si estuvieran comenzando de nuevo. La mejor forma de conseguir esto es implicar a las personas desde el primer momento. Un líder previsor comenzará el proceso de embarcar a los demás *durante* la creación de la misión, la visión y la estrategia, y no después.

> El factor más importante a la hora de poner en marcha los 7 hábitos es que los profesores tienen que hacerlos suyos. Tienen que convertirlos en una parte de sí mismos después de que hayan sido preparados y, después, deben enseñarlos de la manera que les resulte más cómoda.
>
> LAURETTA TEAGUE, directora de Chestnut Grove Elementary

Un elemento importante a la hora de conseguir la colaboración de los demás es prever y saber qué hay que hacer si algunas personas o ciertos grupos ofrecen resistencia. Los profesores son el mejor activo de un colegio, lo que también los convierte en la mayor amenaza. Pedro García, un director general que lleva muchos años trabajando en distritos de California y Tennessee, habla de lo que él llama TAB, «Terroristas A Bordo». Estos terroristas son personas que tratan de torpedear cualquier intento de mejorar las cosas. Son personas negativas que se sientan al fondo de la sala y se limitan a lanzar maldiciones a todas horas. Una sola persona puede sabotear un proyecto si la situación no se maneja adecuadamente. Si todo el mundo ve el cambio como algo que les estamos haciendo *a* ellos, pueden ofrecer resistencia aunque ese proyecto sea bueno para ellos. Pero si lo ven como algo que estamos haciendo *con* ellos, se sentirán mucho más dispuestos a embarcarse en el mismo. Por tanto, una de las decisiones clave que hay que tomar desde el principio será cómo poner en marcha el tema del liderazgo de una manera que maximice la capacidad de colaboración de todos.

Consejo: cuando reflexionamos sobre los colegios que aparecen en este libro, está claro que una de las cosas que todos hicieron bien fue implicar a los padres desde el primer momento. Los invitaron a las reuniones conjuntas y los incluyeron en la formación sobre los 7 hábitos. Algunos de ellos incluso fueron a visitar el colegio A. B. Combs. Los padres han demostrado ser un magnífico apoyo para el tema del liderazgo y han aportado su sorprendente talento, mejorando los resultados y los éxitos del proceso.

2. *Posicionamiento: ¿Qué papeles deben desempeñar los profesores y los administradores para conseguir que el proyecto salga adelante? ¿Qué papeles de liderazgo deben asumir los alumnos?* El posicionamiento supone colocar a las personas adecuadas en el

lugar adecuado y en el momento adecuado. Responder a las cuestiones: «¿Quién hará ciertas tareas?», «¿Quién tendrá autoridad para tomar ciertas decisiones?», «¿A quién se debe rendir cuentas?». A esto se le denomina «la *estructura* de una organización».

Una de las cosas que desde el primer momento hizo cada director que puso en marcha el tema del liderazgo fue formar un equipo de mentores y de personas encargadas de tomar decisiones. En ese equipo se incluyó a una serie de personas cuyas opiniones eran respetadas y que abarcaban diversos cursos y especialidades. Otra medida importante que tomaron los directores fue diseñar una estructura que asegurara la colaboración de todos. Se dieron cuenta de que la época en la que los profesores eran islas independientes que actuaban como ermitaños ocultos en sus aulas había llegado a su fin y, por tanto, intentaron colaborar en la estructura formal. De este modo, los colegios están orientados hacia el equipo a través de un diseño determinado y la colaboración no se limita únicamente a una serie de encuentros fortuitos.

Lo que catapultó al colegio Stuard Elementary a conseguir un éxito tan notable en su primer año fueron las significativas oportunidades de que disfrutaron para ser líderes.

Otra de las claves del éxito del tema del liderazgo es el papel que deben desempeñar los alumnos. Más que concederles cargos divertidos, se les pide que asuman responsabilidades. Robyn Seay, directora del colegio Stuard Elementary de Aledo, Texas, afirma que este componente del tema del liderazgo ha tenido un enorme impacto en su colegio: «Resulta sorprendente ver todo lo que se ha conseguido al calificar a los alumnos como líderes y al dotarlos de responsabilidad de liderazgo».

Un consejo: Muriel afirma que una de las preguntas más frecuentes entre los visitantes de su colegio se refiere a los papeles de liderazgo que desempeñan los alumnos. Sin embargo, ella se niega a revelarlos, porque son los alumnos los que ayudan a crear esos papeles y es posible que no sean los mismos que crean los alumnos de otros colegios. En otras palabras, no se trata de que no quiera revelarlos, ya que lo hace constantemente, sino que en su cabeza el proceso de implicar a los alumnos es más importante que la lista de puestos. La implicación y capacitación de los alumnos son las verdaderas claves del éxito.

3. *Desarrollo: ¿Cómo formaremos a las personas en los 7 hábitos y en otros contenidos relacionados con el liderazgo?* Los directores que aparecen en este libro determinaron desde el principio cómo y cuándo se prepararía a los trabajadores en los 7 hábitos y en las herramientas de calidad. La mayoría de los colegios realizaron esta tarea en un proceso dividido en fases; por ejemplo, realizaban la formación en los 7 hábitos durante el primer año, la formación en la calidad durante el segundo, y la formación en la renovación en los años siguientes. También pusieron en marcha un proceso de formación para los recién llegados.

También es necesario elaborar una serie de planes que sirvan para preparar a los alumnos. ¿Esto se debe hacer en todos los niveles escolares o sólo en algunos? ¿El método omnipresente se utilizará en el primer año o se dividirá en diversas fases, tal y como han hecho algunos colegios? ¿Cuándo se enseñará a los alumnos las herramientas de calidad? Una vez más, no existe una sola respuesta correcta a cada una de estas preguntas. Todo depende de los objetivos específicos y de la buena disposición que demuestren el colegio, sus trabajadores y sus alumnos.

Pero, sin lugar a dudas, una de las maneras más efectivas de preparar a los alumnos es implicarlos en los papeles del liderazgo o permitirles preparar a otros alumnos.

Además, es necesario prestar atención a cómo implicar a los padres en el proceso de desarrollo, de modo que también puedan familiarizarse con los hábitos y con las herramientas de calidad. Por lo general, no es ningún secreto que el entorno familiar tiene el impacto más directo en los logros de los alumnos. Por tanto, ¿por qué un colegio va a poner en marcha el tema del liderazgo sin implicar a los hogares? Uno de los mejores métodos para llevar a cabo esta tarea es crear una serie de oportunidades para que los alumnos enseñen a sus padres lo que deben hacer en casa a través de pequeños deberes. Otra opción podría ser celebrar sesiones preparatorias para padres, elaborar boletines

Greta (de blanco) asesora a otros líderes encargados de hablar en público, como este joven, mientras Muriel Summers adopta su papel habitual, lo que permite a los alumnos asumir el liderazgo.

de noticias para los padres o simplemente destacar los hábitos durante los eventos que se celebren en el colegio a los que los padres pueden acudir.

Otro factor relevante es que los alumnos tengan estilos de aprendizaje variados. Aunque enseñar una lección en un aula dispuesta de cierta manera es una forma muy eficaz de ilustrar los principios del liderazgo, algunas veces los alumnos aprenderán mejor a través de la música, de las artes, de actividades benéficas, de papeles de liderazgo, o de otros modos similares. Una de las formas preferidas por los alumnos de aprender cosas sobre el liderazgo se produce cuando los líderes de la comunidad o de las empresas acuden al colegio y los alumnos pueden plantearles cuestiones. Lo importante es que, cuanto más variado, auténtico y personalizado sea el proceso, dependiendo del estilo de los alumnos, más se asimilará su contenido.

Un consejo: es en el verdadero «proceso» de la enseñanza, en la creación de los planes de lecciones, el diseño de exposiciones y el liderazgo de acontecimientos en el colegio, cuando los profesores, los alumnos y los padres pueden aprender mejor los principios del liderazgo. Por tanto, debemos vigilar que los profesores no pierdan las oportunidades de implicarse en el proceso de creación diciéndoles cómo deben hacer todo o detallándoles con exactitud cómo deben poner en marcha el método del liderazgo en sus aulas. El mejor aprendizaje y el mayor sentido de capacitación se produce mientras se encuentran en pleno acto de creación.

4. *Recompensar: ¿Cómo se deben recompensar los progresos y los éxitos? ¿Cómo podemos conseguir que todos se hagan responsables de los actos que no son adecuados?* Los colegios que desarrollan el tema del liderazgo y que hemos citado en este libro a menudo ofrecen recompensas empleando diversos recursos. No sólo recompensan a los que «han tenido más éxito» o los «mejores logros», sino que cada niño es recompensado por sus importantes progresos. También buscan la manera de recompensar al equipo, a la clase y a todo el colegio, y no sólo los esfuerzos individuales. Es importante señalar que el modo en el que los alumnos, los padres, los profesores y los voluntarios de la comunidad son recompensados es algo importante para ellos, y,

Cuando los líderes de la empresa Lego hicieron una visita al centro A. B. Combs, éste la convirtió en una oportunidad para que los alumnos aprendieran más cosas sobre el liderazgo.

por tanto, un centro debería considerar desde el primer momento cómo se van a celebrar los logros —los grandes y los pequeños— en el colegio, en las aulas y a nivel individual.

Por supuesto, una parte importante de cada sistema de compensación consiste en preguntar: «¿Cómo se debería manejar el bajo rendimiento? ¿Qué sucede cuando un niño no se adhiere a los valores del colegio? ¿Cómo debe manejar un profesor las peleas entre los niños? ¿Cómo debe responder el director a un profesor que se niega a adoptar un cambio?». A menudo la responsabilidad se deja en manos de un puñado de explicaciones inconsistentes, aleatorias e instintivas. La responsabilidad es una parte importante del sistema de recompensas y se debería considerar proactivamente antes de poner en marcha el tema del liderazgo.

No hace falta decir que la única forma de que un sistema de compensaciones (incluida la responsabilidad) sea plenamente efectivo es conseguir que haya una serie de escalas de medida y de estándares totalmente claros. De lo contrario, ¿cómo puede saber un colegio si ha conseguido tener éxito? Entre tales criterios figura la búsqueda de un modo de seguir la pista a los progresos académicos y a los objetivos personales, como por ejemplo, utilizar cuadernos de datos o encontrar factores de medición del rendimiento alternativos tales como las cifras de asistencia, los informes disciplinarios y los datos sobre la satisfacción de los padres o de los profesores. Independientemente de qué medidas elija su colegio, sería conveniente contar con la mayor cantidad posible de ellas antes de poner el método en marcha, para que así se puedan tomar como referencia.

Un consejo: si las compensaciones, la responsabilidad o los procesos de medición no están alineados con la misión, la visión, la estrategia y las expectativas de trabajo individuales, no podemos esperar que el tema del liderazgo se mantenga durante demasiado tiempo. Además, en el caso del tema del liderazgo, debemos recordar que, si bien los premios divertidos y el reconocimiento público tienen su lugar y su valor, las compensaciones intrínsecas suelen ser las más motivadoras y estimulantes.

En resumen, es necesario alinear multitud de sistemas con la misión, con la visión y con la estrategia, incluidos los sistemas de atracción, de posicionamiento, de formación y de compensación de las personas. También son importantes otros sistemas de los que no hemos hablado. El sistema de recursos, por ejemplo, debe estar alineado, incluyendo el presupuesto, para que lo poco que necesita gastarse el colegio se emplee en cosas «importantes». Los sistemas de comunicación deben estar alineados para que todo el mundo reciba los mismos mensajes en la misma página. Lo importante es que cuanto más alineadas tenga sus «flechas» un colegio o un aula, más semejante será su cultura a la ilustración que aparece en la página siguiente. Debemos advertir que la flecha más grande supone alinear la misión, la visión y la estrategia con las necesidades de los participantes. Después de todo, las flechas de tamaño medio se pueden alinear con la flecha grande. Las flechas pequeñas, que incluyen cientos de pequeñas cosas que los profesores y el colegio tienen que afrontar a diario, se pueden alinear con la flecha grande, o se pueden descartar completamente si son incompatibles con la misión, con la visión y con la estrategia. Conseguir introducir el tema del liderazgo en los sistemas hará que se cree la cultura adecuada. Conseguir que los principios del liderazgo se incluyan en los sistemas asegurará que cuando el director o cualquier otra persona clave abandone el centro, la cultura del mismo seguirá imperecedera.

CUARTO PASO: DAR RIENDA SUELTA AL TALENTO

Este es el paso en el que, realmente, tiene lugar el lanzamiento desde la plataforma inferior. Es donde se produce el salto de fe. También es el paso donde la cultura cobra vida. Pero antes de que explique más detalles acerca de este paso, permítame primero que retome la analogía del trapecio y añada otra dimensión.

Esta vez imaginemos a un grupo de entre cuarenta y ochenta profesores y administradores, todos ellos agarrados a un trapecio que se balancea en el aire. ¿Puede imaginar una escena tan enrevesada y claustrofóbica? Supongamos que sólo uno de ellos es el líder. Ese líder sabe perfectamente que el grupo no puede alcanzar una altura superior sin flexionar el cuerpo al unísono para crear suficiente impulso. Por tanto, «predicando con el ejemplo», este líder comienza a flexionar su cuerpo y a gritar: «¡Eh, imitad lo que hago yo!». Como es de esperar, algunas personas ni siquiera se encuentran en la posición que les permita ver lo que está haciendo el líder, mientras que otras que sí pueden verlo comienzan a tratar de contorsionar el cuerpo aplicando el mismo movimiento y el mismo ritmo que el líder. El resultado final es que sólo una parte del grupo está trabajando, mientras que la mayoría del mismo se limita a aferrarse al trapecio para seguir balanceándose.

Una vez más, ¿sería capaz de imaginarse esa escena? Si es así, acaba de vislumbrar el aspecto que presentan muchos proyectos de cambio en los colegios. Los cambios nunca salen adelante si se sigue ese procedimiento.

> Si seguimos haciendo lo que siempre se ha hecho, continuaremos consiguiendo los mismos resultados.
>
> W. Edwards Demming

Ahora bien, ¿qué es lo que funciona? Probemos un método diferente. Vislumbremos al mismo grupo de profesores y administradores colocados en la plataforma inferior, dispuestos a impulsarse. Tienen un claro objetivo y una estrategia perfectamente marcada para alcanzar la plataforma superior, y todos van a colaborar para conseguirlo. Pero esta vez la diferencia radica en que cada uno de ellos tiene su propio balanceo. Sí, todavía tienen intención de alcanzar la misma plataforma superior, pero todos ellos son libres y están *capacitados* para llegar hasta allí a su propio ritmo y bajo su propia iniciativa. El líder da ejemplo a los demás lanzándose hacia delante, pero los que se unen a él también pueden demostrar sus técnicas particulares, que en muchos casos pueden ser mejores que la del líder. ¿Se siente mejor ahora?

Si haciendo esto se siente mejor es porque las personas son libres de avanzar siguiendo su propio camino. Están sujetas a los mismos principios, pero ahora disfrutan de la libertad necesaria para poner en práctica esos principios a su manera. Algunos pueden incluso añadir un par de saltos mortales. Por supuesto, hay otros que también se pueden caer a la red porque carecen de aptitud o de deseo, pero cuando lo hacen, no arrastran a todo el grupo con ellos.

Los hábitos primero y segundo se encuentran en la génesis de todo, no sólo en párvulos, sino en cualquier iniciativa de cambio.

A la hora de poner en marcha el tema del liderazgo un director inteligente debe tener la esperanza de convertirse en un líder de líderes, no en un líder de seguidores. El liderazgo es la más grande de todas las artes. Es el arte de la capacitación. El liderazgo consiste en dar rienda suelta en el interior de la persona a la consecución de una serie de objetivos estimulantes que merezcan la pena. En el caso de un colegio, consiste en encontrar las cualidades de los profesores y de los administradores —sus dones, sus voces— y, después, dejar que éstas emanen. Consiste en implicar a su corazón, su mente, su cuerpo y su espíritu. También consiste en optimizar los dones de los alumnos y dar rienda suelta a todo su talento. Y ésta es la tarea que están llevando a cabo estos colegios.

Algunos directores quizá teman que la expresión *dar rienda suelta* quiera decir perder el control, especialmente si algunos miembros de su plantilla no son de su confianza. Pero precisamente porque Muriel Summers, Beth Sharpe, Lauretta Teague y otros directores cuentan con trabajadores que tienen una fuerte personalidad y muchas aptitudes, y porque se han «embarcado en el proceso», pueden dar rienda suelta al talento de los demás sin sentir el menor temor. Y, como saben dejar que se exprese libremente el talento de los demás, a su vez son capaces de encontrar tiempo para visionar, remodelar la estrategia, visitar a los participantes, reunirse con los alumnos y tratar de encontrar fondos adicionales: una serie de aspectos adicionales que muchos directores quieren aplicar pero que casi nunca son capaces de conseguir.

Algunas de las cuestiones que se deben plantear cuando se da rienda suelta al talento de los demás son: «¿Hasta qué punto confiaremos en los profesores para que salgan adelante por sí solos?», «¿Cómo sabremos qué profesores necesitan más ayuda?», «¿Hasta qué punto guiaremos a los alumnos en lugar de decirles lo que deben hacer?», «¿Cómo podemos utilizar el talento de los demás para crear tradiciones divertidas o embellecer el colegio?».

Uno de los puntos que quiero subrayar a la hora de dar rienda suelta al talento de los demás es que esto no sólo se aplica a los profesores. También se aplica al talento de los padres y de los voluntarios de la comunidad, pero especialmente se aplica al talento de los alumnos. Veamos lo que dijeron Gayle González Johnson y Eric Johnson, padres de tres alumnos del colegio A. B. Combs:

> En el colegio A. B. Combs primero está la educación del carácter y luego los aspectos académicos. No sacrificaría la formación de su personalidad a cambio de que mis hijos sacaran mejores notas. Sin embargo, las calificaciones de sus exámenes hablan por sí solas.
>
> Cuando nuestra hija estaba en la escuela de enseñanza elemental, llegó a su clase un chico nuevo que padecía frecuentes arranques de ira. El modo en el que la profesora manejó a este alumno resultó estimulante. Una tarde, cuando el chico no se encontraba en clase, la profesora se dirigió a los niños. Les dijo: «Los problemas que hemos padecido últimamente en clase no nos están ayudando a crear un entorno de estudio favorable». La profesora los implicó en la solución. Los niños comprendieron que una parte importante del problema radicaba en este nuevo alumno. Forma-

236   EL LÍDER INTERIOR

ron por sí mismos un equipo de apoyo y dijeron que podrían ayudar a este nuevo compañero todavía más que la profesora. Este chico respondió muy bien y consiguió realizar un importante progreso académico por primera vez en su vida. Cuando unos meses más tarde el chico se tuvo que mudar a otra ciudad, sus compañeros de clase se echaron a llorar. Habían aprendido a quererlo.

Aneesa es como un ave cantora y en el colegio A. B. Combs ha encontrado la confianza necesaria para cantar en público. Este colegio ayuda a todos los alumnos a destacar en la disciplina donde poseen un talento natural.

Resulta desconcertante que los Johnson no estuvieran dispuestos a sacrificar el elemento del desarrollo de la personalidad, ni siquiera a cambio de conseguir mejores calificaciones. Pero el punto que quiero subrayar aquí es cuáles fueron los verdaderos líderes de esta historia. ¿Se ha dado cuenta de que la profesora dio a los alumnos la responsabilidad y les mostró su respeto implicándolos en la solución del problema, utilizando sus dones y confiando en ellos?

> Los bosques estarían en silencio si ningún pájaro pudiera cantar salvo el mejor de todos ellos.
>
> HENRY DAVID THOREAU, cita colocada a la entrada de la sala de música

Cuanto más pueda incentivar la expresión del talento de los demás y más pueda capacitar a todos, más éxito tendrá el tema del liderazgo en su escuela.

Un consejo: si el primer paso (inspirar confianza), el segundo (aclarar el propósito, es decir, establecer una misión, una visión, una estrategia y una serie de expectativas), o el tercero (alinear los sistemas) no se han considerado debidamente o no se han transmitido con total claridad, el cuarto paso (dar rienda suelta al talento) puede producir más caos del que pueda remediar.

## INTEGRAR TODOS LOS PASOS: UNA ESTRUCTURA PROGRESIVA

Los cuatro pasos —1) inspirar confianza, 2) aclarar el propósito, 3) alinear los sistemas y 4) dar rienda suelta al talento—

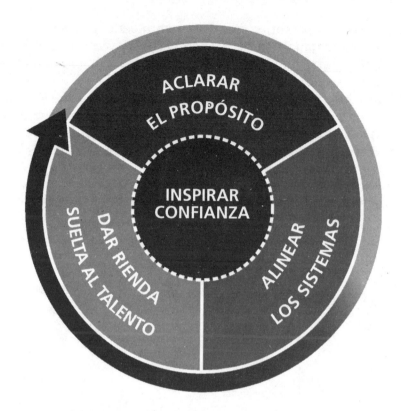

operan de manera secuencial, tal y como se ilustra en el modelo de abajo. Aclarar el propósito es el punto de partida natural, y alinear los sistemas y dar rienda suelta al talento son los siguientes pasos lógicos. Inspirar confianza se coloca en el eje central, ya que influye directamente en los otros tres pasos y, por tanto, tiene prioridad sobre los demás. La flecha circular que aparece en el modelo indica que se trata de un proceso progresivo y en marcha que está sometido a una continua mejora y refinamiento.

Cuando nos ponemos en marcha por primera vez, es lógico que intentemos seguir los cuatro pasos en orden secuencial. Pero, en realidad, ninguna iniciativa de cambio es tan simple como para dividirla en uno, dos, tres o cuatro pasos. Puedo asegurarle que el colegio A. B. Combs y los demás colegios que aparecen en este libro no siguieron los cuatro pasos de una manera completamente clara y secuencial como yo he mostrado

aquí. En otras palabras, en un momento dado, un colegio puede estar trabajando en los cuatro pasos a la vez o puede que
necesite saltarse uno o volver hacia atrás en algún momento. La
realidad es que, una vez que se pone plenamente en marcha
el tema del liderazgo, será cada vez más evidente que los cuatro pasos funcionan de una forma más interdependiente de lo
que lo hacen en una secuencia perfectamente establecida. Pero,
al principio, le sugiero que trate de seguirla en la medida de lo
posible.

Tal y como nos enseñan estos alumnos, el primer hábito significa asumir la responsabilidad. Los cambios en los colegios requieren que los profesores tengan algo más que un
manual de usuario: también deben tener la propiedad sobre el proceso.

Otro elemento que debemos tener en cuenta, a la hora de seguir los cuatro pasos, es que el colegio A. B. Combs ha ido desarrollando su método a lo largo de un periodo de ocho años y todavía lo sigue haciendo. En otras palabras, ha pasado por este
ciclo varias veces y Muriel suele afirmar que todavía se encuentran en proceso de composición y creación. Mientras tanto, los

otros colegios que han adoptado el tema del liderazgo han sido capaces de aprender de la plantilla que ha diseñado el colegio A. B. Combs y, en consecuencia, están reproduciendo con éxito los logros subsiguientes en mucho menos tiempo. Por tanto, cuando se lance a la mar, debe decidir meticulosamente cuánto puede abarcar su colegio de forma realista durante el primer año y, luego, debe repasar el ciclo cada año y determinar qué nuevas medidas requiere, si es que requiere alguna, para expandir o refinar ciertos aspectos a un ritmo que encaje con sus necesidades y su capacidad.

## MANTENER EL CAMBIO

Por muy duro que resulte realizar un cambio, considero oportuno advertirle que el verdadero desafío no consiste en crearlo, sino en *mantenerlo*. Cualquier director le dirá, por ejemplo, que es mucho más sencillo conseguir mejorar las calificaciones de los exámenes que mantener esas calificaciones. El colegio A. B. Combs pudo comprobar este hecho en primera persona. En los últimos años, sus exámenes estatales se han alterado drásticamente dos veces, haciendo que resulte difícil comprobar los progresos. Además, hace poco tiempo se realizaron algunos cambios en los límites del distrito que modificaron notablemente la demografía del centro, llevando al colegio a un número todavía mayor de alumnos procedentes de familias con pocos ingresos. Tal y como era de prever, Muriel considera que esos nuevos desafíos son una oportunidad.

> Una de las creencias más nocivas que suelen arraigar en las personas que aspiran a convertirse en administradores de un colegio es que el proceso de cambio, si se realiza adecuadamente, irá como la seda. Esa creencia no es más que un engaño cruel, una ilusión que anima a los educadores a ver los problemas y los conflictos como una prueba de que se han cometido errores o como un proceso mal gestionado en lugar de considerarlos una consecuencia inevitable de una reforma importante.[3]
>
> RICHARD DUFOUR y ROBERT EAKER, *Professional Learning Communities at Work*

240 EL LÍDER INTERIOR

Para mantener con mayor éxito cualquier cambio cultural, incluida la puesta en marcha del tema del liderazgo, sería conveniente que el líder comprendiera por qué muchos intentos de cambio acaban fracasando. Muchas veces se reduce a haber aplicado algo en demasía o con escasez, tal y como indica la siguiente lista de las razones más comunes por las que los intentos de cambio acaban saliendo mal:

### Por qué fracasan los intentos de cambio

| Muy poco de... | Demasiado de... |
| --- | --- |
| Ningún propósito urgente. | Propósitos que no se ajustan a la realidad. |
| Falta de un director sólido. | Demasiado dependientes de un director sólido. |
| No disponer de tiempo suficiente para implicar a todos. | Excesivo tiempo tratando de conseguir un consenso total. |
| Personas reacias a cambiar. | Personas que cambian con demasiada frecuencia, oscilando de un tema a otro. |
| Falta de estrategia. | Estrategia demasiado detallada: la gente no ha podido dar rienda suelta a su talento. |
| El alcance no es suficiente. | Se abarca más de lo que se puede manejar. |
| Se pasó demasiado pronto a la aplicación del método. | Siempre se está planificando sin llegar a aplicar el método. |
| Se movió con demasiada lentitud: la gente perdió el entusiasmo. | Se actuó con demasiada rapidez: la gente estaba abrumada. |
| No hubo suficiente trabajo en equipo: la gente actúa por su cuenta. | Demasiado enfoque en el equipo: se socavó el esfuerzo individual. |
| Los éxitos no se reconocieron o no se recompensaron. | Los éxitos se declararon demasiado pronto o se alabaron en exceso. |
| No se rindió cuentas ni se buscaron opiniones. | Demasiadas comprobaciones: microgestión. |
| Se rindieron demasiado pronto. | Se siguen haciendo las mismas cosas aunque no funcionen. |

De este cuadro sobre las razones que pueden conducir al fracaso se puede deducir que, en realidad, el liderazgo es un arte. Es una cuestión de experimentar, probar, analizar, medir, volver a intentar y reconocer que lo que funcionaba ayer puede que no funcione hoy. La clave está en encontrar el equilibrio.

Entonces, ¿cómo puede aplicar un líder un cambio de cultura sostenible a un colegio?

Voy a responder a esta cuestión refiriéndome brevemente a un modelo de investigación que han llevado a cabo algunos educadores para los propios educadores. Procedo así por dos razones. Primero, porque está directamente relacionado con la tarea que hay que hacer. Y la segunda la explicaré enseguida.

Robert Marzano, uno de los investigadores más respetados en el campo de la educación, señala en su libro *What Works in Schools* tres principios que considera esenciales para crear y mantener un cambio en los colegios de hoy:[4]

- *Principio 1: la nueva era de reformas escolares se basa en la concienciación de que la reforma es un fenómeno enormemente contextualizado. Los intentos de llevar a cabo una reforma son y deberán ser notablemente distintos de un colegio a otro.*

¿Acaso no es esto lo que contemplamos en cada uno de los colegios que aparecen en este libro? Todos ellos han aplicado su propio sello de identidad al proceso. Lo poseen. Recuerde el consejo que dio Muriel a David George en Canadá: «No hierva el agua de los demás». Para mantener un cambio en su colegio, ese cambio tiene que encajar con las características específicas del centro.

- *Principio 2: la nueva era de reformas escolares se caracteriza por hacer mucho hincapié en los datos.*

Una vez más, ¿acaso no es exactamente esto lo que están haciendo los colegios que tratan el tema del liderazgo? Por eso puedo afirmar que la existencia de una serie de datos que reflejen todo lo que hacen los colegios en esta materia es un elemento de suma importancia. Esto implica supervisar los datos individuales de cada alumno, los datos de cada aula, los datos de cada curso y los datos de todo el colegio.

- *Principio 3: en la nueva era de reformas escolares, se afrontan los cambios de manera gradual.*

A Muriel le gusta afirmar: «Al principio es mejor ir lentamente para poder acelerar al final». El colegio A. B. Combs adoptó lentamente todo el proceso, mediante sucesivos incrementos. Al primer año creó el grupo piloto. Al segundo año, todo el colegio se embarcó en el proyecto. Al tercer año introdujo las herramientas de calidad. Y así sucesivamente. Cada año se añadía algo nuevo o, tal y como afirma Beth Sharpe, directora del colegio English Estates, «se subía la apuesta inicial». Para expresarlo en palabras de Muriel: «La excelencia no se alcanza de la noche a la mañana. La excelencia es un viaje en el que estaremos embarcados durante el resto de nuestras vidas, tratando de alcanzar la estrella más alta y haciendo que sucedan grandes cosas. Pero para ello es necesario saber que se trata de un proceso, que se necesita tiempo». Aunque el colegio English Estates y otros centros tuvieron la fortuna de avanzar con mayor rapidez y de cosechar resultados a un ritmo mayor gracias a que fueron capaces de aprender del trabajo que había realizado el colegio A. B. Combs, esto no es una carrera. Los colegios sólo deben avanzar a un ritmo que se ajuste a la capacidad que tengan las personas de asimilar el cambio, al mismo tiempo que mantie-

Liderar a través de los datos es una fuente clave de fuerza y de responsabilidad en los colegios que desarrollan el tema del liderazgo.

nen un ritmo que permita asumir a la gente que ese nuevo método «ya no desaparecerá». Una vez más, se trata de encontrar el equilibrio deseado.

Los tres principios de Marzano para mantener un cambio derivan de la tarea que cualquier colegio debe llevar a cabo para mantener un cambio de cualquier magnitud. Y vemos que el trabajo que están realizando los colegios que aparecen en este libro está perfectamente alineado con los métodos y las filosofías que diversos investigadores de prestigio llevan fomentando durante años por lo que se refiere a liderar un cambio en los colegios. ¿Recuerda las ventanas que había en la figura del edificio del A. B. Combs? Todos esos investigadores y esas filosofías se asientan y están en alineación directa con lo que los investigadores han afirmado, con lo que los padres han pedido y con lo que demanda la realidad actual. En esencia, lo que estos colegios están haciendo es aplicar sus investigaciones.

Deje que le exponga otro ejemplo extraído del campo de la educación sobre cómo estos colegios están aplicando una investigación probada. Veamos la investigación de colegios efectivos llevada a cabo por Larry Lezotte y sus «siete correlaciones» para mejorar el rendimiento de los alumnos, tal y como se resume abajo.[5] ¿No son el mismo tipo de cosas que el colegio A. B. Combs y otros centros educativos están llevando a cabo?

1. **Una misión clara y enfocada.** En los colegios efectivos, la misión está clara y todos los programas y estrategias institucionales se concentran en sus logros.

2. **Oportunidad para aprender/tiempo para realizar tareas.** En los colegios efectivos, todos los alumnos reciben la oportunidad de dominar el material necesario, y a los que más les cuesta se les concede más tiempo cuando sea oportuno.

3. **Liderazgo institucional.** En los colegios efectivos, un líder sólido que tenga una visión ejerce un tremendo impacto en los logros de los alumnos.

4. **Supervisión frecuente de los progresos de los alumnos.** En los colegios efectivos, la supervisión consiste en algo más que realizar pruebas anuales estandarizadas: consiste en revisar constantemente el trabajo de los alumnos, acompañados de las aportaciones oportunas.

**5. Expectativas elevadas.** En los colegios efectivos, disfrutar de un clima de expectativas elevadas supone tener la firme creencia en que todos los alumnos pueden aprender y que el profesor tiene la capacidad necesaria para enseñar a todos los alumnos.

**6. Relaciones positivas entre el hogar y la escuela.** En los colegios efectivos, la implicación activa de los padres produce una actitud mejor en los alumnos respecto al colegio, un aumento de la autoestima y una mejora en el rendimiento.

**7. Un entorno seguro y organizado.** En los colegios efectivos, la disciplina, la dirección de la clase y la educación del carácter ayudan a crear un clima que resulta seguro y, al mismo tiempo, conduce a una enseñanza y un aprendizaje efectivos.

Mientras leía las «siete correlaciones» de Larry Lezotte, ¿no recordaba las historias particulares o los pasos que aparecen en este libro? En mi opinión, lo que afirman investigadores como Robert Marzano y Larry Lezotte coincide exactamente con lo que están haciendo estos colegios. De hecho, muchas de esas investigaciones, de esa buena filosofía y de esas buenas prácticas llevan saliendo de la comunidad de educadores desde hace años, mucho más de lo que he señalado. También se basan en una serie de principios intemporales y universales, y no simplemente en algo que ahora está de moda. Por esa razón, siguen apareciendo una y otra vez en periódicos y revistas. El problema es que muchos colegios han pasado por un periodo difícil cuando do intentaban aplicar los principios y ponerlos en práctica.

Una de las cosas que los investigadores saben del cambio es que no pueden dormirse en los laureles.

La etapa de aplicación es difícil, es un trabajo muy duro. Muchos colegios se encuentran sumidos en un agujero. En una situación así, lo que tenemos que hacer como líderes es asegurarnos de que proporcionamos el apoyo necesario para que la gente no abandone, cancele el proceso y renuncie a desarrollar el cambio.

Y cuando salimos de ese agujero de la aplicación y las cosas marchan bien, solemos olvidarnos de todas las cosas buenas que hicimos y, como seres humanos, tendemos a relajarnos un poco. Por tanto, para mantener vivo el proceso, debemos seguir colocándolo en primera línea. Una de las cosas que hacemos en el colegio English Estates es hablar cada mes de nuestro programa de liderazgo en las reuniones que mantenemos con los trabajadores. Volvemos a evaluarlo, lo ajustamos, pedimos a los equipos de redacción que traten de mantenerlo fresco y también subimos un poco el listón cada año.

Otra forma de mantener frescos los 7 hábitos y de mantener vivo nuestro programa de liderazgo es orientar a otros colegios. Considero que es algo muy importante, porque cuando invitamos a alguien a nuestro colegio y le decimos que nos sentimos orgullosos de las cosas que estamos haciendo, eso tiene un impacto muy positivo en todos nosotros. Nos hace ser mutuamente responsables y nos ayuda a pasar al siguiente nivel.

BETH SHARPE, directora del colegio English Estates Elementary

En cambio, los colegios que se describen en este libro han conseguido salir adelante. Están dando vida a las investigaciones y lo están haciendo de una manera que tiene un impacto positivo en la vida de muchos jóvenes de diversas partes del mundo. Y, en mi opinión, ésa es la clave. Tanto si un colegio utiliza los cuatro pasos que acabo de describir como si emplea otro tipo de estructura o de método, el fin que siempre debe tener en mente es ayudar a los jóvenes a estar mejor preparados para salir adelante en el siglo XXI, llevando una vida centrada en los principios.

# 9
# FINALIZAR TENIENDO EL PRINCIPIO EN MENTE

> ¿Habéis estado alguna vez en el mar, en medio de una densa bruma, cuando parece que una tiniebla blanca y tangible os envuelve? Y el gran buque, tenso y ansioso, avanza a tientas hacia la costa con plomada y sonda, y uno espera con el corazón palpitante a que algo suceda. Antes de empezar mi educación yo era como ese buque, sólo que no tenía brújula ni sonda, ni modo de saber a qué distancia estaba el puerto. «Luz, ¡dadme luz!», era el grito silencioso de mi alma, y la luz del amor brilló sobre mí en ese mismo instante.[1]
>
> HELEN KELLER

He dedicado toda mi vida a la educación y al campo del liderazgo. Por tanto, pueden imaginarse lo mucho que me fascina esta materia.

Me encanta todo lo que está sucediendo con los estudiantes de todos los cursos. Siento una profunda admiración por los profesores que han hecho una tarea tan extraordinaria al traducir el espíritu de los 7 hábitos y otros principios del liderazgo a un lenguaje que resulte familiar para los jóvenes de hoy. No tengo la menor duda de que la tarea que están realizando estos educadores tiene una notable influencia, y en eso consiste enseñar (y de eso trata *El líder interior*).

Al resumir el contenido y el espíritu de este libro, quiero volver a tomar las cuatro frases que utilicé en los primeros capítulos. En ellas hay algunas ideas que he mencionado tan de pasada que apenas habrá reparado en ellas. Pero los estudios indican que solemos recordar mejor lo que escuchamos en primer lugar y lo que escuchamos al final, de ahí que anote estas frases tanto al principio como al final del libro, pues creo firmemente que merece la pena recordar cada una de ellas. Es mi manera particular de acabar teniendo en mente el principio.

PRIMERA FRASE: «OBRADOR DE MILAGROS DE LOS TIEMPOS
MODERNOS»

Posiblemente recordará que en las primeras páginas me referí a Muriel Summers y a otros educadores como «obradores de milagros de los tiempos modernos». Ésta es una definición a la que estoy seguro que Muriel, con toda su humildad, expresará una firme objeción, principalmente porque tanto ella como los demás educadores serán los primeros en afirmar que no lo han hecho solos. Pero sigo aplicándoles ese calificativo, no sólo a Muriel, sino a todos los educadores que menciono en el libro, y aquí está la razón de ello.

«Obrador de milagros» es un calificativo que, a menudo, se reserva para Anne Sullivan, la mujer que orientó a Helen Keller a lo largo de su vida. Posiblemente recordarán cómo Helen, cuando todavía era muy joven, se quedó sorda y ciega al contraer una enfermedad. Las emociones que despertaron en ella esas pérdidas físicas se manifestaron en unos ataques tremendos y una conducta propia de un animal salvaje. Nada, ni siquiera el mejor de los consejos de los médicos, podía calmar su fiereza. Es decir, hasta el día en que Anne Sullivan entró en su vida en la primavera de 1887.

Lo que algunos no llegan a percibir es que Anne ya había experimentado bastantes contratiempos a lo largo de su vida. Su madre falleció cuando no era más que una niña y su padre, alcohólico, les había abandonado a ella y a su hermano pequeño. Los parientes se negaron a adoptarlos, así que los enviaron a un centro de beneficencia, un lugar donde albergaban a los enfermos y las almas abandonadas de la época. Allí Anne sufrió más contratiempos. Su hermano falleció de tuberculosis y, como consecuencia de esa enfermedad, ella casi pierde completamente el sentido de la vista.

En todo momento, lo único que no decayó en Anne fue su espíritu. Un día, cuando un inspector del gobierno visitó el asilo, Anne se acercó y se agarró a él, suplicándole desesperadamente que le permitiera asistir al colegio. Tenía 14 años cuando por fin fue enviada a la Institución Perkins para Ciegos de Massachusetts. Como no sabía leer, enseguida destacó por su naturaleza rebelde y por sus ataques de cólera. Sus compañeros de clase se burlaban de ella y algunos profesores se comportaban de una manera todavía menos tolerante. Pero algunos docentes vieron mucho potencial en Anne y decidieron incentivar sus ambiciones. Decidieron ayudarla a someterse a una serie de operaciones quirúrgicas que le permitieron recuperar gran parte del sentido de la vista.

A los 20 años, Anne fue nombrada la estudiante más sobresaliente de su clase y en la ceremonia de graduación se puso en pie delante de sus compañeros y declaró:

> Y ahora vamos a entrar en este agitado mundo, a asumir nuestra parte de las cargas diarias y a aportar nuestro granito de arena para conseguir un mundo mejor, más sabio y más feliz. [...] Toda persona que mejore está ayudando a que la sociedad progrese y todos los que no hacen nada contribuyen a su retroceso.[2]

Poco después de su graduación, Anne respondió a una llamada realizada por una gobernadora que la instó a trabajar con una niña pequeña de Alabama llamada Helen. Por entonces, Helen tenía 7 años, así que llevaba ya un lustro luchando con su ceguera y su sordera. Pero Helen también tenía un enorme espíritu y su reacción inicial ante la llegada de Anne no fue diferente de la respuesta que había dado a todas las personas que habían intentado trabajar con ella. Se mostró muy violenta y obstinada. Sin embargo, había algo en Anne que, en poco tiempo, tranquilizó a Helen. Fíjese en lo que Anne escribió en su diario dos semanas después de haber conocido a Helen:

> La criatura salvaje de hace dos semanas se ha transformado en una niña muy amable. Se encuentra sentada junto a mí mientras escribo, luciendo un semblante sereno y feliz. [...] Ahora mi placentera tarea consiste en dirigir y formar la hermosa inteligencia que está comenzando a emanar de esta alma infantil.

Analicemos estas frases una por una: «se ha transformado en una niña muy amable», «sentada junto a mí», «semblante sereno y feliz», «placentera tarea», «formar la hermosa inteligencia» y «comenzando a emanar de esta alma infantil». ¿Acaso no son palabras y frases completamente alentadoras, especialmente teniendo en cuenta todo lo que había pasado Anne en su infancia?

Muy pronto Helen comenzó a aferrarse a Anne casi tanto como Anne lo había hecho con el inspector del gobierno. Helen estaba literalmente rogando que le impartieran conocimientos. Comenzó a estudiar junto a un pozo, donde la primera palabra que aprendió a decir fue *agua*. A partir de ese momento, empezó a sentir una insaciable sed de exploración y de aprendizaje. Anne proporcionó sentido a cada olor, a cada tacto y a cada brisa que se cruzaba en el camino de Helen. Cuando se hizo adulta, Helen reflexionaba a menudo sobre esos primeros encuentros, registrándolos en su diario:

> Una persona que esté gravemente discapacitada nunca sabrá cuál es el origen de sus cualidades ocultas hasta que no sea tratada como un ser humano normal y hasta que no se le ayude a moldear su propia vida.

Una vez más, analicemos las frases de manera individual: «origen de sus cualidades ocultas», «tratada como un ser humano normal» y «ayuda a moldear su propia vida». No es extraño que Helen se refiriera a Anne durante toda su vida como su «profesora».

Al igual que Helen lo era para Anne, todos los niños son importantes en el colegio A. B. Combs.

Cuando reflexiono sobre las afirmaciones que realizaron Anne y Helen, no puedo evitar acordarme de Muriel Summers y de los demás educadores que destacaron en estas tareas. Muchos de sus alumnos pasaron por situaciones muy difíciles en su vida. Algunos han acudido a ella con historias cargadas de rebelión y otros han tenido que soportar terribles tragedias. Pero, independientemente de quiénes sean o de las experiencias que la vida les haya reservado, cuando atraviesan las puertas del colegio A. B. Combs, lo que Muriel ve en ellos son sus «dones» particulares. Muriel acentúa todo lo bueno que hay en ellos y hace cuanto está en sus manos para convertirlos en líderes, «de manera individual». Y todo esto lo consigue sin recurrir al catálogo de desafíos descorazonadores que ha experimentado en la vida. Por estas razones, no dudo ni un instante en colocar a Muriel en la categoría electa de «obradoras de milagros de los nuevos tiempos», o de utilizarla como un modelo de lo que habla *El líder interior*.

En la exposición de pintura anual, todos los alumnos del colegio A. B. Combs exponen una obra. ¿Cuál es el mensaje? Que todos los niños son importantes. Todos los niños tienen dones. Todos los niños tienen capacidad. Todos los niños pueden llegar a ser un líder.

Cualquier persona que sea capaz de sacar a la luz el potencial oculto que tienen los demás y que los inspire para realizar causas nobles es una obradora de milagros de los nuevos tiempos. Pero, siguiendo este razonamiento, Muriel no es la única obradora de milagros de la que se habla en este libro. Muchos de los profesores y trabajadores del colegio A. B. Combs son obradores de milagros. Beth Sharpe, del colegio English Estates, es una obradora de milagros. Lauretta Teague, del colegio Chestnut Grove, es una obradora de milagros, como también lo es Donnie Lane. Asimismo, también lo son muchos de los demás profesores y administradores de los que se habla en este libro. Pensemos en Joann Koehler, quien observó que Muriel tenía capacidad para convertirse en una gran administradora. Piense en la mecha que prendió esa chispa. ¿Acaso no es ella también una obradora de milagros en la vida de Muriel?

Al igual que los profesores que miraron a través de la ira y de la hostilidad de Anne hasta percibir su potencial oculto, estos profesores de los tiempos modernos son capaces de percibir todo el potencial que encierran los jóvenes de hoy uno por uno. Son capaces de percibir el líder que lleva dentro cada niño y les ayudan a dar rienda suelta a ese potencial, a encontrar su propia voz. Cada vez que alumbran un nuevo conocimiento, un nuevo rayo de esperanza en un niño —por pequeño que sea—, eso es como un milagro.

Cuando cientos de alumnos llegan a la par cada mañana como una ola gigante, o cuando salen en masa al final del día como la marea que se aleja, a los educadores debe de resultarles difícil tener siempre en mente que, en última instancia, en el análisis final, todo niño es un ser especial, un espíritu singular dotado con una serie de dones. Y conviene no olvidar que todos los profesores y todos los administradores son también, en última instancia, seres que poseen su paquete particular de experiencias y su propio paquete de talento particular. ¿Qué mayor contribución individual puede hacer un profesor que permitir a un niño conducir con éxito su propia vida y responder de manera madura a los retos que le plantea la vida?

Todos los profesores, cada vez que entran en un aula abarrotada de alumnos, tienen la oportunidad de ser obradores de milagros. Cuando recuerdo la definición de *liderazgo* que he for mulado al principio del libro —«el liderazgo consiste en comunicar los méritos y las posibilidades de los demás de manera tan clara que se sientan inspirados a darse cuenta de ello por sí mismos»— no puedo evitar pensar que esos educadores no sólo son obradores de milagros, sino además auténticos líderes: profesores líderes.

## Segunda frase: «La tradición de preocuparse por los demás»

En el capítulo 1 comenté que durante su primera visita al colegio A. B. Combs, los Patel conocieron cuáles eran las tradiciones del centro, particularmente «la tradición de preocuparse por los demás».

Las tradiciones escolares no sólo son una serie de actos. Estoy convencido de que entre los lectores de este libro habrá algunos profesores de talento que quizás estén pensando: «Eso jamás sucederá en mi colegio. El director nunca lo apoyará». O puede haber directores maravillosos que lean este libro y suspiren: «El personal de mi colegio no está preparado para esto; sólo unos cuantos profesores tendrán energía para sacarlo adelante». Lo que esos profesores pueden pensar es: «Voy a aplicar este método en mi clase y lo voy a hacer tan bien que los demás querrán imitarme». Mientras que los directores pueden estar pensando: «Voy a pilotar esto como lo hizo Muriel con su pequeño equipo de profesores y veré si puedo progresar partiendo de ese punto».

Me congratula que los profesores y los administradores demuestren ese tipo de mentalidad. Tienen que enfrentarse a la realidad y deben buscar dentro de su círculo de influencia para ver cómo pueden conseguir aplicar esas ideas a gran escala. Les animo fervientemente y les deseo todo lo mejor. Pero también debo advertirles de que si su colegio tiene uno o dos profesores que desarrollan el tema del liderazgo, o un grupo de cuatro o cinco, los resultados no serán los mismos que si todo el colegio participara activamente en esa empresa. Su colegio nunca podrá disfrutar del mismo grado de éxito que el que han disfrutado los colegios del liderazgo que aparecen en este libro, a menos que se convierta en un esfuerzo conjunto realizado por todo el centro, es decir, en una tradición del colegio.

Por supuesto, ello no quiere decir que un profesor individual no pueda ponerse en marcha solo, o que un director no deba probar un curso piloto. Simplemente es reconocer que, aunque los profesores tengan un talento natural para conseguir cosas sorprendentes por sí solos, el tema del liderazgo sólo podrá florecer en todo su esplendor si todos los interesados —todos los participantes— trabajan juntos. Para que maduren plenamente los frutos de la cosecha, es necesario que el tema del liderazgo se convierta en una tradición del colegio, particularmente en la tradición de preocuparse por los demás.

Tercera frase: «No es una cosa más»

Una frase que ha aparecido más de una vez a lo largo de este libro en los comentarios vertidos por los educadores es: «No se trata de una cosa más». En cada uno de los colegios que desarrollan el liderazgo, este tema no es una cosa más, sino que es el aspecto «principal». Todo consiste en ayudar a los alumnos a ser conscientes de su propia capacidad y alimentar después ese potencial, de modo que estén preparados no sólo para sobrevivir en este nuevo mundo en el que vivimos, sino también para prosperar en el siglo XXI.

Pero, para ser justos, hay que señalar que algunos colegios se afanan por desarrollar «este elemento añadido». Aunque no sirva para nada, reservan un tiempo importante al principio de cada año para enseñar y reforzar los principios del liderazgo. Algunos reservan una cantidad de tiempo específica todas las semanas. Sin embargo, ni siquiera esos profesores hablarían de esto como «una cosa más». Es algo que les apasiona, que valoran enormemente, y, por tanto, encuentran tiempo para convertirlo en una parte importante de la educación de sus alumnos.

Observe cómo he dicho que encuentran tiempo para ello. Déjeme decirle algo al respecto. Cada vez que los alumnos se ven obligados a asumir hechos sin importancia, les están robando un tiempo que podrían haber dedicado a obtener conocimientos y aptitudes que guarden relación con la vida en el siglo XXI. Ese robo merma su ansia de ir al colegio y les priva de valiosas oportunidades para progresar y para poder disfrutar de la vida. Y, por tanto, me sorprende ver lo que algunos de los principales investigadores en el campo de la educación han revelado a este respecto. Primero, Richard DuFour y Robert Eaker en su obra *Professional Learning Communities at Work*:

> Ha llegado la hora de reconocer que el principal defecto en el programa de estudios de los colegios públicos estadounidenses no es que los colegios no hacen lo suficiente, sino que tratan de hacer demasiadas cosas. Aunque los alumnos estadounidenses tienen menos días escolares al año que sus homólogos asiáticos y europeos, han de aprender muchos más contenidos. Enfrentados a un programa de estudios que tiene «un kilómetro de largo y medio centímetro de profundidad», los profesores han comenzado a preocuparse por el «alcance» de tales conocimientos. Se sienten incapaces de enseñar a los alumnos a dominar una serie de conocimientos y aptitudes debido a que están inmersos en una carrera por cubrir contenidos. Uno de los pasos más importantes que puede dar un colegio para introducir una mejora significativa es elaborar un proceso que le permita identificar el contenido curricular más importante, eliminando el material que no sea esencial y proporcionando a los profesores el tiempo necesario para enseñar un programa de estudios significativo.[3]

En mi opinión, la expresión «programa de estudios significativo» incluye lo que los educadores llaman «aptitudes del siglo XXI». ¿Pero realmente hay tiempo o espacio en la actual masa de programas de estudios requeridos para que se puedan enseñar esas aptitudes? Veamos a continuación lo que Robert J. Marzano escribió en su famoso libro *What Works in Schools*:

> [...] en Estados Unidos, los manuales sobre matemáticas abarcan el 175 % de los temas que comprenden los libros de texto alemanes y el 350 % de lo que abarcan los libros de texto japoneses. Los manuales de ciencias abarcan nueve veces más temas que los libros de texto alemanes y cuatro veces más que los libros de texto japoneses. Sin embargo, los alumnos alemanes y japoneses aventajan notablemente a los estadounidenses en las asignaturas de matemáticas y ciencias.[4]

¿Pudiera ser que una proporción inaceptable de lo que se enseña a los alumnos se encuadra dentro de los límites de lo «excesivo» o lo «no esencial»? ¿Acaso estamos malgastando nuestro tiempo en contenidos irrelevantes, ignorando las aptitudes del siglo XXI y otros contenidos importantes?

Teniendo en cuenta este tipo de cuestiones, Marzano elaboró una serie de criterios matemáticos que todos los alumnos estadounidenses deben conocer en quinto curso. En total, elaboró 741. Luego pidió a un equipo de diez expertos en matemáticas que calificaran cada uno de esos contenidos indicando si eran esenciales o no. Sus descubrimientos fueron sorprendentes. De los 741 contenidos, calificaron 299 como «esenciales» y 143 como «no esenciales», lo que significa que el resto se encuadraba en un discutible punto intermedio. Si se puede traducir a tiempo, lo que indican esas cifras es que los alumnos estadounidenses dedican el 20 % de su hora de matemáticas a estudiar cosas irrelevantes y otro porcentaje significativo a aprender materias que son cuestionables. ¡Pues vaya!

El principal deseo de cualquier educador es ayudar a sus alumnos a tener éxito en la vida. Eso incluye aprender a leer y a escribir y aritmética. Pero el mundo actual necesita algo más si los niños desean seguir luciendo una sonrisa a lo largo de toda su vida.

No voy a prescribir lo que los profesores deberían enseñar ni a señalar lo que es esencial o relevante. Haré todo lo posible por no ser uno de esos empresarios que se comportan como si supieran mejor que nadie cómo se debe enseñar a los estudiantes. Pero como padre, abuelo y líder empresarial que soy, no quiero escuchar que los alumnos dedican el 20 % de su clase semanal a aprender cosas irrelevantes.

Los jóvenes de hoy se merecen algo mejor. No les robemos su precioso tiempo. No dediquemos su tiempo a cosas que no son importantes. Tal y como dijo Goethe: «Las cosas que más importan nunca deben estar a merced de las que importan menos». Eso no significa que los colegios tengan que ser estrictas cámaras de trabajo donde «el cerebro se pone constantemente a trabajar». Créame, en estos colegios que tratan el tema del liderazgo hay mucho sitio para la diversión y los juegos. Pero en muchos casos, hasta lo divertido tiene un sentido. Por tanto, reservemos un espacio para enseñar aptitudes y rasgos de la personalidad que ayuden a los alumnos a salir adelante en el siglo XXI. Si eso supone tener que reconsiderar una parte del programa de estudios, entonces hagámoslo.

Los profesores del colegio A. B. Combs nos han enseñado un modo de llevar a cabo esta tarea sin necesidad de añadir «una cosa más» o de robar nada que sea esencial de los cometidos de los profesores. Adoptando un método omnipresente, están enseñando aptitudes propias del siglo XXI al mismo tiempo que siguen haciendo lo que hacen ahora. Sin duda es posible que al principio eso les lleve más tiempo, pero en gran medida todo se reduce a hacer hincapié en el nuevo enfoque. De hecho, muchos profesores y administradores continúan informando de que el tema del liderazgo les permite ahorrar tiempo. No sólo son más eficientes y organizados desde el punto de vista personal, sino que no tienen que dedicar diez minutos al día a ocuparse de los problemas de disciplina, lo que se añade al tiempo que dedican a materias «esenciales» para la educación de un niño.

## Cuarta frase: «Naturaleza universal»

La cuarta frase encierra algo que posiblemente ya ha observado y percibido a lo largo de todo el libro. Nos permite recordar tanto la naturaleza universal de los principios como la naturaleza universal de los niños. Los 7 hábitos y los demás principios del liderazgo se pueden aplicar en cualquier colegio y en cualquier país. No obstante, en mis enseñanzas a lo largo de todo el mundo me han acusado de haber tomado los 7 hábitos de una cultura concreta, de una religión determinada o de un gurú en particular. Pero no es así. Estos principios son universales y no proceden de una sola fuente. Son intemporales y maravillosamente evidentes por sí mismos. Y lo mismo puede decirse de la naturaleza universal de los niños. Todos llevamos una vida completamente distinta de la vida de los demás y, al mismo tiempo, idéntica. Por ejemplo, toda persona tiene cuatro necesidades básicas. Y con los niños sucede lo mismo. Todos ellos se pueden beneficiar de esos principios universales. Por esa razón, al comienzo he dicho que estos principios y métodos se pueden aplicar en el hogar. Se pueden aplicar en cualquier parte.

## Un comentario final para los colegios

Junto a las cuatro frases que he descrito brevemente, se encuentran las claves para alcanzar el éxito en el tema del liderazgo:

- Todo profesor da rienda suelta al potencial de los alumnos de todo el mundo de manera individual.
- Un esfuerzo combinado de todo el colegio hace que todos los participantes estén comprometidos y colaboren.
- Debe hacerse hincapié en la necesidad de concentrarse en las enseñanzas más importantes.
- Subrayar las aptitudes y los principios intemporales de la enseñanza que son pertinentes para la realidad global de hoy y que sirvan de preparación para lo que ofrecerá el futuro.

Otros factores clave en los que se hace hincapié a lo largo del libro:

- Escuchar qué es lo que los participantes quieren de los colegios puede proporcionar una valiosa información acerca de cuáles son las necesidades que existen en la economía global.
- Los padres y los líderes empresariales quieren que se enseñe carácter y competencia en los colegios.
- El tema del liderazgo puede ayudar a mejorar los éxitos académicos insuflando confianza en sí mismos a los alumnos y creando un entorno de aprendizaje seguro.
- El método omnipresente puede impregnar y reforzar tanto la personalidad como la competencia en la cultura de un colegio.
- La alineación precede a la aplicación en el flujo del éxito.
- Los datos y la responsabilidad son impulsores significativos que subyacen a los éxitos en las escuelas que desarrollan el tema del liderazgo.
- Cada colegio debe aplicar su propio sello de identidad en su estrategia para conseguir que sea contextualmente relevante.
- Las relaciones, los recuerdos y la conectividad son una parte importante de lo que los alumnos extraen del colegio y una contribución vital a los logros de los alumnos, así como una parte esencial de *El líder interior*.

Mientras medita sobre estos puntos, le ruego que acepte esta obra teniendo en cuenta la intención de la misma. En ella no se pretende tener todas las respuestas a los dilemas educativos de hoy, ni se afirma que todos los éxitos recogidos en este libro se deban enteramente a los 7 hábitos; lo que sugiere es que es sumamente importante preparar a los alumnos para el futuro enseñándoles principios intemporales de efectividad; unos principios que se aplican en cualquier cultura y en cualquier colegio, tanto hoy como en el futuro.

Cada niño es un regalo, y cada uno de ellos tiene un don. Lo más apasionante de todo esto es que los adultos tenemos la oportunidad de ayudarles a encontrar esos dones, podemos alimentar y dar rienda suelta a esos dones, inspirar grandeza, la grandeza primaria. Gran parte de las obras que versan sobre educación señalan que los alumnos posiblemente no tendrán una vida mejor de la que les ofrece su hogar y que los colegios tienen poca influencia en ello. Sin duda, las probabilidades están en contra de los alumnos que proceden de hogares o entornos sociales disfuncionales. Pero, como educador, no puedo aceptar eso como objetivo. Estoy convencido de que los buenos colegios y los buenos educadores pueden y deben tener una influencia notable en los niños. También pienso que los alumnos pueden sobresalir más allá de su educación.

Debo admitir que una parte del contenido de este libro puede parecer más sencilla de aplicar de lo que verdaderamente es. Éste será un reto difícil para un colegio si no posee el nivel de competencia y de personalidad —la grandeza primaria— que necesita para mantenerla. No es un programa de fácil aplicación que se compra y se instala como si fuera un componente de

Aprendiendo a ser proactivos y a asumir la responsabilidad de su educación y de sus vidas, los alumnos dan un paso importante en la creación del futuro que se extiende ante ellos.

*software*. Se necesita creatividad. Se necesita esfuerzo. Pero la aplicación del tema del liderazgo *es* algo factible, tal y como han demostrado los colegios citados. Si tiene la sensación de que su colegio no está preparado para aplicarlo en estos momentos, le desafío a que se prepare. Comience desde el punto en el que se encuentre, considere cuáles son los recursos con los que cuenta y confíe en que conseguirá salir adelante.

Tal y como afirmé al principio, estoy convencido de que, en su conjunto, esta generación de alumnos es la mejor que ha existido en el planeta Tierra. Todos los tumultos que vemos en nuestros campus, producidos por una cantidad relativamente reducida de alumnos, no deberían apartarnos de nuestra forma de ver a los jóvenes de hoy. Muchos de ellos se encuentran a kilómetros de distancia de las generaciones anteriores en cuanto a competencia y personalidad. Todos ellos forman parte de un mundo que está lleno de desafíos, pero eso sólo significa que también está lleno de oportunidades. Pero, lamentablemente, muchos de los jóvenes de hoy no son capaces de ver esas oportunidades, ya que sólo perciben la confusión. Por tanto, es esencial que en las primeras etapas de su vida entren en contacto con los adultos, que, siguiendo una serie de principios, puedan reunirse con ellos en sus cruces de caminos críticos y satisfacer sus cuatro necesidades básicas: las relativas a sus cuerpos, sus emociones, sus mentes y sus espíritus, especialmente las de sus espíritus. Ellos se lo merecen y la calidad de nuestro futuro depende de ello.

En el mundo actual, ni el mejor de los padres puede esperar que podrá hacer por sí solo todo lo que sea preciso para sus hijos. Los padres se enfrentan a presiones muy fuertes procedentes de todas las direcciones, incluyendo la complacencia. Es difícil ser padre. Qué agradecidos deben estar los padres de los alumnos del colegio A. B. Combs y de los colegios que tratan el tema del liderazgo con los nobles profesores que han tomado a sus hijos bajo su asesoramiento y les han permitido volar con las nuevas alas de la confianza en sí mismos. La tarea que llevan a cabo todos esos educadores excede cualquier cosa que podría haber esperado cuando se publicó el libro de *Los 7 hábitos*, allá por 1989. Resulta algo enormemente satisfactorio de ver y experimentar. Por ello, atribuyo todo el mérito a esos grandes educadores. Siento mucho aprecio por ellos, por todo lo que están haciendo. Y desde aquí les expreso mi más profunda admiración.

Esto me lleva a un último desafío. En el colegio A. B. Combs existe una tradición que todavía no he mencionado: la «pausa estratégica». Esta pausa consiste en pedir a los alumnos que hagan un descanso durante unos minutos, beban un poco de agua, estiren las piernas, miren hacia la luz y piensen en algo que les llene de esperanza. Es una manera de recobrar la energía y de recuperar la concentración. Le invito a que lo pruebe. De hecho, reto a todos los adultos que se preocupan por los jóvenes de hoy a que se tomen una «pausa estratégica». Yo lo llamo «volver a comprender». Haga una pausa para reflexionar sobre todo lo que ha sentido a lo largo de este libro. ¿Se corresponde con su forma de ver todo lo que hay que hacer en los colegios? Cada vez que Muriel Summers se coloca delante de una audiencia o habla a un educador o a un padre, una de las primeras cosas que afirma es: «Sé de todo corazón que estamos haciendo lo correcto». ¿Le hace sentir eso que se está haciendo lo correcto? ¿Es algo que usted desearía ver en un colegio que se encuentre próximo a su hogar? He enviado a multitud de compañeros del mundo empresarial a visitar el colegio A. B. Combs y siempre han salido de él pensando cómo podrían apoyar el tema del liderazgo en su comunidad. Algunos de ellos ya se han puesto en marcha.

> Debemos ser soñadores en movimiento, y no mártires en espera.[5]
>
> THOMAS FRIEDMAN, *La Tierra es plana*

Tengo la esperanza de que en estas páginas también haya percibido una llamada personal que le invita a ponerse en marcha. Yo no voy a decirle qué debe hacer. Es tarea suya decidirlo, teniendo en cuenta sus propios deseos y sus circunstancias actuales. Podría ser tan sencillo como trasladar los principios a su propio hogar o a su propia vida. Hay demasiados líderes que se encuentran anclados y resignados al estado de cosas imperante y que se limitan a hacer todo lo que ha funcionado en el pasado. No se convierta en uno de ellos. No sea un espectador. Trabaje dentro de su esfera de influencia. Sea un modelo a seguir: una luz, y no un crítico. Nos encontramos en una nueva era. Los jóvenes de hoy necesitan algo más que la dieta constante de materias esenciales estándar de las que se han alimentado en el pasado. Usted puede ser el catalizador que los lleve hacia esa nueva época, aunque sólo sea en su propio hogar.

Donnie Lane dio un paso proactivo en Decatur, Alabama, que puede influir en la cultura de toda la comunidad.

Muchos jóvenes tratan de encontrar una dirección sin emplear una brújula. Tomando las palabras de Helen Keller que cité al principio del capítulo, caminan «en el mar en medio de una densa bruma», avanzando a tientas «hacia la orilla» y «sin una brújula», suplicando «¡Luz!, ¡dadme luz!». Todos nos hemos sentido así alguna vez, independientemente de lo viejos o jóvenes que seamos. Por tanto, no resulta sorprendente que muchos de los jóvenes de hoy se sientan así. La vida no siempre es sencilla. Y, por ello, en esa realidad emerge un desafío para todos los adultos: han de dar un paso hacia delante e implicarse, deben encontrarse con los jóvenes de hoy en ese importante cruce de caminos. Piense en lo que podría hacer mientras medita sobre un poema que, a veces, se titula «En el cruce de caminos». Es un poema que se ha publicado en versiones distintas a lo largo de los años y que se ha atribuido a multitud de autores. Creo que ha sobrevivido durante casi un siglo gracias a su intemporalidad y su apremiante mensaje:

> Él se encuentra solo en el cruce de caminos,
> la luz del sol baña su rostro;
> no tenía miedo al camino desconocido,
> estaba preparado para emprender una carrera febril.
> Pero el camino se extendía hacia el Este, y el camino se
> extendía hacia el Oeste,
> y nadie le dijo qué camino era el mejor.
> Por tanto, tomó el camino equivocado y eso hizo que se extraviara
> hasta que perdió la carrera y la corona de la victoria.
> Finalmente, calló en una terrible trampa
> porque nadie se encontraba con él en el cruce de caminos.
>
> Otro día, un nuevo muchacho
> se encontraba en la misma encrucijada:
> hizo una breve pausa y eligió el camino
> que le llevaría a la mejor opción.
> Y el camino se extendía hacia el Este y el camino se extendía
> hacia el Oeste
> y allí había alguien para mostrarle cuál era la mejor elección,
> así que tomó el de la derecha y avanzó y avanzó,
> y consiguió ganar la carrera y la corona de la victoria.
> Hoy camina por una amplia carretera
> porque aquel día había alguien con él en el cruce de caminos.[6]

En la economía global actual, no nos podemos permitir quedarnos de brazos cruzados hasta que los jóvenes reciban su primer ascenso en el liderazgo corporativo para mostrarles cuál es el mejor camino que les permita relacionarse con los demás. No podemos permanecer quietos y esperar a que se conviertan en directores generales, en profesores de colegio o en padres antes de enseñarles cómo deben organizar sus vidas, marcarse objetivos o ser personas asertivas. No podemos quedarnos de brazos cruzados y esperar que elijan por sí solos cuál es el modo de resolver los conflictos o cuál es el modo de ser más responsables. Llevamos años haciendo esto y es evidente que el método no funciona. Debemos mostrarles cuál es el camino ascendente.

Puede que los jóvenes de hoy no estén preparados para dirigir corporaciones multinacionales después de su graduación, pero al menos deberían ser capaces de tomar de manera eficaz decisiones relacionadas con los aspectos básicos de la vida, de percibir que valen la pena, de hablar con confianza y albergar sueños. ¿Acaso hay una tarea más importante que reunirnos con ellos en sus cruces de caminos y hacer todo lo que esté en nuestras manos para que puedan liderar sus propias vidas?

Hace un tiempo mi hija me dijo: «Mira, mamá, aplicamos la sinergia. Hemos limpiado juntas la cocina». Y yo pensé: «Aplicar la sinergia... pero si yo acabo de aprender esa palabra la semana pasada. ¿Cómo sabe lo que significa?». Pero ella comprende perfectamente su significado, y se la han enseñado de una manera tan práctica que es capaz de utilizarla en casa y con sus amigos. Hoy, resulta complicado ser padre, así que saber que existe un sistema y un programa de estudios en el colegio que trabaja junto a ti en la educación de tus hijos es algo maravilloso. Qué influencia más sorprendente ha tenido en nuestra familia.

EVELYN ALISAYA, madre, English Estates
Elementary, Fern Park, Florida

Comencé este libro expresando mi convicción de que nuestros jóvenes pertenecen a la generación más prometedora de la historia. También expresé mi convencimiento de que se encuentran en una encrucijada que tiene dos grandes caminos: uno que conduce a la mediocridad de la mente y de la personalidad, así como al declive social, y otro, un camino ascendente «menos trillado», que conduce a las ilimitadas posibilidades humanas y a una recuperación de la esperanza para el mundo. Como usted se ha convertido en un testigo de esta historia inédita sobre cómo los colegios, los padres y los líderes empresariales y de la comunidad se están asociando para «inspirar grandeza en los niños de manera individual», tal vez habrá llegado a creer conmigo que todos los niños *pueden* avanzar por este camino de liderazgo personal si se les muestra el camino.

Ahora, en la conclusión de este libro, quiero expresar otra convicción. Por muy estimulante que pueda ser la tendencia que han tomado estos magníficos colegios, por mucho que estos profesores y administradores visionarios inspiren un movimiento en todo el mundo, el trabajo que están llevando a cabo y la influencia que están teniendo no se puede comparar con la influencia que ejerce el propio hogar del niño.

El hogar es el primer colegio de un niño, su primera aula y su primer patio de recreo. Los padres, los abuelos, los tíos y las tías son los primeros profesores de un niño. Los hermanos y hermanas son los primeros compañeros de juegos y de clase de un niño. El hogar es la base de la educación de la mente, del corazón, del cuerpo y del espíritu. Allí se sientan las bases de los principios, de los valores, de la moralidad y de la justicia durante toda la vida. De hecho, el hogar proporciona educación para la vida. Indica a un niño que debe tomar un camino u otro.

Teniendo en cuenta el inconmensurable e insustituible papel que desempeñan los padres y los abuelos en la vida de un niño, no puedo soltar mi «pluma» de autor sin ofrecer un último capítulo dedicado específicamente al concepto de que, independientemente de lo que suceda en el colegio de su hijo, de su nieto, de su sobrino, de su sobrina o de su hijo «adoptado», *usted* puede ayudar a los niños a descubrir el líder que llevan dentro y a prepararlos para que lleven una vida llena de colaboración y servicio a sus familias, a sus comunidades, a sus lugares de trabajo y al mundo en general.

## El hogar, ¿refugio del asedio?

Estoy seguro de que ciertos padres, incluidos algunos que son profesores, argumentarán que aplicar el método del liderazgo en casa resulta mucho más difícil que aplicarlo en el colegio. Afirmo esto porque he hablado con directores generales de empresas que dirigen con maestría organizaciones multimillonarias y que, sin embargo, en privado confiesan que su principal batalla la libran con sus propias familias. He hablado con oficiales del ejército de alto rango que dirigen a miles de personas con total precisión pero que confiesan que las tropas que tienen en casa están lamentablemente desorganizadas. Incluso he hablado con profesores que afirman: «Puedo manejar clases de cualquier tamaño y ganarme el respeto de los alumnos, pero en cuanto llego a casa, todo el honor y toda la gloria de que gozo desaparecen cuando me enfrento a mis hijos. No gozo del menor respeto. No tengo el control. No hay orden».

En efecto, ser padre puede ser una tarea difícil, muy difícil y, a menudo, impredecible. En el capítulo 2 he descrito algunos de los principales retos a los que se enfrentan los padres de todo el mundo en la nueva realidad, pero sólo he expuesto someramente algunos de ellos. Los tiempos han cambiado desde que Sandra y yo educamos a nuestros hijos. Uno de los principales cambios, por supuesto, es la influencia que ejercen la tecnología y los medios de comunicación. Sandra y yo ejercimos un notable control sobre el tipo de lenguaje, películas y música que entraban en nuestra casa. En aquellos tiempos, los niños tenían que hacer un gran esfuerzo si querían ocultar algo indeseable en casa y mantenerlo oculto durante mucho tiempo. Pero hoy, teniendo en cuenta que todo hogar tiene acceso a alguna señal inalámbrica, cada centímetro cúbico del espacio aéreo de un hogar está infiltrado por una serie de imágenes y mensajes potencialmente destructivos que pueden robar la identidad —especialmente la identidad moral— de los jóvenes. Lo único que tiene que hacer un niño es apretar el botón adecuado y ya está, ahí lo tiene. El gran ladrón de identidad es el ADN social y cultural, no la persona que roba y utiliza nuestra tarjeta de crédito.

Ninguna institución se encuentra más sometida al asedio de la sociedad actual que la familia. Desde fuera, las familias se ven constantemente presionadas para que los jóvenes tomen drogas, participen en actividades sexuales a edades muy prematuras o en conductas delictivas. Están siendo bombardeadas por presiones externas para conseguir muchas cosas, impulsadas a gastar más de lo que sus medios les permiten y a dejarse llevar por los excesos. Sin embargo, para las familias resultan todavía más amenazantes las presiones que llegan desde dentro. Con frecuencia oímos hablar de falta de armonía, de corazones rotos, de infidelidades, de desesperación económica, de abusos, de soledad, de rivalidades fraternas, de codicia y de violencia doméstica, y todo ello se origina dentro del hogar. Esas presiones internas y externas pueden acabar por desbaratar la unidad y el progreso de una familia.

Pero antes de que empiece a parecerle una situación descorazonadora, permítame que le diga una cosa. Aunque conozco muy bien las presiones y dificultades que entraña ser padre, también conozco las satisfacciones que produce. Ser padre me ha proporcionado más alegría, más paz y más sentido que cualquier otra cosa que haya hecho en mi vida; mucho más que cualquier grandeza *secundaria* que pueda haber conseguido. Amo a mis hijos tal como son y les estoy muy agradecido por los muchos momentos de placer y de felicidad que han aportado a mi vida. Y ahora me siento afortunado por ser capaz de disfrutar del mismo tipo de relaciones con sus hijos e, incluso, con los hijos de sus hijos.

No creo que pueda haber un papel de liderazgo más grande y más importante que el de ser padre. Por tanto, si es usted padre, espero que también esté disfrutando de los placeres que conlleva la paternidad. Espero que también sea capaz de ver el gran potencial y los extraordinarios dones que tienen sus hijos. También espero que pueda ver su propia capacidad para ser un «obrador de milagros» en sus vidas, permitiendo que sus hijos consigan la grandeza *primaria* —personalidad y contribución— de manera individual.

El hogar es el gran cruce de caminos de los primeros años de la vida de un niño, el lugar donde más frecuentes son los vaivenes. ¿Su hijo escucha de su propia boca palabras de aliento que expresen el tipo de persona en la que puede convertirse? ¿Sus hijos encuentran en su hogar un refugio del asedio?

Uno de los resultados más notables que tiene el tema del liderazgo es lo que sucede cuando un niño lleva los principios a casa. Veamos un correo electrónico que llegó cuando este libro estaba a punto de entrar en imprenta:

Querida señorita Summers:

Quiero compartir con usted un suceso que ha acaecido hoy en nuestro hogar y que creo que refleja el poder que tiene el programa que ha establecido en el colegio A. B. Combs. Hoy era el segundo día que mi hija pasaba en el colegio. Está estudiando tercer curso. Cuando llegó a casa, ella y su hermana comenzaron a discutir. En menos de diez segundos, mi hija dijo: «No voy a discutir contigo. Voy a ser proactiva, no reactiva. Podemos pensar en una solución ganar/ganar». ¡Eso sucedió sólo dos días después de ir al colegio A. B. Combs! No me lo podía creer. Me siento enormemente agradecida de que estén en el A. B. Combs y de formar parte del sorprendente programa que ha establecido allí. ¡Muchas gracias!

HARDIN ENGELHARDT

### El líder que lleva dentro su hijo

No todos los padres quieren que sus hijos sean de mayores directores generales o presidentes de la nación, pero no puedo pensar en un padre que no desee que su hijo sea capaz de liderar su propia vida, que no sea un notable ejemplo para los demás, que viva siguiendo unos principios, que sea una influencia positiva para los demás. Y ése es el tipo de liderazgo del que trata este libro: del liderazgo personal en esta nueva realidad y de hacer lo correcto incluso cuando nadie nos miran. Todos los niños tienen ese tipo de liderazgo en su interior. El reto está en encontrar la manera de sacarlo a la luz, de alimentarlo.

A la hora de considerar cómo podría facilitar los principios del liderazgo en su hijo, le invito a que analice tres citas que he recogido anteriormente: la primera es la premisa fundamental de la filosofía del colegio A. B. Combs: «Si tratamos a los alumnos como si poseyeran un don, siempre los veremos a través de las lentes de que poseen un don y, al menos en cierto sentido, alcanzarán ese nivel de expectativas». La segunda es la afirmación de Goethe: «Trata a un hombre tal y como es y seguirá siendo lo que es. Trata a un hombre como puede ser y lo convertirás en algo mejor de lo que es». Y la tercera se basa en la definición de liderazgo que he avanzado: «El liderazgo consiste en comunicar los méritos y las posibilidades de los demás de manera tan clara que se sientan inspirados a darse cuenta de ello por sí mismos». ¿Qué le sugieren estas tres citas en lo que respecta a su papel como padre y a la poderosa influencia que tiene sobre los sentimientos de valía y sobre la capacidad de su hijo?

Deje de leer por un momento y piense en uno de sus hijos. En caso de que no los tenga, piense en un niño al que conozca muy bien. Tome una hoja de papel y anote sus respuestas a las siguientes preguntas:

- ¿Qué dones naturales posee el niño?
- ¿Qué talento o qué rasgos de su personalidad posee el niño que si se fomentaran un poco más se podrían convertir en dones?

- ¿Qué dones, si tiene alguno, poseía el niño a una edad temprana y que, desde entonces, se han apagado como consecuencia del ADN cultural?

Mientras escribe sus respuestas, repare en sus pensamientos: ¿qué cosas he dicho al niño en los últimos tres días para expresarle mi reconocimiento de sus virtudes? ¿Qué cosas le voy a decir en las próximas veinticuatro horas para comunicarle mi reconocimiento y mi admiración por esos dones?

Mi madre, a la que considero mi mayor maestra, me animó constantemente hasta el día de su muerte. Incluso cuando ya había madurado, había creado una familia y disfrutaba de una exitosa carrera profesional, ella seguía comunicándome mi valía, tal y como solía hacer una y otra vez cuando era niño. A medida que mi madre fue envejeciendo, comencé a llamarla por teléfono casi todos los días para ver cómo se encontraba y, en cada

Mi mejor maestra, mi madre, siempre me daba ánimos, tanto de niño como cuando me convertí en adulto.

llamada, siempre esperaba que me hiciera al menos una de sus aseveraciones.

Por tanto, como punto de partida para trasladar los principios del liderazgo a su hogar, le desafío a que revise lo que ha anotado en su hoja de papel acerca de la valía y los dones que tiene su hijo y determine cómo y cuándo hará un esfuerzo para transmitirle su confianza en él.

Nunca subestime el poder que tiene una afirmación sincera y positiva de la valía, la capacidad y los dones de una persona, particularmente en la vida de un niño.

## EL PODER DE LOS PRINCIPIOS

Independientemente del tipo de barreras de protección que los padres traten de levantar, independientemente de cuántas veces traten de limitar la programación y la cantidad de tiempo que pasan delante de la televisión o de poner límites a Internet, al teléfono móvil o a cualquier otro aparato digital, una vez que los niños salen de casa, los padres están completamente indefensos para protegerlos de los numerosos peligros y de la multitud de influencias negativas que les esperan. Un padre no puede seguir a sus hijos a todas partes ni tomar todas las decisiones por ellos. Algunos lo han intentado, pero han fracasado.

El único método que permite albergar a los padres alguna esperanza de que verdaderamente están proporcionando a sus hijos una protección constante es inculcarles el deseo de tomar las decisiones adecuadas, incluso cuando nadie los observa. Y la única manera que conozco de conseguir esto es enseñando a los niños los principios adecuados, y cuanto antes, mejor.

La buena noticia es que, aunque el mundo ha cambiado notablemente y seguirá cambiando, los principios que pueden permitir a los jóvenes tomar mejores decisiones tanto hoy como en los años venideros siempre permanecerán inalterables. En otras palabras, los principios que Sandra y yo hemos tratado de enseñar a nuestros hijos son los mismos que recomendaría a cualquier padre de hoy en cualquier lugar del mundo. Además, esos principios hacen algo más que proteger a los niños de las influencias sociales negativas, porque son los mismos que permiten a los jóvenes triunfar en esta nueva realidad, tanto en el colegio como en el mundo empresarial, y tanto en su país como en el extranjero. Son unos principios que estaban entre nosotros mucho antes de que yo naciera. Se encuentran presentes en cada cultura y se pueden aplicar a cualquier edad, género, raza o estatus económico.

Y, por ello, ya hablemos de hace un centenar de años, de dentro de cien años o del día de hoy, ¿qué padre no querría que sus hijos *fueran proactivos*, es decir, que asumieran la responsabilidad de sus actos, reconocieran sus errores en lugar de culpar a los demás o de poner excusas, mostraran iniciativa y se hicieran cargo de sus emociones?

¿Qué padre no querría que sus hijos *empezaran con un fin en mente*, que tuvieran sueños, que tuvieran un plan para conducir sus propias vidas o cualquier proyecto en el que estén trabajando y se concentraran en realizar contribuciones significativas?

¿Qué padre no querría que sus hijos *establecieran primero lo primero*, que concentraran su tiempo y sus esfuerzos en las cosas importantes, en evitar todo lo que no merezca la pena, en planificar y recrear, y en decir «no» a las cosas que los distraigan de ser los mejores?

¿Qué padre no querría que sus hijos *pensaran en ganar/ganar*, que tuvieran el coraje necesario para destacar por sí mismos respetando al mismo tiempo a los demás, que trataran de buscar el ganar/ganar, que estuvieran dispuestos a decir «no» a las situaciones que pudieran herir a los demás?

¿Qué padre no querría que sus hijos *procuraran primero comprender a los demás y después ser comprendidos*, es decir, que atendieran realmente y con empatía los sentimientos de los demás, que no prejuzgaran, que se mostraran abiertos a las opiniones de los demás o supieran expresarse con confianza y realizar una presentación convincente?

¿Qué padre no querría que sus hijos supieran *aplicar la sinergia*, que fueran capaces de trabajar con los demás, de optimizar el talento de los demás, de tener en cuenta terceras alternativas, de ser capaces de manejar los conflictos con madurez, de ser creativos y de valorar las cualidades de los demás?

¿Qué padre no querría que sus hijos *afilaran la sierra*, que renovaran sus cuerpos alimentándose de manera saludable, haciendo ejercicio y preocupándose por su bienestar físico y económico, que fueran fuertes social y emocionalmente, que se desarrollaran mentalmente leyendo buenos libros y desarrollando nuevas aptitudes o renovándose desde una perspectiva espiritual participando en obras benéficas, encontrando el sentido a sus vidas sirviendo a los demás y viviendo según sus valores?

> Existe algo más que la educación del carácter. La personalidad forma parte de ella, pero éstas son aptitudes extraídas de la vida real que te ayudan a escuchar, a expresarte, a resolver conflictos, a trabajar en equipo, a valorar la diversidad, a marcarte objetivos. Son aptitudes que podremos utilizar durante el resto de nuestras vidas.
>
> HOLLY BROWN, madre voluntaria y miembro de la junta escolar,
> Academia Summit, Draper, Utah

No puedo concebir que haya un padre que no desee que sus hijos adopten estos principios basados en los hábitos. Tampoco puedo concebir que un niño pueda llegar a alcanzar todo su potencial sin actuar basándose en estos principios. ¿Son los únicos principios que permiten conseguir la efectividad? No. ¿Los 7 hábitos resuelven todos los problemas a todos los padres? No. Pero son un excelente punto de partida, una base formidable sobre la que sustentarse.

Ser padre es una empresa que no viene con ninguna garantía de éxito. Pero el único método que conozco que permite acercarnos a esa garantía es enseñar e imbuir los principios en el corazón y la mente de los niños.

No subestime nunca el inmenso poder que tiene enseñar tales principios.[1]

## EL PODER DE SER UN MODELO A SEGUIR

Por tanto, ¿cómo puede comenzar un padre a enseñar los principios?

Hace unos años escribí un libro sobre este mismo tema en el que puede encontrar más detalles de los que yo podré aportar en este capítulo. El libro se titula *The 7 Habits of Highly Effective Families*. O puede visitar la web <TheLeaderInMeBook.

org> para encontrar más ideas sobre esta materia. Pero también le recomiendo firmemente que revise este libro y reconsidere todo lo que estos colegios están llevando a cabo para enseñar los principios y observe si le vienen a la mente ciertas ideas sobre cómo aplicar los principios y las prácticas en su propio hogar.

Por ejemplo, vuelva a examinar los cuatro pasos:

*Primer paso: Inspirar confianza*. Recuerde que la clave para inspirar confianza es ser un modelo a seguir. La mejor manera de que sus hijos aprendan los 7 hábitos es que vean en usted un ejemplo de esos hábitos. No hay una forma mejor que ser un modelo. *Relacionarse con ellos*, haciéndoles saber que se preocupa por ellos, pasando tiempo con ellos y transmitiéndoles su amor hacia ellos, también es un paso importante. Una vez que los niños vean que es un ejemplo de los hábitos y sientan que se pueden relacionar con usted, se mostrarán más abiertos y podrá *enseñarles* los principios del liderazgo.

*Segundo paso*: *Aclarar el propósito*. Determine desde el primer momento: ¿por qué estos principios del liderazgo son tan importantes para su hijo? ¿Qué objetivos tiene para su hijo? ¿Qué objetivos quiere conseguir su hijo? ¿Cuándo fue la última vez que se lo preguntó? ¿Qué hitos familiares e individuales se pueden marcar para ayudarle a conseguir sus objetivos? ¿Cuál es su estrategia para conseguir sus hitos? Incluso puede pensar en la posibilidad de trabajar como una familia para elaborar una declaración de principios familiar. (En este capítulo se recogen algunas sugerencias prácticas para conseguir esto.)

*Tercer paso*: *Alinear sistemas*. «Sistemas» puede ser un término que le resulte poco natural para aplicarlo en casa, pero le aseguro que existe. ¿Cómo conseguirá que sus hijos «participen» en el aprendizaje de esos principios del liderazgo? ¿Cómo se pueden enseñar los principios? ¿Se enseñan directamente o de una manera omnipresente, por ejemplo identificándolos en películas y libros, durante las vacaciones familiares o durante las actividades deportivas? ¿Los principios se mostrarán de forma evidente colgándolos en las paredes o aplicándolos en el lenguaje con el que se habla? A la hora de perseguir las metas familiares, ¿qué papeles de liderazgo adoptarán sus hijos? ¿Cómo se puede recompensar el seguimiento de esos principios? ¿Cómo piensa manejar la responsabilidad de seguir esos principios? Como puede ver, a grandes rasgos, un hogar no es un lugar diferente a un colegio o a una empresa. Para que el método del liderazgo pueda funcionar en un hogar y para que se pueda mantener durante algo más que unas cuantas semanas, en cierto modo tiene que estar enraizado en los sistemas que existen en ese hogar.

*Cuarto paso*: *Dar rienda suelta al talento*. ¿Qué talento o qué «dones» específicos quiere fomentar o desarrollar en sus hijos? ¿Cómo piensa fomentar esos dones y dejar que se manifiesten libremente en su hijo? ¿Piensa hacer toda esta planificación y marcado de objetivos en su familia, o sus hijos participarán en la planificación de las actividades familiares o en la selección de objetivos? ¿Dará a sus hijos la capacidad para tomar decisiones por su cuenta o estarán dirigidos? ¿Cómo les hará saber que confía en ellos?

Estos cuatro pasos contienen una serie de ideas acerca de cómo podría aplicar estos principios en su hogar. Sin embargo, la verdadera clave está en comenzar por el primer paso, particularmente por ser un ejemplo de esos principios. De hecho, si quiere asumir un desafío —un desafío personal— trate de ser un modelo de los principios durante un momento difícil, un momento en el que usted y su hijo vean las cosas desde diferentes perspectivas y sienta que las emociones se están caldeando. ¿Recuerda que los profesores y los directores comentaron cómo los hábitos ayudaban a los alumnos a resolver sus propios conflictos? Usted también puede optar por ser el pacificador de su hogar utilizando los hábitos para ser un ejemplo a seguir en la aplicación de un método maduro para solucionar problemas. Piense en la posibilidad de adoptar los siguientes paradigmas de los hábitos y en los posibles pasos que puede dar:

## Paradigmas y principios subyacentes     Acciones clave

### Ser proactivo

| Paradigmas y principios subyacentes | Acciones clave |
|---|---|
| • Elige sus actos y la «temperatura» de su mente.<br>• Elige su respuesta sobre cómo le tratan los demás. En otras palabras, su hijo no le «hace» enfadar; sólo usted puede enfadarse.<br>• La paciencia es una decisión proactiva. | • Párese a pensar. Pregúntese: ¿qué es lo correcto?<br>• Tome el control de sus emociones. Salga a dar un paseo durante unos minutos, si es necesario.<br>• Concéntrese en cuestiones que se encuentren dentro de su influencia, no en asuntos que escapen a su control.<br>• Asuma la responsabilidad de sus actos en lugar de culpar a los demás o de poner torpes excusas. |

### Empezar con un fin en mente

| Paradigmas y principios subyacentes | Acciones clave |
|---|---|
| • La creación mental precede a la creación física.<br>• Sus valores y lo que sea más importante para usted deben guiar sus actos. | • Tenga siempre en cuenta el conjunto global.<br>• Concéntrese en lo que quiere que su hijo perciba en usted como padre cuando haya desaparecido el desacuerdo.<br>• Concéntrese en el «aspecto» que quiere que presente su relación fraternal una vez que el desacuerdo se haya resuelto.<br>• Hable sólo con palabras que permitan a su hijo mantener su sensación de valía. |

### Establecer primero lo primero

| Paradigmas y principios subyacentes | Acciones clave |
|---|---|
| • «Las cosas más importantes nunca deben estar a merced de las cosas menos importantes.»<br>• Los asuntos urgentes no siempre son importantes.<br>• Las relaciones son más importantes que las cosas. | • Elija sus batallas. No se enzarce en discusiones sobre asuntos que no guardan relación con lo que es realmente importante.<br>• Afronte los problemas al ritmo adecuado. No permita que se arraiguen o se desarrollen.<br>• Aférrese a sus propios valores. Haga lo «correcto».<br>• Trate de evitar futuros conflictos. |

### Pensar en ganar/ganar

| Paradigmas y principios subyacentes | Acciones clave |
|---|---|
| • Un perjuicio común, una victoria por su parte o por parte de los demás son resultados no deseados.<br>• La justicia es el punto de partida mínimo para un resultado aceptable.<br>• «No hay trato» o estar de acuerdo en que no están de acuerdo son resultados aceptables. | • Realice «depósitos» significativos en las cuentas bancarias emocionales de los demás.<br>• Si ha hecho «retiradas» de la cuenta bancaria emocional de su hijo, discúlpese.<br>• Equilibre el coraje con consideración.<br>• Trate de encontrar resultados que sean mutuamente beneficiosos. |

## Pensar en ganar/ganar *(cont.)*

- Los resultados más aceptables son aquellos en los que ambas partes «salen ganando», más allá de lo que previamente percibieron como posible.
- Los adultos que son inteligentes no se aprovechan injustamente de los niños que no lo son.

- Diga no a los resultados que no ayuden a su hijo a largo plazo.
- Trate de no comparar a su hijo con los demás niños.
- Sepa perdonar.

## Procurar primero comprender, y después ser comprendido

- Dar a los demás «escape» emocional es el primer paso para liberarlos y resolver sus emociones.
- Conseguir que todos comprendan sus pensamientos y sus sentimientos de forma tranquila y madura es tan importante como saber escuchar.

- Escuche con los oídos y con el corazón hasta que su hijo se sienta completamente comprendido.
- Acepte las opiniones acertadas.
- Comunique de forma clara, concisa y relajada sus sentimientos.
- Corrija las opiniones que son imprecisas.

## La sinergia

- La sinergia acepta las diferencias y trata de encontrar terceras alternativas.
- La sinergia crea soluciones que son mejores que las que podría encontrar alguna de las dos partes de manera individual.

- Optimice las cualidades de su hijo y las diversas perspectivas que existen para solucionar el problema.
- Sea humilde. No tenga siempre la respuesta correcta.

Si fuera necesario, trate de encontrar a otra persona que tenga una perspectiva más objetiva o adecuada y que pueda proporcionar una solución mejor que la suya o la de su hijo.

## Afilar la sierra (el gran imposibilitador de conflictos)

- Afilar con regularidad las sierras físicas, socio-emocionales, mentales y espirituales es un gran paso para evitar futuros conflictos.
- Muchos conflictos son consecuencia de una o más de las cuatro necesidades básicas que no se han satisfecho.

- Descansar mucho, hacer ejercicio y comer adecuadamente para sentirse bien. La fatiga alimenta los conflictos.
- Tomarse tiempo para establecer relaciones con su hijo en los momentos de calma. Aprenda técnicas de reducción de estrés.
- Estudiar la vida. Aprenda conceptos básicos de psicología humana que le ayuden a comprender por qué un niño podría pensar o comportarse de la manera que lo hace en las distintas etapas de la vida.
- Hacer cosas significativas que le hagan sentir su valía para que su confianza sea fuerte y su estima impenetrable.

Éstos son algunos de los paradigmas subyacentes, principios y pasos que puede dar para ser un modelo en los 7 hábitos durante las posibles situaciones difíciles o esenciales que puede pasar con un niño. Ser un ejemplo a seguir es la mejor forma no sólo de resolver los conflictos, sino también de enseñar a un niño la valía de los principios.

## LA IMPORTANCIA Y EL PODER DE UNA DECLARACIÓN DE PRINCIPIOS FAMILIAR

Una de las mejores formas de ser un modelo en los 7 hábitos es someterse al proceso de creación de una declaración de principios familiar. Considero que, en cierto sentido, es una tarea muy interesante, pero en otros sentidos puede resultar alarmante, tal y como suele suceder cuando trabajo con organizaciones de todo el mundo, donde muchas de ellas tienen algún tipo de declaración de principios, muchas cuentan con algún tipo de estrategia o con un plan claro para conseguir lo que desean alcanzar como organización y sobre cómo quieren actuar, y, sin embargo, cuando visito a sus familias, casi ninguna de ellas tiene un plan claro o una serie de objetivos que hayan establecido juntos y mucho menos cuentan con una declaración de principios. ¿Acaso hay una organización en el mundo que sea más importante que la familia? Es *la* organización sobre la que se cimenta la sociedad. ¿Por qué cualquier familia no iba a tener una clara misión o estrategia para asegurar sus éxitos y sus progresos?

Estoy firmemente convencido de que llevar adelante el proceso de creación de una declaración de principios es el paso más afianzador e importante que pueda dar una familia. Piense en adoptar el método opuesto, empezando sin *ningún* fin en mente. En otras palabras, ponerse en marcha sin contar con un plan proactivo, dejar que la vida siga su curso, dejar que nos lleve o que nos gobierne el flujo de las tendencias y de los valores de la sociedad, sin contar con una brújula o con un mapa, con un objetivo o con un propósito. En cierto sentido, su familia no haría más que aplicar los guiones para la vida que los demás le han entregado a usted. Eso no tendría sentido, ¿no es cierto? Por esa razón, todas las organizaciones que son altamente eficaces y todos los equipos deportivos tienen un plan de juego, una visión de su destino, y por ese motivo es tan importante que su familia también cuente con un plan.

Tanto si el proceso se traduce en una declaración de principios escrita y formal como si no, el proceso de creación de una misión en el entorno familiar y de un plan de juego es en sí mismo un esfuerzo que merece la pena y que sigue tres pasos generales:

Uno, *explore la naturaleza de su propia familia*. Encuentre oportunidades y formas lúdicas de responder a cuestiones tales como:

- ¿Cuál es el propósito de nuestra familia?
- ¿Qué tipo de familia queremos?
- ¿Cuáles son las principales prioridades de nuestra familia?
- ¿Cuáles son nuestros talentos, dones y habilidades singulares?
- ¿Qué es lo que nos hace más felices?
- ¿Qué aspecto queremos que tenga nuestro hogar, cómo queremos que sea?

Y para los niños...

- ¿A qué tipo de hogar quieres invitar a tus amigos?
- ¿Qué es lo que te hace sentir más cómodo cuando llegas a casa?
- ¿Qué es lo que te hace querer volver a casa?
- ¿Qué es lo que te atrae de nosotros como padres, hasta el punto de mostrarte abierto a nuestra influencia? ¿Cómo podemos mostrarnos más abiertos a tu influencia?

Al principio, lo más probable es que sus hijos le miren de forma extraña cuando comience a plantearles esas preguntas, por lo que es posible que tenga que buscar formas divertidas de hacerlo o que tenga que esperar a que se dé el entorno adecuado o, mejor todavía, «crear» el entorno adecuado. Tal vez necesite hacerlo en un plazo de tiempo determinado, quizá tenga que tomarse unos meses si es necesario. Pero, sinceramente, creo que a la mayoría de los niños les gusta hablar de esos temas; les gusta tener voz en los asuntos familiares. Cuando comiencen a mostrarse abiertos, escuche. No los critique. Mantenga los canales completamente abiertos; registre sus pensamientos y los temas generales.

Dos, *escriba la declaración de principios de su familia*. Esta tarea hace que algunas personas se pongan muy nerviosas. Piensan que tiene que ser una declaración larga o perfectamente redactada que hay que enseñar a todo el mundo. Y no es así. De hecho, lo que se escribe es menos importante que lo que se siente y lo que se interioriza. No obstante, considero que sería útil plasmarlo por escrito de alguna forma. Algunas de las sugerencias podrían incluir: 1) redactarla como si tuviera la intención de ser intemporal, 2) tener en cuenta las cuatro necesidades básicas: física, socio-emocional, mental y espiritual, y 3) tener en cuenta todas las edades, de tal modo que puedan comprenderla todos los miembros de la familia. Con los niños más pequeños, puede incluso hacer que sea verdaderamente sencilla y fácil de memorizar, anotando sólo una o dos líneas.

Tres, *tener la declaración en mente*. Una vez redactada, deben cumplir con esa declaración como padres. Utilice la declaración de principios a la hora de tomar decisiones. Programe y realice una serie de actividades que fomenten y refuercen dicha declaración. Coloque carteles o notas por toda la casa que permitan recordar cuál es esa misión. Vea películas, cante canciones o lea libros que refuercen su declaración de principios y corrija el rumbo cuando sea necesario. ¿No es eso lo que han hecho los colegios? ¿No es eso lo que ha hecho que tengan tanto éxito? En otras palabras, no basta con redactar una declaración de principios, colgarla en la pared y luego dedicarse al próximo proyecto. Ellos la viven. Tienen que mantenerla viva. Ellos la recompensan. Son responsables de ella.

En estos tres pasos se utilizan los 7 hábitos. Usted puede llegar a ser un modelo del primer hábito («Sea proactivo») tomando la iniciativa para conseguir que su familia hable de lo que más le importa e implicándolos a todos aunque surjan protestas, escollos en el camino y emociones negativas. Puede llegar a ser un modelo del segundo hábito («Empiece con un fin en mente») a través de la creación de la propia declaración de principios de la familia. Usted llegará a ser un modelo del tercer hábito («Establezca primero lo primero») si vive según los principios y valores que su familia identifica en la declaración de principios y disculpándose y retrocediendo cuando sea necesario. Usted puede llegar a ser un modelo del cuarto hábito («Piense en ganar/ganar») a través del modo en el que respeta e incluye la voz y los sentimientos de cada uno de los miembros de su familia en la declaración de principios, aceptando mental y emocionalmente que todo consiste en pasar del «yo» al «nosotros». También puede llegar a ser un modelo en el quinto hábito («Procure primero comprender, y después ser comprendido») haciendo hincapié, escuchando y reflexionando sobre los sentimientos y las ideas de los miembros de su familia y comunicando después cuál es su objetivo. Usted puede llegar a ser un modelo en el sexto hábito («La sinergia») comportándose como un catalizador que tome lo que cada miembro de la familia comparte, incluidas diversas opiniones, y desarrollando un objetivo y un lenguaje comunes que sean mejores que el que cada uno de ellos tenía al principio. Y, por último, puede llegar a ser un modelo del séptimo hábito («Afile la sierra») si tiene en cuenta las necesidades y la naturaleza de cada uno de los miembros de la familia —cuerpo, mente, corazón y espíritu— y crea constantemente experiencias familiares que renueven y profundicen su compromiso con el objetivo de su familia.

Quizá pueda darse cuenta de por qué el *proceso* es tan importante, si no más, como el *contenido* de la propia declaración de principios. Es una manera excelente de ser un modelo en los 7 hábitos. Es una herramienta familiar muy poderosa y práctica. No me cansaré nunca de resaltar su importancia. Démosle el tiempo que se merece.

Nunca subestime el poder que tiene convertirse en un modelo a seguir.

AVANZAR AL RITMO ADECUADO

Llegados a este punto usted puede pensar: «Stephen, no lo comprendes. Soy una persona muy, muy ocupada. Todo esto me abruma. No tengo tiempo para estas cosas». En otras palabras, puede comportarse como los profesores que exclaman: «No quiero tener que enseñar a mis niños "una cosa más"».

Si ése es el caso, mi primera respuesta sería sugerirle que encuentre la manera de integrar los principios en la tarea que ya esté realizando. Recuerde a los profesores que decían: «Esto no es una cosa más, es la mejor manera de realizar lo que ya estamos haciendo». Si, por ejemplo, lee libros o ve películas con sus hijos, utilice esas ocasiones para encontrar narraciones donde se muestren los hábitos y, a continuación, desarrolle los diversos puntos con sus hijos.* O, mejor todavía, ayúdelos a descubrir y desarrollar los puntos importantes por sí mismos. Si están realizando un proyecto para el colegio, como escribir una redacción sobre un personaje histórico, ayúdelos a elegir a las personas que exhiben en mayor medida los principios del liderazgo y debata con ellos sobre cómo podrían aplicar los mismos principios en diversas situaciones. Si está decorando de nuevo su vivienda, encuentre dibujos, citas o recordatorios alentadores de actividades familiares divertidas para colocarlos en las paredes. Si hace ejercicio con regularidad, lleve a sus hijos a dar un paseo con usted y cuénteles historias acerca de personas que exhiban las cualidades del liderazgo. En otras palabras, siga haciendo lo que hace habitualmente, pero llévelo a cabo desde una nueva perspectiva.[2]

En segundo lugar, quisiera animarle a que examine todo lo que hace habitualmente para que compruebe si hay cosas que puede eliminar de su programación o de su «lista de tareas» y sustituirlas por actividades que merezcan más la pena. Sea honesto. ¿Hay cosas que esté haciendo actualmente que en realidad son una pérdida de tiempo? ¿Se pueden sustituir por actividades más importantes?

En tercer lugar, avance a un ritmo prudente. Hace poco, a Sandra la operaron de la espalda. Aunque algunas intervenciones

* Si desea encontrar una lista inicial de excelentes libros para niños que ilustran ampliamente los 7 hábitos, visite la web <TheLeaderInMeBook. org>. También le recomiendo el libro ilustrado para niños escrito por mi hijo Sean Covey, *The 7 Habits of Happy Kids*, Nueva York, Simon and Schuster Children's Publishing, 2008.

quirúrgicas tienen un ritmo de recuperación más rápido, la suya afectaba al sistema nervioso y, por lo tanto, su proceso de recuperación era mucho más lento. Tan lento que algunas veces era muy difícil observar cualquier indicio de mejoría. De hecho, yo las llamo mejorías «glaciales», porque parecen avanzar al ritmo de un glaciar. Pero, tal y como ha hecho a lo largo de toda su vida, Sandra consigue pacientemente que la mejoría, por muy pequeña que sea, se vaya produciendo día tras día. Es una mujer muy perseverante y pone mucho empeño en ello. No se excede. Sigue un estricto régimen de ejercicios hasta que puede añadir algunos más. Y puede que también suceda eso con usted cuando traslade los principios a su hogar: los aplicará mediante un cambio glaciar, poco a poco. Para los demás los cambios serán más grandes y más rápidos. Pero, en cualquier caso, le doy mi palabra de que podrá ver y sentir la diferencia —a menudo de manera inmediata— mientras obtiene los beneficios que reporta vivir siguiendo los principios intemporales y universales como familia.

## HACER QUE SEA SENCILLO

Aplicar los principios del liderazgo en casa no debería ser más difícil que aplicarlos en un colegio. Y creo sinceramente que aplicarlos en casa hará que la vida en su hogar sea más fácil para usted, no más difícil. La clave está simplemente en mantener el enfoque. Lo más importante de todo es hacer que lo más importante siga siendo lo más importante.

Sé que he expresado multitud de ideas a lo largo del libro, pero la clave para conseguir que este método sea sencillo, si yo fuera un padre joven, la resumiría en hacer tres cosas para preparar a mi hijo ante la nueva realidad. Primero, me concentraría en inculcar *independencia* en mis hijos. Continuamente oímos hablar de la generación bumerán en la que los chicos siguen viviendo en la casa paterna hasta los 20 y 30 años porque no son capaces de vivir de manera independiente en esta nueva realidad en la que vivimos. Eso, en muchos casos, se debe a que no les han inculcado los principios de independencia que se basan en gran medida en los hábitos primero, segundo y tercero (y en el séptimo hábito, que es la *raíz* y fruto de todos los demás).

En segundo lugar, me concentraría en ayudar a mi hijo a hacerse más *interdependiente*. Esto significa aprender a trabajar en equipo, a relacionarse adecuadamente con los demás. Hay un viejo refrán que dice que ningún hombre es una isla. Esa afirmación nunca ha sido tan cierta como ahora. Las personas de todo el mundo cada vez están más conectadas. Uno no puede escapar a la necesidad de trabajar con los demás y, por tanto, no hay ninguna razón para no aprender a optimizar el proceso de trabajar con los demás. Si tiene intención de empezar a practicar algún deporte en equipo, en lugar de limitarse a aprender a dar patadas o a lanzar una pelota, haga hincapié en el trabajo colaborativo y ayude a sus hijos a trabajar juntos. Eso será para ellos una bendición mucho mayor que cualquier trofeo. Los hábitos cuarto, quinto y sexto les ayudarán a conseguirlo.

En tercer lugar, limitaría el enfoque a enseñar y recompensar la grandeza *primaria*: la personalidad y la contribución. Los padres, a menudo de manera no intencionada, hacen demasiado hincapié en el valor que tiene la grandeza *secundaria*: la riqueza, los premios, los cargos o la fama. No tengo nada en contra de la grandeza secundaria. Por tanto, debe esforzarse por canalizar la *proactividad* de los niños, su *fin en mente* y sus *primeros intentos* hacia la consecución de la grandeza primaria. Trabaje por conseguir que sus principales *victorias*, sus *conocimientos* más profundos y sus principales *sinergias* se centren en la consecución de la grandeza primaria. Afile las cuatro sierras con el objetivo de conseguir la grandeza primaria. La grandeza primaria es el lugar donde se pueden encontrar las recompensas más importantes, tanto para el niño como para el padre. Por tanto, deje que sea ese su enfoque y el de su hijo.

En conclusión, ninguna familia es igual a las demás. Todas tienen tamaños, formas y colores distintos. Ninguna familia es perfecta. Todas se doblan o se rompen en algún momento. Sandra y yo nunca hemos dicho que lo hayamos hecho todo a la perfección, pero tampoco pasamos mucho tiempo recreándonos en el pasado. Miramos hacia delante. Tenemos planes para el futuro. Tratamos de seguir avanzando, especialmente ahora que hemos puesto nuestra atención en relacionarnos con nuestros nietos y bisnietos. Este es el gran mundo en el que vivimos y es algo que nos emociona profundamente, sí, las cosas han cambiado

—y no siempre para mejor—, pero ¿de qué sirve concentrarnos en lo negativo cuando hay tantas oportunidades de hacer cosas positivas? ¿De qué sirve recrearse en los errores que comete la sociedad en su intento de conseguir que nuestros hijos se preparen para el futuro o que tomen las decisiones correctas? Ninguna influencia positiva que encontremos podrá superar a la influencia positiva que podemos ejercer dentro de nuestro hogar. Aprovéchese de ello. Diviértase con ello.

Al igual que sucede en los colegios, encontrará que uno de los pasos más difíciles que debe dar será el de la puesta en marcha: tendrá que alejarse de la zona de confort. Pero tiene que confiar en que usted y su familia pueden conseguirlo. Ya hay mucho camino avanzado, así que sólo tiene que hacer un esfuerzo. Personalmente me gusta aferrarme al lema: «Debemos llevar una vida *in crescendo*», que significa que la tarea más importante que puede hacer uno está siempre ante nuestros ojos. La familia es la obra más importante. Personalmente, considero que me despoja de los problemas pasados y de los éxitos vividos y me permite seguir avanzando a través de nuevos caminos. Por tanto, debemos mirar hacia delante. Comenzar poco a poco. Dé el salto. Disfrute trasladando este nuevo método a su hogar. Si capacita a sus hijos a través de los principios se estará capacitando a usted mismo. Un niño que aprende esos principios en casa y en el colegio recibirá una recompensa mucho mayor.

Inspire a un niño a descubrir el «líder que lleva dentro» y conseguirá cambiar al niño y, en última instancia, al mundo.

# NOTAS

A lo largo del libro aparecen muchas fotografías, tomadas por varios fotógrafos generosos y llenos de talento procedentes de ámbitos profesionales y «educativos». Quiero dar las gracias especialmente a Randall Miller, del colegio A. B. Combs, a Lorie Lee, del colegio English Estates Elementary, a Tom Trombley de Impact Photo, Medicine Hat, Alberta, Canadá, y a Sam Bracken de FranklinCovey.

Me gustaría expresar un agradecimiento especial a todos los autores citados, incluidos los siguientes:

## 1 ¿Demasiado bueno para ser verdad?

1. Daniel Pink, *A Whole New Mind: Why Right-brainers Will Rule the Future*, Nueva York, Berkley, 2006, pág. 1 (trad. cast.: *Una nueva mente: una formula infalible para triunfar en el mundo que se avecina*, Madrid, Kantolla, 2008).

## 2 Descubrir qué es lo que los padres, los profesores y los líderes empresariales quieren de un colegio

1. Michael Fullan, «Broadening the Concept of Teacher Leadership», en S. Caldwell (comp.), *Professional Development in Learning-Centered Schools*, Oxford, Ohio, National Staff Development Council, 1997.

2. Para más información sobre los estudios de Alwin acerca del cambio de actitudes en los padres, véase el número de octubre de 1988 de *Psychology Today*, concretamente un artículo de Anne Remley que se refiere a la investigación de «Middletown», comenzada en 1924 por los sociólogos Helen y Robert Lynd y reproducida cuarenta y cuatro años después por los sociólogos Theodore Caplow de la Universidad de Virginia y Howard Bahr y Bruce Chadwick de la Universidad de Brigham Young. Las

encuestas realizadas por el Centro Nacional de Estudios de Opinión de la Universidad de Chicago entre 1964 y 1986 revelan un cambio similar a escala nacional.

3. Para encontrar un ejemplo sobre las tendencias que existen en Asia y sobre cómo están influyendo en la educación en Taiwán, véase Troy E. Beckert y otros, «Parent Expectations of Young Children in Taiwan», en *Early Childhood Research & Practice*, n° 6, 2004.

4. La Partnership for 21st Century Skills patrocinó la entrevista de actitudes de los americanos adultos hacia la educación llevada a cabo por Public Opinion Strategies y Peter D. Hart Research Associates. La encuesta nacional se realizó sobre ochocientos votantes registrados entre el 10 y el 12 de septiembre de 2007.

5. *Leaders and Laggards: A State-by-State Report Card on Educational Effectiveness*, Washington D. C., Cámara de Comercio de Estados Unidos, 2007.

6. La lista de las diez principales cualidades y aptitudes que buscan los empresarios entregada a Muriel pertenecía a la Asociación Nacional de Universidades y Empresarios (NACE, por sus siglas en inglés), que publica estas encuestas cada otoño en su página web.

7. Daniel Goleman, «A Great Idea in Education: Emotional Literacy», en *Great Ideas in Education: A Unique Book Review and Resource Catalog*, n° 2, primavera de 1994, págs. 33-34. Para más información sobre cómo la inteligencia emocional influye en el liderazgo en el trabajo, véase Daniel Goleman, Annie McKee y Richard E. Boyatzis, *Primal Leadership: Realizing the Power of Emotional Intelligence*, Cambridge, Mass., Harvard Business School Press, 2002, pág. 39.

8. Véase Jim Collins, *Good to Great: Why Some Companies Make the Leap... and Others Don't*, Nueva York, HarperCollins, 2002, pág. 51 (trad. cast.: *Empresas que sobresalen: por qué unas sí pueden mejorar la rentabilidad y otras no*, Barcelona, Gestión 2000, 2006).

9. Para una descripción más profunda de la estructura del Partnership for 21st Century Skills, véase su página web en <http://21stcentury skills.org>.

10. Williard R. Daggett, cita proporcionada por el Centro Internacional para el Liderazgo en Educación. Para más detalles sobre la obra del doctor Daggett sobre el rigor y la pertinencia, véase <http://leade red.com>.

3 LA ELABORACIÓN DE UN PROYECTO DE LIDERAZGO

1. Robert J. Marzano, *What Works in Schools: Translating Research into Action*, Alexandria, Va., Association for Supervision and Curriculum Development, 2003, pág. 149.

4 ALINEARSE PARA ALCANZAR EL ÉXITO

1. James C. Collins y Jerry I. Porras, *Built to Last: Successful Habits of Visionary Companies*, Nueva York, Collins Business, 2004.

5 DAR RIENDA SUELTA A UNA CULTURA DE LIDERAZGO

1. Larry Bossidy y Ram Charan, *Execution: The Discipline of Getting Things Done*, Nueva York, Crown Business, 2002.
2. Richard DuFour y Robert Eaker, *Professional Learning Communities at Work*, Bloomington, Ind., National Educational Service, 1998, pág. 133.
3. Nelson Mandela, citado en Roger Cohen, «Beyond America's Original Sin», en *New York Times*, 20 de marzo de 2008, <http://nytimes.com>.

7 ASCENDER E IR MÁS ALLÁ

1. Susan M. Baile llevó a cabo un estudio en 1998. Una revisión más intensa de la investigación se puede encontrar en <http://franklincoveyresearch.org>.

8 CONSEGUIR APLICARLO PASO A PASO

1. Stephen M. R. Covey, *The Speed of Trust: The One Thing That Changes Everything*, Nueva York, Free Press, 2006 (trad. cast.: *El factor confianza: el valor que lo cambia todo*, Barcelona, Paidós, 2008).
2. Robert J. Marzano, *What Works in Schools: Translating Research into Action*, Alexandria, Va., Association for Supervision and Curriculum Development, 2003, pág. 91.
3. Richard DuFour y Robert Eaker, *Professional Learning Communities at Work: Best Practices for Enhacing Student Achievement*, Bloomington, Ind., National Educational Service, 1998, pág. 133.
4. Para conocer los tres principios de Marzano, véase *What Works in Schools*, págs. 158-159.
5. La obra de Larry Lezotte sobre colegios eficaces y sus «siete correlaciones» para mejorar los logros de los alumnos están publicadas y revisadas en muchas fuentes. Para conocer su obra más reciente y un resumen de las correlaciones, véase Lawrence W. Lezotte y Kathleen M. McKee, *Stepping Up: Leading the Charge to Improve Our Schools*, Okemos, Mich., Effective Schools Productos, 2006.

9 Finalizar teniendo el principio en mente

1. Helen Keller, *The Story of My Life* (1903).
2. Todo el discurso de graduación de Anne Sullivan se puede encontrar en <http://perkins.org/culture/helenkeller/sullivanvaledictory.html>. Para las demás citas de Anne Sullivan Macy y Helen Keller, véase Joseph P. Lash, *Helen and Teacher: The Story of Helen Keller and Anne Sullivan Macy*, Nueva York, Merloyd Lawrence, 1980.
3. Richard DuFour y Robert Eaker, *Professional Learning Communities at Work: Best Practices for Enhacing Student Achievement*, Bloomington, Ind., National Educational Service, 1998, pág. 165.
4. Robert J. Marzano, *What Works in Schools: Translating Research into Action*, Alexandria, Va., Association for Supervision and Curriculum Development, 2003, págs. 26-28.
5. Thomas Friedman, *The World Is Flat: A Brief History of the Twenty-First Century*, Nueva York, Farrar, Straus and Giroux, 2005 (trad. cast.: *La Tierra es plana: breve historia del mundo globalizado del siglo xxi*, Barcelona, Martínez Roca, 2007).
6. Esta versión del poema es una ligera variación del poema asignado a Laura Soper titulado «To Your Chum and My Chum». Apareció en el libro de Gertrude Frances Rowell (comp.), *Guide Post Son the Highways and Byways of Education: The Public Schools of America, the Hope of Democracy* (no se conoce la editorial, 1919).

10 Aplicación en casa

1. Para proporcionar ideas sobre cómo crear un entorno altamente eficaz en su propio hogar, Sandra y yo escribimos *The 7 Habits of Highly Effective Families* (Nueva York, Golden Books, 1997).
2. Una magnífica herramienta para las familias que tienen niños pequeños es *The 7 Habits for Happy Kids*, Nueva York, Simon and Schuster Children's Publishing, 2008 escrito por Sean Covey e ilustrado por Stacy Curtis. Está lleno de historias y de elementos de debate.

# ÍNDICE ANALÍTICO Y DE NOMBRES

Los números de página que aparecen en *cursiva* se refieren a una ilustración

Logros, 111
«Los lectores son líderes», 150
Louisville, Kentucky, 202

Malasia, 206
MAGIA, 110, 136
Mallory, Vicki, 60
Mandela, Nelson, 125
Mantener el cambio, 239-245
Mapas de burbujas, 76
*Martes con mi viejo profesor* (Albom), 183-184
Marzano, Robert J., 89, 218, 241, 243-244, 255-256
*Más allá de las tres disciplinas*, 49
Matemáticas, 49, 59, 80, 83, 107, 129, 151, 160, *160*, 191, 200, 256, *256*
esenciales frente a no esenciales, 256
Materias centrales, *59*
Matrices de tela de araña, 76
Max (alumno de párvulos), *87*
Medicine Hat, Canadá, 165
Medios de comunicación, conocimiento de los, *59*
Melichar, Mike, 205
Memorización, 24
Mentalidad de abundancia, 149
Mente abierta, *73*
Mentes creativas, 54
Mentores, 226
Meyer, George, 157
Michener, James A., 87
Michigan, Universidad de, 45-46
Microsoft, 52
Milkie, Michael, 182
Milkie, Tonya, 182
Ministerio de Educación de Singapur, 172
Misión clara y enfocada, 243
Misión, declaración de principios y, 177, 184-185, 220-221, 222-224, 231, *232*
en el colegio A. B. Combs, 115-116, 167, 175-176
en las familias, 280-282

Modales, 45, 116-117
Modelo a seguir, 217, 275-280
Motivación personal, 54
Movimiento de los Colegios Efectivos, 95
Música, 80, 107, 129, 134, 149, 164

*Nación en peligro, Una*, 52, 75
Nash Elementary, 58, 211, *212*
Naturaleza universal:
de los niños, 33-34, 258
de los principios Baldrige, 139, 145
de los principios del liderazgo, 32-33, 72-73, 216, 258
de los 7 hábitos, 72-73, 139
Ng Boon In, señora, 173
«No es una cosa más», 254-257
Norteamérica, 46
Northwestern University Settlement Association, 182
Norton, Bertie, 58, 211, *212*
Norton, Paul, 211

Obediencia, 45
Objetivos, *73*, 223-224
en los cuadernos de datos, 89
*véase también* Propósito
Obradores de milagros de los tiempos modernos, 39, 248-253
Omnipresente, estrategia, 78-88, 97, 257
Oportunidad para aprender, 243
Optimismo, 54
Ordenadores, 48, 80
conocimientos básicos de, *59*
Oriente Próximo, 47
Organizativa, capacidad, 54, *73*
Osterstrom, Justin, 110-111
*Other 90 %, The* (Cooper), 95

Paciencia, *278*
Padres, 11, 19, 21, 44-50, 58, 61, 140, 164, 167-168, 225, 228-229, 259, 261, 264, 269, 271, 273
los 7 hábitos enseñados por los, 88

# SOBRE EL AUTOR

Stephen R. Covey es una autoridad en el mundo del liderazgo respetada a nivel internacional, experto en familias, profesor, asesor de empresas y escritor que ha dedicado su vida a enseñar una forma de liderazgo y de vida basada en principios para construir tanto familias como organizaciones. Posee un máster en Dirección de Empresas por la Universidad de Harvard y un doctorado en la Universidad Brigham Young, donde fue profesor de Relaciones Empresariales y de Gestión Empresarial.

El doctor Covey es autor de varios libros de enorme éxito, entre los que se incluyen el *best seller* internacional *Los 7 hábitos de la gente altamente efectiva*, que fue elegido el libro empresarial más influyente del siglo XX y uno de los diez libros más influyentes de la historia. Se han vendido más de dieciocho millones de ejemplares en treinta y ocho idiomas en todo el mundo. Otros de sus libros de éxito son *El 8º hábito: de la efectividad a la grandeza*, *Primero lo primero*, *El liderazgo centrado en principios*, *The 7 Habits of Highly Efective Families*, *Meditaciones diarias para la gente altamente efectiva* y *Grandeza para cada día*, que en total han vendido más de veinte millones de ejemplares.

Como padre de nueve hijos y abuelo de cincuenta nietos, ha recibido en el año 2003 el Premio a la Paternidad otorgado por la Iniciativa Nacional de Paternidad, que según declaraciones del propio Covey, es el premio más importante que ha recibido jamás. Además, se le ha concedido la Medalla Thomas More College por su constante servicio a la humanidad, el premio al Conferenciante del Año otorgado en 1999 por la Asociación Nacional de Conferenciantes, el Premio Toastmaster Golden Gavel en

2004, el Premio Internacional al Hombre de Paz otorgado en 1998 por los sijs, el Premio Internacional al Empresario del Año en 1994 y el Premio al Empresario Nacional del Año por los méritos de toda una vida dedicada al liderazgo empresarial. El doctor Covey también ha sido reconocido como uno de los 25 estadounidenses más influyentes por la revista *Time* y ha recibido ocho doctorados honoríficos.

El doctor Covey es cofundador y vicepresidente de Franklin-Covey Company, la empresa líder en asesoría y formación de líderes a nivel global en áreas de ejecución de estrategias, lealtad del cliente, liderazgo y eficacia individual. FranklinCovey comparte sus ideas y su pasión para que las personas, las empresas y las sociedades de todo el mundo alcancen la grandeza.

www.StephenCovey.com
www.TheLeaderInMeBook.org

# SOBRE FRANKLINCOVEY

DECLARACIÓN DE PRINCIPIOS

Permitimos la grandeza en las personas y en las organizaciones de todo el mundo.

FranklinCovey (NYSE: FC) es una empresa líder en asesoramiento y formación a nivel global en las áreas de ejecución de estrategias, lealtad al cliente, liderazgo y eficacia individual. Entre sus clientes se encuentran el 90 % de las empresas pertenecientes al Fortune 100, más del 75 % de las empresas del Fortune 500, miles de pequeñas y medianas empresas, así como numerosas entidades gubernamentales e instituciones educativas. FranklinCovey posee cuarenta y seis oficinas y franquicias que proporcionan servicios profesionales en 147 países. Para más información, visite la página web <www.franklincovey.com>.

# RELACIÓN DE LOS CENTROS DE LIDERAZGO COVEY

**FranklinCovey Argentina**
LFCA S.A.
Cerrito 774, Piso 11
Ciudad de Buenos Aires, CP Argentina
C1010AAP
Tel: 5411- 4372-5820
Fax : 5411-4372-5648
info@franklincovey.com.ar
www.franklincovey.com.ar

**FranklinCovey Pty Ltd Australia**
GPO Box 2769
Brisbane, QLD 4001
Australia
Tel: +617 3259 0222
Fax: +617 3369 7810
info@franklincovey.com.au
www.franklincovey.com.au

**FranklinCovey Austria**
Gustav-Stresemann-Ring 1
D - 65189 Wiesbaden
info@franklincovey.at
www.franklincovey.at

**FranklinCovey Netherlands**
Ruimtesonde 3
3824 MZ Amersfoort
Países Bajos
Tel: +31 33 453 0627
Fax: +31 33 456 7636
info@franklincovey.nl
www.franklincovey.nl

**FranklinCovey Belgium
& Luxemburg**
Waterstraat 1, 3900 Overpelt.
Bélgica
Tel:+32 11 80 12 58
Fax: +32 11 80 12 54
info@franklincovey.be
www.franklincovey.be

**FranklinCovey Bermuda**
Effective Leadership Bermuda
4 Dunscombe Rd.
Warwick, Wk08 Bermuda
Tel: 441-236-0383
Fax: 441-236-0383
franklincoveybda@logic.bm

**FranklinCovey Brasil**
Rua Florida 1568
Brooklin - São Paulo – SP
CEP 04565-001
Tel: 55 11 5105 4400
Fax: 55 11 5506 6965
info@franklincovey.com.br
www.franklincovey.com.br

**FranklinCovey Canada**
60 Struck Court
Cambridge, Ontario
Canadá N1R 8L2
Tel: (519) 740-2580
Fax: (519) 740-8833
www.franklincovey.ca

**FranklinCovey Central
Eastern Europe**
FC PL Sp z o o
Ul. Wlodarzewska 33
02-384 Warszawa
Polonia
Tel: +48 22 824 11 28
Fax: +48 22 824 11 29
office@franklincovey.pl
www.franklincovey.pl

**FranklinCovey Chile**
Avenida Bernardo O'Higgins, n° 292
Oficina 61
Santiago de Chile – Chile
Tel: 56-2-4489658 / 4489509

**FranklinCovey Colombia**
Calle 90 No. 11 A-34
Oficina 306
Santa Fé de Bogotá, Colombia
Tel: 57 1 610-2736
Fax: 57 1 610-2723
clccolom@colomsat.net.com

**FranklinCovey Costa Rica**
AMI de Costa Rica, S. A.
Paseo Colón
200 mts Norte y 25 mts Este de Pizza
Hut
Edif. Blanco, contiguo Laboratorio
Gutis
San José, Costa Rica
Tel: (506)256-4242
Fax: (506)248-1133
franklincoveycr@fcla.com

**FranklinCovey Czech and Slovacs**
Ohradni 1424/2b
140 00 Praha 4
República Checa
Tel: +420 261 099 341
Fax: +420 261 099 343
info@franklincovey.cz
www.franklincovey.cz

**FranklinCovey Ecuador**
Avenida Primera Casa, 118
Calle 3 Colina de los Ceibos
Guayaquil - Ecuador
Tel: 59-34-2850485

**FranklinCovey Egypt**
Egyptian Leadership Training
& Consultancy
122 Mohie Eldin Abul Ezz Street,
Mohandesin, Giza, Egipto 12411
Tel: +(202) 336 8911 o +(2010) 566 0149
Fax: +(202) 761 5181
customerservice@eltc.com.eg
www.eltc.com.eg

**FranklinCovey El Salvador**
AMI El Salvador, S.A. de C.V.
Final Paseo General Escalón
Condominio Alpine, local 2-4
Colonia Escalón
San Salvador, El Salvador
Tel/Fax: (503)263-3377
franklincoveysv@fcla.com

**FranklinCovey France**
Cegos
Conseil et Formation en Management
& Leadership
11 rue René Jacques
92798 Issy les Moulineaux cedex 9
Francia
Tel: +33 1 55 00 90 90
FranklinCovey@cegos.com
www.cegos.com

**FranklinCovey Germany**
Gustav-Stresemann-Ring 1
D - 65189 Wiesbaden
info@franklincovey.de
www.franklincovey.de

**FranklinCovey Gulf Middle East**
Qiyada Consultants
PO Box 53703
Dubai, UAE

Tel: +971 4 33 222 44
Fax: +971 4 33 222 82
info@franklincoveyme.com
www.franklincoveyme.com

**FranklinCovey Hellas**
DMS Hellas Group
26 Perikou Street
115 24 Athens
Grecia
Tel: +30 210 698 5946
Fax: +30 210 698 54947
19 Karolou Dil Str.
546 23, Thessaloniki
Grecia
Tel: +30 2310 273 979
Fax: +30 2310 271 945
info@franklincovey.gr
www.franklincovey.gr

**FranklinCovey Honduras**
AMI Honduras
4 Calle S.O., n° 99
14 y 15 Avenida Barrio Suyapa
San Pedro Sula, Honduras
Tel: (504) 552-1952
Fax: (504) 552-1952
msabillon@fcla.com
franklincoveyhn@fcla.com

**FranklinCovey Hong Kong**
Centre for Effective Leadership (Asia)
Room 1502, 15th Floor, Austin Tower
22-26A, Austin Avenue, Tsimshatsui
Kowloon, Hong Kong
Tel: 852 2541 2218
Fax: 852 2544 4311
training@asiacel.com
www.highlyeffectiveleaders.com

**FranklinCovey Hungary**
FCCoL Hungary Management
Consulting
and Training Ltd.
1134 Budapest, Lehel u. 11. Hungría
Tel: +36-1-412 1884

Fax: +36-1-412 1885
office@franklincovey.hu
www.franklincovey.hu

**FranklinCovey Indonesia**
P.T. Dunamis Intermaster
Jl. Bendungan Jatiluhur 56
Pusat, Jakarta 12440
Indonesia
Tel: 62 21 572 0761
Fax: 62 21 572-0762
info@dunamis.co.id
www.dunamis.co.id

**FranklinCovey Ireland**
Alexander House
The Sweepstakes
Ballsbridge
Dublín 4
Tel: +353 1664 1706
Fax: + 353 1631 9001
ireland@franklincoveyeurope.com
www.franklincoveyeurope.com

**FranklinCovey Israel**
Momentum Training Ltd
Moshav Kfar
Hess 40692
Israel
Tel: +97 2 979 61055
Fax: +972-9-7961055
goz@momentumtraining.co.il

**FranklinCovey Italy**
Cegos Italia SpA
Piazza Velasca, 5
20122 Milán - Italia
Tel. +39.2.80672417
Fax +39.2.72001647
roberto.monti@cegos.it
www.franklincovey.cegos.it

**FranklinCovey Japan**
Marumasu Koujimachi Bldg 7F
3-3 Kojimachi, Chiyoda-ku,
Tokio, Japón 102-0083

Tel: 81-3-3264-7417
Fax: 81-3-3264-7407
www.franklincovey.co.jp

**FranklinCovey Korea**
Korea Leadership Center
8F Rosedale Bldg
724 Soosur-dong Kanganm-gu
Seúl, 135-744 Corea
Tel: 82 –2-2106-4000
Fax: 82-2-2106-4001
kengimm@eklc.co.kr
www.eklc.co.kr

**FranklinCovey Lebanon**
Starmanship & Associates
Badaro Street, Beirut,
Líbano
Tel: 00961-1-393494
Fax: 00961-1-486451
starman@cyberia.net.lb
www.starmanship.com

**FranklinCovey Malaysia**
Leadership Resources (Malaysia)
Sdn. Bhd.
Suite 5.02, Level 5, P J Tower
Amcorp Trade Center
Nº 18 Jalan Persiaran Barat
46050 Petaling Jaya
Selangor Darul Ehsan
Malaisia
Tel: +603 79551148
Fax: +603 79552589
covey@po.jaring.my
www.franklincoveymalaysia.com

**FranklinCovey México**
Arenal nº 24, Edificio B,
Planta Baja, Col, Ex-Hacienda
Guadalupe
Chimalistac
Del. Alvaro Obregón
México DF 01050
Tel: 52-555 322-3800
Fax: 52-555 322-3896

fcmex@franklincoveymex.com
www.franklincovey.com.mx

**FranklinCovey Nicaragua**
AMI de Nicaragua, SA
Bosques de Altamira # 268
Antiguo Banco de Café
2C al Lago 2C Arriba y 15 mts al Lago
Managua, Nicaragua
Tel: (505)270-7864
Fax: (505)270-5071
franklincoveyni@fcla.com

**FranklinCovey Nigeria**
ReStraL Ltd
12th Floor, St. Nicholas House
Catholic Mission Street
Lagos
Nigeria
Tel: +2341 264 5885
Fax: +234 1 2635090
enquiries@restral.com
www.franklincoveynig.com

**FranklinCovey Nordic Approach**
Tuborg Boulevard 12
2900 Hellerup,
Dinamarca
Tel: +45 70226612
Fax: +45 70226712
info@franklincovey.dk
www.franklincovey.dk

**FranklinCovey Panamá**
Leadership Technologies, Inc.
Bella Vista, Avenida Federico Boyd
Edificio Alfaro – 1er piso
Panamá, Republica de Panamá
Tel: 507-264-8899
Fax: 507-264-3728
franklincovey@fcpma.com
www.fcla.com

**FranklinCovey Perú**
Avenida Guardia Civil 860
Oficina 204 - San Isidro

Lima-Perú
Tel: 51-1475-1000

**FranklinCovey Philippines**
Center for Leadership & Change, Inc.
4/F Ateneo Professional Schools
130 HV Dela Costa St.
Salcedo Village, Makati City
Filipinas
Tel: 632-817-2726
Fax: 632-893-9556
covey@clci.ph
www.clci.ph

**FranklinCovey Portugal**
Cegoc-Tea, LDA.
Av. Antonio Augusto
Aguiar, 21 – 1°
1050-012 Lisboa
Portugal
Tel: +351 21 319 19 60
Fax: +351 21 319 19 99
info@franklincovey.pt
www.franklincovey.pt

**FranklinCovey Puerto Rico**
Advantage Management Intl.
1607 Ponce de León Ave.,
Suite GM-02,
Cobian's Plaza, Bldg.
San Juan, PR 00909
Tel: 787 977-9094
Fax: 787-977-4067
franklincoveypr@fcla.com
www.fcla.com

**FranklinCovey Quebec**
BigKnowledge Entreprises Inc.
360 Saint-Jacques Street West, Suite 111
Montreal, Quebec H2Y 1P5
patrick.obrien@versalys.com
www.bigknowledge.com

**FranklinCovey Russia**
Bryusov per, 2/14
Building 4 - Moscú

103009
Rusia
Tel: +7 095 787 8577
sp@mti.ru

**FranklinCovey Saudi Arabia**
Qiyada Consultants
PO Box 667
Riyadh 11372, Arabia Saudí
Tel: +971 966 1 416 3328
Fax: +971 966 1 462 8526
akridis@qiyada.com.sa
www.franklincoveyme.com

**FranklinCovey Singapore & China**
Centre for Effective Leadership (Asia)
Pte Ltd
61 Robinson Road
#08-01 Robinson Centre
Singapur 068893
Tel: 6532 4100 - Fax: 6532 4600
training@right.com.sg
www.highlyeffectiveleaders.com

**FranklinCovey South Africa**
FCSA Organisation Services (Pty) Ltd
PO Box 5783
Rivonia 2128
Sudáfrica
Tel: 27-11-807-2929
www.franklincovey.co.za

**FranklinCovey South Asia**
**(India, Sri Lanka, Maldives, Bhutan,**
**Nepal, Bangladesh)**
Leadership Knowledge Consulting
Private
Limited
955, Sector 17-B, Defence Colony,
Near IFFCO Crossing, Gurgaon,
(National Capital Region, New Delhi)-
122001 Haryana, India
Tel/Fax: +91 124 5013032, +91
9811174447, +91 9820340000
connect@franklincoveysouthasia.com
www.franklincoveysouthasia.com

**FranklinCovey España**
TEA-CEGOS FranklinCovey
Fray Bernardino de Sahagún, 24,
28036 Madrid, España
Tel: +34-912 705 000
Fax: +34-912 705 001
franklincovey@tea-cegos.es
www.tea-cegos-franklincovey.com

**FranklinCovey Switzerland**
c/o FC Fokus & Effektivität GmbH
Bogenstrasse 7
CH - St. Gallen
info@franklincovey.ch
www.franklincovey.ch

**FranklinCovey Taiwan**
Strategic Paradigm
Consulting Co., Ltd.
2F., 25, Alley 15, Lane 120, Sec. 1,
Nei-hu Road,
Taipei, Taiwán 114
Tel: 886-2-2657-8860
Fax: 886-2-2657-7370
smart@smartlearning.com.tw
www.smartlearning.com.tw

**FranklinCovey Thailand**
PacRim Leadership Center Co. Ltd
59/387-389 Moo 4
Ramkhamhaeng Road
Sapansoong, Bangkok 10240
Tailandia
Tel: 662-728-0200
Fax: 662-728-0210
plc@pacrimgroup.com
www.pacrimgroup.com

**FranklinCovey Turkey**
ProVista Management Consulting Ltd.
info@franklincovey.com.tr
www.franklincovey.com.tr

**FranklinCovey UK**
Grimsbury Manor, Grimsbury Green,
Banbury. OX16 3JQ. UK
Tel: +44 1295 274100
Fax: +44 1295 274101
www.franklincoveyeurope.com

**FranklinCovey Uruguay**
Torres Náuticas
Torre 24 / Of. 1204
Calle Pública 1234
Montevideo, 11300 Uruguay
Tel: 59-82 - 628-6139
Fax: 59 82 628-6117
franklincoveyur@fcla.com
www.fcla.com

**FranklinCovey Venezuela**
Avenida Rómulo Gallegos
Edificio Johnson & Johnson
Piso 3 Oficina 3A - Los Dos Caminos
Caracas - Venezuela
Tel: 58-212-2350468
jmrconsultores@cantv.net

**FranklinCovey West Indies**
Leadership Consulting Group Ltd.
#23 Westwood St.
San Fernando
Trinidad, Indias Occidentales
Tel: 868 652-6805
Fax: 868 657-4432
lcg@rave-tt.net
www.fcla.com

MÁS DE 15 MILLONES DE EJEMPLARES VENDIDOS

Stephen
R.Covey

Los 7 hábitos de
la gente
altamente
efectiva

*Lecciones magistrales
sobre el cambio personal*

Con un nuevo
prólogo y
epílogo del
autor

PAIDÓS PLURAL

Autor de
*Los 7 hábitos de la gente altamente efectiva*

# Stephen R. Covey

# El 8º HÁBITO

## De la efectividad a la grandeza

PAIDÓS **EMPRESA**